第一辑

北京联合大学
辅导员工作案例集

引路人

李德煌　主编

北京出版集团
北京出版社

图书在版编目（CIP）数据

引路人：北京联合大学辅导员工作案例集. 第一辑 / 李德煌主编. -- 北京：北京出版社，2025. 2. -- ISBN 978-7-200-19114-1

Ⅰ. G645.1

中国国家版本馆 CIP 数据核字第 20259SJ080 号

选题策划：李　莹　　　　统　　筹：高　琪
责任编辑：韩　莹　　　　责任印制：燕雨萌
装帧设计：风尚传媒

引路人

北京联合大学辅导员工作案例集　第一辑

YINLUREN

李德煌　主编

出　　版　北京出版集团
　　　　　北京出版社
地　　址　北京北三环中路 6 号
邮　　编　100120
网　　址　www.bph.com.cn
总 发 行　北京伦洋图书出版有限公司
印　　刷　北京建宏印刷有限公司
开　　本　787 毫米 ×1092 毫米　1/16
印　　张　19.5
字　　数　266 千字
版　　次　2025 年 2 月第 1 版
印　　次　2025 年 2 月第 1 次印刷
书　　号　ISBN 978-7-200-19114-1
定　　价　78.00 元

如有印装质量问题，由本社负责调换
质量监督电话　010-58572393

本书编委会

主　编：李德煌

副主编：何侃侃

编　委：（按姓氏笔画排序）

王　琪　王　颖　王希庆　冯　玮

冯丽霞　安晶晶　那日松　李　岩

李　彩　李　超　杨　希　吴　庆

张利东　赵　方　唐　昊　曹海娟

序　言

　　教育是强国建设、民族复兴之基。习近平总书记在全国教育大会上从党和国家事业发展全局的战略高度，系统阐释了教育强国的科学内涵和基本路径，部署了全面推进教育强国建设的战略任务和重大举措，为我们指明了前进方向、提供了根本遵循。建设教育强国的核心课题，就是要培养一代又一代德智体美劳全面发展的社会主义建设者和接班人，确保党的事业和社会主义现代化强国建设后继有人。高校辅导员是学生日常思想政治教育和管理工作的组织者、实施者与指导者，是学校落实立德树人根本任务的重要力量。

　　北京联合大学党委长期以来高度重视辅导员队伍建设，落实辅导员职务职级双线晋升政策，建立荣誉激励体系，定期开展校级"十佳辅导员"评选展示和职业能力大赛，培育建设辅导员教学科研团队和辅导员工作室，从培训提升、激励保障、干事创业等多方面提供支持。2024年，学校组织开展了"引路人工程"培训并纳入学校党校主体班次，为辅导员队伍搭建起全方位系统化成长平台。学校辅导员队伍坚持立德树人、以爱育爱，以"精细化、精准化、精品化，抓基层、抓基础、抓基本，树正气、树榜样、树典型"为导向，以"四导""四育"为内容，在学生思想教育、日常行为培养、校风学风建设、心理健康教育、就业创业指导等方面开展了大量认真细致的工作，为学生成长成才和学校高水平应用型大学建设做出了重要贡献。

　　本书既是"引路人工程"的培训成果，也是学校辅导员队伍育人能力和良好风貌的集中体现，通过一系列生动鲜活的工作案例，展现辅导员队伍的智慧与风采，为进一步提升辅导员工作的科学性和实效性提供宝贵借鉴。这些案例既有成功的经验分享，也有面对挑战时的应对策略，具有真实性、典型性和可操作性。案例涵盖了信仰引导、学业辅导、心理疏导、就业指导、实践育人、服务育人、文化育人、国防育人8个方面。每一个案例都是辅导员心血和智慧的结晶，它们不仅记录了辅导员与学生共同成长的足迹，更体现了辅导员对学生深沉的爱与责任。

希望全校学生思想政治教育工作者不断提高思想政治理论水平和专业素质，加强思想引领，深入调查研究，不断总结成果，精准把握新时代大学生成长成才规律和思想政治工作规律，为培养合格的社会主义建设者和接班人做出更大的贡献。

楚国清

目 录

1 引导篇

高校学生社团党建路径实践研究···2
特殊教育学院　梁辉

建设党建和专业相结合的优秀学生党支部···············8
应用科技学院　谢鑫

新时代学生党支部"三树三创"工作模式研究···········15
应用科技学院　李静如

立足自身，做特色型学生党支部·····················22
艺术学院　张慧

党建铸魂　菁英领航·······························29
管理学院　刘园

打造具有高素质旅游应用型人才的优秀学生党支部·······36
旅游学院　张博宇

"新"心向党，"五心工程"促党建······42
应用文理学院 赵凌燕

学纪、知纪、明纪、守纪，做新时代廉洁党员······48
管理学院 王艺

被看见的力量······55
师范学院 张菊玲

以优良学风推进班级建设······61
师范学院 高厚哲

贯通班级学风建设的研究分析······67
应用科技学院 刘洋

基于学生一站式服务社区开展的深度辅导······74
管理学院 赵培灼

失恋，情感成长的双刃剑······79
应用文理学院 李娜

全员全程，持续跟进，共同助力学生渡过危机······85
智慧城市学院 吕毅

阴郁"透明人"的蜕变和逆袭······90
生物化学工程学院 窦星丽

心灵的蜕变·····················96
特殊教育学院 赵磊

静默中的成长·····················103
艺术学院 张奕

师者如光，微以致远·····················109
师范学院 刘丽鸽

多方协作 精准辅导·····················116
应用文理学院 张艳春

心中有爱，眼里有光·····················123
师范学院 杨袁慧

用心倾听，用爱陪伴·····················129
机器人学院 赵欣

关注心理健康，助力学生成长·····················135
艺术学院 宋歌

让生命重新绽放·····················140
旅游学院 袁罗希

大学生应对学业压力和对挫败感的疏解·····················147
生物化学工程学院 那迪拉

大学生心理问题的识别与干预·····················153
城市轨道交通与物流学院 乌力汗

抑郁综合型大学生心理问题的识别与辅导·····················159
应用科技学院 王伟超

用"温度"铸"心晴"·····················165
商务学院 姜永波

通经回纬·····················171
生物化学工程学院 徐睿凝

应用型大学商科学生就业指导工作·····················177
商务学院 辛俊卿

基于团体辅导和个体辅导做好毕业生就业指导与帮扶工作·····················184
应用文理学院 刘守合

加强深度辅导 促进学生就业·····················191
城市轨道交通与物流学院 冷冰

基于精准帮扶视域下的就业引导和指导工作·····················197
管理学院 郭开宇

深度辅导助力毕业生高质量就业·····················203
管理学院 孟秀霞

2 育人篇

提升志愿服务思想政治育人功能……………………………210

机器人学院　李伟华

探索"党建+N"实践育人路径　用艺术赋能助推学专融合…………216

艺术学院　孙蓉

善用社会大课堂，促进学生全面发展……………………224

应用文理学院　朱丽华

家校共育，从冲突到和解……………………………231

师范学院　刘冰洁

公寓小天地　育人大舞台……………………………237

师范学院　孙君镕

坚定理想信念　做好党员教育……………………………243

应用文理学院　石小川

解决宿舍矛盾　稳固新生关系　创建和谐班集体……………249

商务学院　马雨晴

浅议心理异常学生如何做好家校互动……………………256

特殊教育学院　傅子健

思想政治教育在大学生宿舍管理工作中的重要作用·····················262
智慧城市学院 马思维

和谐宿舍从你我做起·····················266
城市轨道交通与物流学院 蔺梦雄

习近平文化思想视域下大学生党支部引领校园文化建设探索···········271
机器人学院 卢丹蕾

建设无声胜有声的听障学生优秀班集体·····················278
特殊教育学院 王昕

班级建设搭平台 凝聚引领共成长·····················285
师范学院 董赫逸霏

退伍不褪色 续写新荣光·····················291
生物化学工程学院 魏靖涛

1

引导篇

高校学生社团党建路径实践研究
——以北京联合大学启明星针灸推拿社为例

特殊教育学院　梁辉

一、案例简介

■ 案例来源：特殊教育学院启明星针灸推拿社。

基本情况：启明星针灸推拿社成立于2002年，社团成员全部由针灸推拿学专业的视障学生组成，他们身残不失志，有梦大胆寻，自社团成立至今，20余年来始终秉持"学以致用"校训，以接纳、超越、担当、奉献的工作态度，大力弘扬奉献、有爱、互助、进步志愿服务精神，以实践活动作为出发点和落脚点，以专业娴熟的推拿手法为载体，大力弘扬中医药传统文化，坚持立足学院、辐射周边的工作原则，针对不同群体的差异化需求采取不同的服务方法，预约到访与送诊上门双管齐下，累计参与社团服务人员达数千人，对外服务超万余人次，累计服务时长数万小时。

党的十八大以来，以习近平同志为核心的党中央立足新时代中国特色社会主义现代化建设事业全局，高瞻远瞩地明确教育是国之大计、党之大计的历史方位，坚持把服务中华民族伟大复兴作为教育的重要使命，把立德树人作为教育的根本任务，把培养德智体美劳全面发展的社会主义建设者和接班人作为目标。习近平总书记在中共中央政治局第五次集体学习时强调："培养什么人、怎样培养人、为谁培养人是教育的根本问题，也是建设教育强国的核心课题。……要坚持不懈用新时代中国特色社会主义思想铸魂育人，着力加强社会主义核心价值观教育，引导学生树立坚定的理想信念，永远听党话、跟党走，矢志奉献国家和人民。"

高校学生社团是学生自愿组成的学生兴趣共同体，具有覆盖面广、辐射力强等特点，既是校园文化建设的重要载体，也是落实立德树人根本任务、推进素质教育的重要载体。如何在高校学生社团中加强和推进党的建设、把握社团活动方向，对推动学生社团健康发展、保证学生组织意识形态安全和创新高校党建工作具有重要的理论和实践意义。

二、案例分析

北京联合大学启明星针灸推拿社的部分社员是医学系与音乐系学生联合党支部的党员，长期以来，党支部非常重视社团各项工作的开展。针灸推拿社已成为医学系与音乐系学生联合党支部的"党建新阵地"，在党支部的引领下具有较强的凝聚力和战斗力，同时以社团为组织载体，有效推动了党支部的建设，党支部与学生社团两者相互联结、相互作用，医学系与音乐系学生联合党支部于2022年入选全国党建工作样板支部培育创建单位。

因此，案例以启明星针灸推拿社为研究对象，探究针灸推拿社依托医学系与音乐系学生联合党支部开展党建工作的路径，分析其建设现状、理念、思路、方法以及当前存在的问题，为高校学生社团充分发挥育人作用提供资料和素材，不断创新社团党建工作的方式和方法。

（一）社团基本情况分析

社团共有学生52人，据统计，针灸推拿学专业共有本科生90人，加入社团的学生占专业人数的57.78%，超过了专业人数的一半，学生加入针灸推拿社积极性比较高；其中，社员中男女生比例与专业中男女生的比例较为趋同。社团中各年级人数占比从高到低，分别是大一、大二、大三、大四和大五，可见，低年级的学生入团积极性比较高，随着年级增长，学生入团的积极性逐年下降。社团中群众占比为13.46%；团员及党员占比超过了80%，其中，党员占7.69%，积极向党组织靠拢的递交了入党申请书的、入党积极分子共计44.23%，尚有占社团总人数34.62%的团员未递交入党申请书。社员入团的目的主要是提高专业实践能力、拓展素质；为了获得荣誉与积分的利益性目的占40.38%。

（二）党员意识与非党员评价交叉分析

党员意识包括党员身份认知、理论带头作用发挥、群体认可等几个方面。由表1可以得知，在4名党员中，对是否意识到党员身份的均分为 -2.48 ± 1.83，处于较低水平；主动宣传国家路线与方针的均分为 -2.48 ± 1.83，处于较低水平。党员自我意识的自评得分较低，党员对自身主动发挥作用方面不满意。未入党的学生对是否有意愿加入共产党的均分为 2.98 ± 2.13，处于中等水平；未入党的学生对周围党员学生表现的认可均分达到 3.27 ± 2.11，处于中上等水平；党支部支委与党员发挥重要作用均分为 3.96 ± 1.01，达到较高水平。群众对党员评价较高。

表1 党员意识和发挥作用量表分析

变量	$M \pm SD$
是否有意愿加入共产党	2.98 ± 2.13
是否意识到党员身份	-2.48 ± 1.83
主动宣传国家路线与方针	-2.48 ± 1.83
认可党员学生表现	3.27 ± 2.11
党支部支委与党员发挥重要作用	3.96 ± 1.01

（三）四个维度相关分析

从社团理论学习、社团工作载体、社团工作机制以及社团满意度等四个维度进行调查统计（见表2）得知，四个维度上的均值分别为 3.90 ± 0.77、4.09 ± 0.83、3.46 ± 0.80、4.04 ± 0.75（最高分为5分），两两之间皆存在显著正相关（$p<0.05$）。可见，四个维度可以相互促进，每一维度的提升都会促进其他维度的正向提升。

表2 各量表相关分析

	$M \pm SD$	社团理论学习	社团工作载体	社团工作机制	社团满意度
社团理论学习	3.90 ± 0.77	1			
社团工作载体	4.09 ± 0.83	0.877**	1		
社团工作机制	3.46 ± 0.80	0.584**	0.560**	1	
社团满意度	4.04 ± 0.75	0.710**	0.776**	0.594**	1

注：*** 表示 $p<0.001$，** 表示 $p<0.05$，* 表示 $p<0.10$。

三、教育过程

在深入调查启明星针灸推拿社党建工作现状的基础上，注重从以下几个方面入手，开展社团党建工作。

（一）党建引领工作理念，加强理论学习

针对"社团理论学习薄弱"的问题，重点加强社员的工作理念提炼和夯实。一是凝练工作理念。在研究和总结启明星针灸推拿社的办社宗旨、建设目标、活动特色等方面内容的基础上，把"培养德智体美劳全面发展的社会主义建设者和接班人"目标，融入社团的工作中，形成"以专业服务他人，以奉献成就人生，自立担当，融合互助"的工作理念。二是进行"学＋做"沉浸式思想政治教育。"学"，是指集中学习，结合社团活动的开展情况，开展"我和我的祖国""我为群众办实事"等专题讨论活动，厚植爱党爱国爱社会主义情怀；为丰富视障大学生的理论学习材料，党支部为社团成员开发了盲文版党章、明文盲文对照《二十大报告关键词学习指引》。"做"，是指在实践中渗透，党支部联合社团开展校园义诊、社区义诊等志愿服务活动，并将其作为党支部红色"1+1"共建活动的重要内容。

（二）党建引领工作机制建设，夯实工作基础

社员的流动性比较大，尤其是高年级党员流失率较高。为了能够确保社团各项工作在党的引领下开展，主要加强以下几个方面的机制建设，形成长效机制。一是选优配齐社团领导班子。启明星针灸推拿社除配备一名医学专业指导教师外，另配备一名思想政治教育指导教师，该

思政教师既是辅导员，又是党支部的支部书记，确保社团在统一的"大思政"教育体系下开展相关工作。社长及各部部长以理论强、业务硬的党员优先。二是形成工作制度。制定《社团章程》《义诊工作方案》，使社团的工作有规可依。将社团志愿服务质量纳入党支部的《入党积极分子量化考核办法》，将社团中的表现作为评价入党积极分子的一个方面，既做到考核有规可依，又激发社员的积极性。三是稳定社员中的党员队伍。在调查中发现，高年级社员很少，很多社员入党后就进入实习就业阶段，逐渐脱离了社团。针对这种情况，要求高年级党员"留一留、等一等、带一带"，继续在社团中发挥带动作用。

（三）党建引领工作载体，提升专业能力

工作中发现，社员的志愿服务意识有待提升，党员的先锋模范作用发挥不够。为此，社团以本社的特色服务项目为载体，着力提升社员的专业能力，做到学专融合，提高学生社员向党组织靠拢的积极性，同时提升党员的带头引领作用。一是创新"健康校园行"工作形式。"健康校园行"包括校园义诊、线上科普两个方面的内容。每周开展三次日间义诊，另每周增加两次晚上的义诊服务，为后勤、保安等教职工就诊提供方便。线上持续开展科普知识宣传，通过微信公众号向全校师生推送健康知识和视频，参加人员达 3000 人次。二是通过"送诊上门"参与社区建设。启明星针灸推拿社在党支部共建活动的带动下，积极与周围社区开展联动，开展"雷锋精神进万家，中医康养"志愿服务活动、"蒲安里第一社区养老驿站，送诊上门"系列活动、"芳城园小学，送诊上门"等系列活动，社员发挥专业技能，回馈社会，践行学以致用精神。三是形成"1+N"帮扶机制。由一名专业扎实、思想过硬的高年级社员从专业技能、思想学习等多个方面帮扶 N 名低年级社员。

四、总结反思

1.健全社团的准入和准出制度，将优秀党员留在社团内。从社员构成可见，随着年级提高，很多优秀社员自动离开社团，使社员比例呈金字塔形。因此，有必要进一步完善社团管理制度，严格准入和准出，让优秀的社员、党员留在社团内发光发热，确保社团的持续发展。

2. 党支部要加强对党员意识的培养，让党员充分发挥作用。社团中党员对自己的身份认知和发挥作用自我评定情况处于较低水平，可以看出，党员对自身表现评价较低，这说明社团中积极主动性作用发挥还不够。党支部需要通过多种方式激发党员的模范带头作用，帮助党员找到发挥作用的方法。

3. 社团要建立良好的理论学习机制、工作载体和工作机制。调查显示，社团理论学习、社团工作载体、社团工作机制以及社团满意度等四个维度，两两之间皆存在显著正相关关系。可见，社团工作中，要重视理论学习、工作载体和工作机制的相互促进作用，形成良性循环。

4. 通过沉浸式思想政治教育"润物无声"开展理论学习。研究中发现，有相当一部分社员的理论学习意识淡漠，对理论学习有抵触情绪，不仅影响理论学习活动的组织，也容易将不满情绪扩散。针对以上情况，开展了沉浸式思想政治教育，达到了"润物无声"的良好效果。比如，实施"学+做"相结合的思政课程实施方法。边做边总结，边学边实践，引发社员自我反思和提升。

5. 社团工作机制要与支部工作机制联动。党员积极加入社团班子建设，提高党员在社员中的影响力。形成与党支部的工作联动机制，如党支部在实施《入党积极分子量化考核办法》的相关制度中，把社员的表现纳入考核中，与社团工作形成联动机制。

6. 社团工作载体要聚焦学生成长成才。对于专业性较强的社团，要注重开发与学生专业相关的工作载体，做到学专融合，为学生的专业学习提供帮助。社员在社团活动中增长才干，就能够有效提升社团的凝聚力和吸引力。

建设党建和专业相结合的优秀学生党支部

应用科技学院　谢鑫

一、案例简介

案例来源：应用科技学院学生第三党支部。

基本情况：北京联合大学应用科技学院学生第三党支部成立于2017年，由应用科技学院金融学和英语两个专业组成，支部书记由辅导员担任，其他成员均为本科生（专升本）。除支部书记外，97%的支部成员年龄在21~26岁，其余成员年龄在27~28岁。

学生党支部是党在高校中的基层组织，是党密切联系青年学生的桥梁和纽带，建设好学生党支部，对于改进高校党建工作、加强党对高校的领导具有重要意义。然而，受到各类因素的影响，当前学生党支部在支部建设过程中仍然存在一些问题。针对学生党员的理论学习不够深入、理论学习与专业及理论学习与实践相脱节、理论学习的兴趣和主动性不足等问题，学生第三党支部以"党建专业相结合"为主线，在前期"三学一结合"工作法的基础上，提出了"六个一"工作法，进一步加强党支部的凝聚力和战斗力，提高党员的党性修养，促进党员之间的交流与合作，提升党员的归属感和荣誉感，强化党员的思想教育，加强党支部的组织建设。

学生第三党支部现有学生党员43人，其中正式党员39人，预备党员4人。自党支部成立以来，立足实际，紧紧围绕理论实践能力强、国际化视野的特点，充分发挥学生党员的专业优势，组织开展了"党员微党课""学生党员宣讲"等学习活动，形式多样、内容丰富，这些行之有效的活动，切实提高了学生党员的学习意识。

二、案例分析

学生党支部作为高校基层党组织的有机组成部分，肩负着启发、团结、凝聚、教育、管理广大有为青年的重要作用。然而，受到各方面因素影响，当前学生党支部在支部建设、理论学习等方面仍然存在一些问题。具体来说：

（1）党员的理论学习不够深入，往往停留于上级要求的时政热点，缺乏主动学习、深入学习的学习积极性。

（2）注重理论学习，但是学习的内容和专业、实践脱节，活动形式刻板单一，缺乏吸引力。

（3）支部由两个差异较大的专业的学生党员组成，课余时间不统一，所学知识亦差异较大，且受学制影响，不同专业的支部成员相互间不熟悉，对党支部归属感不强。

（4）专科学校发展党员注重学业成绩，部队发展党员注重平时表现，导致部分党员存在某一方面的短板，难以发挥先锋模范带头作用。

基于以上问题的原因分析及对学生党员群体客观现状的把握，我们进行了深入的思考，决定以"党建专业相结合"为主线，通过"六个一"工作法进行支部建设，即要求学生党员开展一次参观见学、参加一次志愿服务、进行一次学习讨论、完成一次学业帮扶、重温一次入党誓词、主讲一次微党课，帮助他们深化对党的认识，补足自身短板，不忘初心使命，明确自身的社会任务和时代责任。

（一）开展一次参观见学

将支部成员分为数个学习小组，以小组为单位集体组织，每学期至少开展一次参观见学。通过参观见学的方式，让学生党员或了解党和国家的发展历程及成就，充分感受中国特色社会主义伟大实践成果；或深入企业一线，了解企业行业对本专业的要求，将理论学习和专业学习相结合；或关注社会热点问题，通过实地考察和了解，提升自身的政治敏锐性和社会责任感。利用每月的党小组，进行小组分享汇报。通过这些活动，学生党员可以直观感受到国家发展的磅礴气势和伟大成就，深刻体会中国特色社会主义道路的正确性和优越性，进而增强自身的民族自豪感和自信心。

（二）参加一次志愿服务

以个人或小组为单位，每学期至少参加一次校内（社会）志愿服务活动。通过志愿服务的方式，培养学生党员的社会责任感和服务意识。鼓励学生党员积极参与公益事业和社会实践活动，为社会贡献力量。同时，加强与学生群体的交流互动，增进彼此之间的了解和信任。为了丰富志愿服务的内容和形式，我们积极与各类社会组织和公益机构合作，共同策划和实施具有实际意义的志愿服务项目。比如，组织学生党员参与环保活动，宣传垃圾分类、节能减排等环保理念；组织学生党员参与社区防诈宣传，利用所学的金融学专业知识开展志愿服务；鼓励英语专业学生党员帮助社区老年人学习外语。借助志愿服务活动，不仅能够让学生党员在实践中增强社会责任感和服务意识，还能够让他们更加深入地了解社会、认识国情，充分将专业和实践相结合。

（三）进行一次学习讨论

除了以支部为单位组织的理论学习外，以学习小组为单位确保每季度至少开展一次集中学习讨论活动，涵盖时事政治、会议精神以及党的创新理论等内容。积极鼓励学生党员分享自己的学习心得和实践经验，以促进彼此间的交流与互鉴。在讨论中，鼓励学生党员结合个人实际，分享在学习、工作、生活中遇到的问题和困惑，以及通过学习和实践获得的启示与感悟，使学习讨论更具针对性和实用性；鼓励学生党员将专业所学和理论学习相结合，思考如何利用理论来指导实践。在学习过程中，我们也注重培养学生的独立思考能力和创新精神。鼓励学生党员勇于提出个人观点，挑战传统观念，不断探索新思路和新方法。通过每季度至少一次的学习讨论，学生党员对党的理论和政策有了更为深入的理解，对自己的责任和使命有了更为清晰的认识。同时，也构建了一个相互学习、相互支持的良好环境，为学生党员的成长与发展提供了坚实保障。

（四）完成一次学业帮扶

每名学生党员（积极分子）都要参与到学业帮扶活动中。在此过程中，培养学生党员的奉献精神和互助精神，营造良好的学习氛围，切实加强学风建设。在学业帮扶活动中，我们不停留在解决学习的具体问题上，更致力于激发学生的学习兴趣和自主学习能力。学业帮扶小组会定期组织学习分享会，邀请成绩优异的学生分享学习方法和经验，鼓励大家相互学习、相互借鉴。在学风建设方面，我们将注重培养学生的学术诚信意识。通过签署学术诚信承诺书、考试诚信承诺书等方式，引导学生树立正确的学术观念，自觉遵守学术规范，自觉做到诚信考试。

（五）重温一次入党誓词

每名学生党员每年至少重温一次入党誓词，旨在回顾自己的党员历程，坚定理想信念，强化党性意识。在重温入党誓词时，学生党员深情回顾了自己加入党组织的庄严时刻，回忆了自己在党的悉心培养下，逐步成长为一名合格的共产党员的历程，以及如何在党的正确引领下，为国家和人民贡献自己的力量。通过重温入党誓词，有效提升了学生党员的党性修养和责任感，激励他们在今后的工作中更加坚定地履行党员职责，不忘初心使命，始终保持与党的紧密联系，为党和人民的事业贡献更多力量。

（六）主讲一次微党课

我们要求每位学生党员应积极投身于学习与实践之中，每年至少主讲一次微党课。我们以"支部书记引领学、学生党员研讨学、团学青年宣讲学"为模式，把理论学习内容和支部成员的专业紧密融合，突出讲解与支部成员所学专业密切相关的内容，促进支部成员深入理解党的理论并应用于实际，实现理论与实践的无缝对接。支部成员充分结合自身专业进行备课、讲解与研讨，发挥各自的专业优势，为党课增添独特的视角和丰富的内涵。英语专业学生用全英文讲党课，并结合专业所学给学习视频配音；金融学专业学生根据现阶段国内外最新的金融形势，分享对相关中央精神的理解。支部成员还经常走进团支部、班集体分享党课学习心得，带动广大团学青年将专业知识与理论学习密切结合。

三、教育过程

在建设应用科技学院学生第三党支部过程中，"六个一"工作法增强了支部学习教育的针对性、实效性，让党员真正坐得住、听得懂、学得进，切实将理论教育的内在要求转化为党员的实际需要，强化了学生党员对支部的归属感。在支部成员的共同努力下，支部及支部党员也取得了一定的成绩。

党员的实践成果数量明显增多。支部书记在2023年发表C刊论文《百年来马克思主义与中华优秀传统文化相结合的历史进程》；2022年2月—2024年6月，讲党课人员达107人次；党课学习后特色心得10篇、海报25张、视频和配音16个；截至2024年6月20日，2023届毕业生党员就业率达到88%；2023年，有8名同志获得了抗疫青年先锋证书和奖杯；2023年度应科榜样宣讲活动中的7名宣讲人中有4名是支部成员，分别是"全面发展榜样"、"道德文明榜样"、"创新创业榜样"以及"帮困助学榜样"；截至2024年6月20日，支部成员获得国家级奖项42人次，市级奖项13人次，校级奖项55人次，院级奖项56人次。

在支部建设过程中，我们深刻认识到每位成员都是支部不可或缺的一部分，每个人的贡献都是宝贵的。因此，我们鼓励成员互相尊重、互相支持，形成紧密的协作关系。同时，我们也积极营造良好的支部氛围，让大家在轻松愉悦的环境中共同学习和成长，始终坚持以学生党员发展为中心的工作导向。在支部建设过程中，我们始终关注学生党员的需求和兴趣，努力为他们提供有针对性的服务和支持，不断拓宽他们的知识面和视野，引导他们积极发挥先锋模范作用。

四、总结反思

（一）支部建设成效显著的原因

学生第三党支部能够在思想学习建设、实践服务建设和特色品牌建设方面都取得成就，要归功于支委班子和支部党员的共同努力、合理的党支部设置和专业特色品牌服务等。

在不断努力、不断取得阶段性成果的道路上，我们也总结出了一些成功经验。学生第三党支部的建设成果离不开党支部每一位成员的努力，也与支部自身的设置和特点密切相关。总结下来，支部建设成效显著的原因主要有以下三个。

1.支委班子选拔严格，引导正确，培养精准。自支部成立以来，对支委的准入要求十分明确，选拔标准较为严格。选优配强支委班子，切实加强培训、管理、考核，按期做好换届工作，支部书记及支委始终秉持尽心尽力的原则，在工作上一丝不苟，具备高度的奉献意识和责任意识。

2.支部制度完善，管理规范。在支部日常管理中，我们始终坚持制度先行，不断完善支部管理制度。通过制定《支部委员工作制度》，明确党员行为规范、考核评价机制，确保了支部工作的有序开展和高效运行。同时，我们也注重制度执行的严肃性和公正性，对违反制度的行为进行及时纠正和处理，营造良好的支部风气。

3.党员教育常态化，注重实践锻炼。支部依托前期设置的"三学一结合"（即支部书记引领学、学生党员研讨学、团学青年宣讲学，党建专业相结合），将党员教育贯穿于支部工作的始终。在每月的党课中，让每名同志都走上讲台，将自身专业特点和党的理论知识相结合，真正让党课学习落到实处，让党课发挥实效。

（二）自身的不足与面临的挑战

学生第三党支部的支部建设虽取得了一些成绩，但任何一项工作都不可能完美无缺，学生第三党支部在前进的道路上也遇到了一些挑战和不足，具体表现如下。

1. 关于党员教育方面。学生第三党支部虽按期组织党课学习和党日活动，但在教育的深度和广度上仍有待提升，学习内容有过于理论化的情况，未能充分联系实际，致使学习效果未能达到预期。

2. 活动创新性待提高。支部活动虽已进行丰富，如志愿服务、参观见学等，但是在形式和内容上还不够新颖，缺乏足够的吸引力和影响力，使得部分党员参与活动的积极性不高。为了提升活动的创新性，我们需要进一步拓宽思路，结合时代特点和党员需求，设计更具针对性和实效性的活动形式和内容，以满足党员日益增长的精神文化需求。

3. 支部在制度建设方面还需要进一步完善。虽然支部已经建立了一套相对完善的制度体系，但在执行过程中仍然存在一些漏洞和不足。针对这些漏洞和不足，我们将持续深化制度建设，确保各项制度能够真正落地生根，发挥实效。将对现有的制度进行全面梳理，找出其中存在的问题和短板，制定针对性的改进措施。

新时代学生党支部"三树三创"工作模式研究

应用科技学院　李静如

一、案例简介

案例来源：应用科技学院学生第二党支部。

基本情况：应用科技学院学生第二党支部成立于 2017 年，支部成员由应用科技学院会计专业构成，学生党员均为专升本学生，其中有 1/3 是退役士兵大学生。

自党支部成立以来，坚持以习近平新时代中国特色社会主义思想为指引，积极探索构建"三树三创"的学生党建工作发展新模式，坚持以构建学习型、服务型、先进型党支部为建设目标，以"专题党课启智润心""红色基地培根铸魂""党史宣讲赓续基因""党纪学习明目醒心"四大主题活动为载体，以思政引领立德树人，以支部活力为内生动力，以社会服务为外源驱力，充分利用新媒体、讲坛、线上常态化理论学习分享交流群等阵地，教育引导学生党员在日常学习生活中长才干、树标杆、创佳绩，引领学生党员传承红色基因、争做红色根脉的坚定守护者，将青春活力融入新时代的伟大征程。

二、案例分析

学生党支部既是开展新时代高校基层党建工作的前哨阵地，也是推动高校教育教学工作进步的重要抓手。习近平总书记强调："要加强党的基层组织建设，把资源、服务、管理下沉基层、做实基层，把每个基层党组织建设成为坚强战斗堡垒。"

应用科技学院学生第二党支部按照新时代党的建设总要求，以政治建设为统领，以质量攻坚为动力，以提升组织力为重点，以推动事业发展为落脚点。在上级党组织的正确领导和指导下以及支部成员的共同努力下，党支部进一步实现了思想政治教育工作与学生党建工作相融相促，使党支部成为学生党员政治学习的阵地、思想交流的平台、党性锻炼的熔炉。但在不断探索实践的过程中，由于受到外部社会环境和内生动力的双重影响，仍存在一些问题有待加强，具体体现在以下两个方面。

（一）学生党员思想政治建设不够有力

新时代全面加强党对教育工作的领导，要求将思想政治教育工作贯穿教育教学全过程，用党的创新理论武装大学生头脑，坚定其理想信念，解决好其世界观、人生观、价值观这个"总开关"问题。学生党支部作为高校最基层的党组织，承担着"加强思想政治引领、筑牢学生理想信念之基"等高校学生党员思想政治建设的重要任务。学生第二党支部紧抓思想政治建设，重视理论学习，支部党员的思想政治素养有了进一步的提高。但由于新时代的大学生接收信息速度更快，思维更超前，看待问题更尖锐，且已形成了自己对世界、人生、价值的基本判断和选择，有了自己认识选择的能动性和积极性，进而导致部分学生入党动机多元化，所以学生党员在一定程度上缺乏党性意识和思想觉悟，尚未真正理解和落实党的路线和方针政策，对于政治理论学习，只知其然不知其所以然，没有达到以学筑魂的效果，在思想引领、学以致用上仍然存在较大差距。

（二）学生党支部组织建设不够完善

学生党支部组织建设是有效发挥党在青年学生中的创造力、战斗力、凝聚力的基础。加强学生党支部建设是提高学生党员党性修养的有效举措，是推动学生党员管理有力的重要手段。目前学生第二党支部在不断规范和探索组织建设路径，但支部建设目标仍不清晰，支部组织机构和党员管理的规范度有待提高，没有充分发挥学生党员的示范效应和榜样力量，使得部分学生党员在大是大非前没有形成"我是党员，我先上"的担当意识，进而导致支部党建品牌建设尚未成形，实际工作效果还有待加强。

三、教育过程

基于对学生党支部现存问题的深入剖析，支部着力以加强党风建设来促学风、树新风，让学生党员在夯实理论功底的同时，筑牢信仰之基、补足精神之钙、把稳思想之舵，拧紧思想"总开关"。通过创新工作制度，规范支部组织建设，以构建学习型、服务型、先进型党支部为建设目标，将党建品牌建设成为激活学生党员活力的"金钥匙"，不断凝聚支部党员力量，持续提升基层党支部的战斗力、创新力、感召力和生命力，确保基层党建的政治保障和引领作用充分发挥，努力培养中国特色社会主义事业的建设者和接班人。

（一）树"三风"："扬党风、促学风、树新风"，筑牢思想政治根基

1. 扬党风，牵好"牛鼻子"。

思想引领是基层党支部建设的动力引擎，学生第二党支部倡导学生党员要将习近平新时代中国特色社会主义思想融入实践中，以务实举措把牢思想"总开关"，实现理论教育、党性锤炼、能力培训全方位的党风建设体系。支部通过开展"学党规党纪，强党风党性"的系列学习和"光影追溯清风路，红色践学筑党纪"等主题党日活动，引领学生党员在沉浸式学习中，提高政治站位，增强政治定力，当好理论学习的先行者、先进思想的倡导者、初心使命的践行者。通过引导学生党员在实际生活中，常掸政治灰尘，净化政治灵魂，锤炼忠诚干净担当的政治品格，做到心中有党、心中有责、心中有戒，永葆共产党人的政治本色。

2.促学风，立好"台柱子"。

支部以"专题党课启智润心""红色基地培根铸魂""党史宣讲赓续基因""党纪学习明目醒心"四大主题党日活动为载体，抓实理论武装，以政治认同凝心铸魂，教育引导学生党员真学、真懂、真信、真用，帮助学生党员从思想上正本清源、固本培元。支部开展"以行动践初心用实干担使命"我为身边同学做实事、退役士兵一对一帮扶、"读懂中国·老少共话强国梦"、"以笔寄意书盛世，以字传情颂党恩"书法墨韵等活动，通过主题党日带动学生党员在以学铸魂、以学增智、以学正风、以学促干上取得更加扎实的成效，使理论学习往深里走、往实里走、往心里走。此外，支部倡导学生党员利用碎片化的时间形成常态化学习，通过每天收集时政要闻、党史故事等相关知识在线上群分享，由"被动接收者"转变为"主动分享者"，全年累计分享信息高达上千条，持续推动理论学习的常态化、长效化。

3.树新风，走好"新路子"。

为鼓励支部党员努力将志愿行动服务在校园、辐射到网络、影响到社会，学生第二党支部坚持以德育人、以情感人、以文化人，组织开展多项志愿服务活动。在校内，号召学生党员积极参与值守先锋岗、吸烟岗，在校园疫情防控战中，支部数名党员积极投身于疫情防控服务，用实际行动展现了面对危机时学生党员的责任与担当。在校外，学生党员与周边社区紧密结合，携手北苑二号院开展环境整治，参与天通苑街道社区"2023年五大青年行动"主题志愿活动、"走访慰问老党员 传递党情暖心弦"社会服务实践活动，支援新街坊社区执勤岗，以实际行动擦亮了联大志愿者的金名片，激活党员队伍的"红细胞"，充分发挥了新时代大学生奉献青春在社会、志愿服务在社区的热情。

（二）创"三型"：学习型、服务型、先进型，强化支部组织建设

1.创学习型支部，打造树立"主力军"。

支部采取"支部书记领讲＋支委和党员分讲＋阵地促学"的学习

模式，引导学生党员深学细悟、筑牢根本，为全力打造学习型支部奠定坚实基础。近 3 年，组织支部党员累计开展了 42 次党日活动。一是通过支部书记领讲，每月确定一个政治理论学习主题，每次由支部书记或学生支部书记进行主讲，支部党员逐人分享体会，深入学习 20 余篇专题辅导报告。二是支委和党员分讲，定期开展"小讲坛""微党课"等微课活动，党员轮流担任讲师，围绕政治理论谈感悟，围绕实际工作谈经验，多渠道、多路径唱响主题学习主旋律。三是阵地促学，全员联动参与，用好红色"实景课堂"。组织学生党员前往北大红楼、中国共产党历史展览馆等红色教育基地，开展实地研学，持续发挥红色文化筑魂固本作用。

2. 创服务型支部，锻造培育"先锋队"。

支部始终坚持将"走出去"和"引进来"相结合，打造有温度、有特色的党建育人活动。一年来，支部与北苑一号院、北苑二号院以及天通苑天北街道等 3 个社区的党委共建 9 次活动，涉及"社区邻里节"志愿活动，以及重阳节情暖老人心、"记忆·朝阳"50 年事读书交流会等主题活动，寻访了中国共产党历史展览馆、中国人民革命军事博物馆、北大红楼等红色景点，切实加强了对北京红色资源的研究利用，将政治认同、家国情怀、文化自信有机融入支部主题活动，引导学生党员在生动的实践里学习党的光荣事迹，感受党的光辉历程。

3. 创先进型支部，选好配强"领头雁"。

支部在组织建设上通过实行网格化管理，由支部书记牵头，4 位支委通力合作，构建"支部书记＋支委＋党员＋积极分子"的组合模式，依托"以老带新促发展"的管理办法进行人才梯队建设，严格落实"三会一课"制度，保证学生党员发展有理有据，使基层党组织工作的责任更清晰、任务更明确、覆盖更全面，充分引导学生党员在政治学习、社会实践、志愿服务方面奋勇争当"领头雁"。

四、总结反思

应用科技学院学生第二党支部能够通过"三树三创"的学生党建工作发展新模式，在实际行动中筑牢初心使命、增强担当意识，推动学生党支部工作取得实效，得益于上级党组织的正确领导和支部全体成员的共同努力。总结下来，这主要体现在以下 3 个方面。

（一）将党性教育与模范引领相融合，在常学常新中强根基

学生第二党支部着力挖掘宣传先进典型，利用头雁效应激发党员活力。将支部书记作为党支部的领头人，通过在理论学习、教学科研、服务保障重大活动等具体工作中处处主动带头，敢于直面问题，积极担当作为，努力做好支部全体党员言传身教的榜样。同时，支部坚持开展以"榜样的力量"为主题的系列宣讲活动，通过利用红色资源，讲好红色故事，将传承红色基因融入立德树人全过程，充分发挥先进党员的带头示范作用。教育引导党员见贤思齐，在政治上、思想上、作风上将自己的行为对照先进典型、身边榜样进行学习，实现后进赶先进、中间争先进、先进更前进，永葆共产党员的先进性本色。

（二）将政治理论与专业学习相融合，在先行先试中出亮点

学生第二党支部依托学科专业设置，不断创新机制、搭建平台、丰富载体，推进党员教育"走新走实"，锻造一支过硬的学生先锋队伍。通过结合学生的专业学科优势和专业特色，梳理党班团交叉关系，联动教工党支部，构建以党支部为核心，以团支部为主导力，以班委会为主要执行机构的"三位一体"工作机制。此外，利用期中、期末等重要时间节点，组织开展"助学零距离，退役士兵帮扶一对一"系列活动，确保支部每一位党员学习"不缺位"、思想"不掉队"。切实发挥党建带团建、党建促班建的主要作用，将组织建设和教育引领结合起来，充分将理论学习与专业联系紧密结合，发挥基层党支部战斗堡垒作用。

（三）将支部建设与志愿服务相融合，在走深走实中把关键

积极贯彻落实习近平总书记重要批示精神，努力建设政治功能强、支部班子强、党员队伍强、作用发挥强的基层学生党支部，让党支部成为党旗高高飘扬的战斗堡垒。支部在组织建设上需要依托"以老带新"的发展模式，采用网格化管理模式，建立支部数据台账，将学生党员活动进行量化考核，紧扣"红色"主基调，充分挖掘红色资源，发扬红色传统，讲好红色故事，以红色引擎点燃学生党员教育新热潮。将红色教育基地转化为"红色实践课堂"，联合校地共建社区，开展大学生进社区的志愿服务活动，在实践中教育引导学生党员充分发挥个人优势服务群众，把理论与实践相结合，在实际行动中强基固本筑堡垒、凝心聚力担使命。

应用科技学院学生第二党支部未来将继续强化支部建设，发挥堡垒作用，多措并举激发学生党支部的凝聚力、战斗力、向心力，引领学生党员赓续红色血脉，传承红色基因，勇担青春使命，奋力书写为中国式现代化挺膺担当的青春篇章。

立足自身，做特色型学生党支部

艺术学院 张慧

一、案例简介

案例来源：艺术学院专升本学生党支部。

基本情况：艺术学院专升本学生党支部成立于 2016 年，由艺术学院专升本党员构成，至今发展为覆盖数字媒体艺术、视觉传达、环境设计、服装与服饰设计 4 个专业，支部成员均为 2 年制专升本学生，96% 以上的支部党员为大专时期发展的党员。因专升本学生有 3 年大专经历，所以党支部人员组成具有积极分子基数大、正式党员人数多等特点。

艺术学院专升本学生党支部现有 2022 级、2023 级正式党员 45 人（其中教师党员 1 人），预备党员 2 人，发展对象 3 人，积极分子 50 人。自党支部成立以来，坚持贯彻上级党委精神和工作安排，结合实际和支部特点为党员开展高质量支部学习教育实践活动，以党建工作与特色化学习"互融共进"为契机，结合学生专业特色，不断强化支部党建引领作用，实现党建与理论学习的"双轮驱动"。

高校学生党支部，既要树立崇高理想，又要练就过硬本领；既要具备创新能力，又要发挥专业特色。要起到先锋模范作用，不断发挥支部的战斗堡垒作用，提高凝聚力、向心力、战斗力。一直以来，艺术学院专升本学生党支部将政治引领贯穿教育管理全过程、各方面，坚持党建工作与理论学习同步谋划、部署和推进。通过支部党员积极参与班级工作，主动加强与群众之间的联系，积极开展宣传动员，使入党申请人和积极分子参与到各项支部活动中来，取得了良好成绩。

二、案例分析

艺术学院专升本学生党支部具有支部人员基数大、学生专业多、学生2年学制等特点，面临的实际问题主要包括以下几个方面。

（1）新生党员和积极分子的材料核查问题。如何准确高效地完成新生党员组织关系转入和积极分子认定工作，决定了本支部能否顺利开展组织生活。

（2）党员和积极分子众多，支部人员管理问题。

（3）支部成员涉及多个专业方向，在支部活动中，如何将学生专业融入支部学习教育并发挥支部特色的问题。

（4）在2年学制下，如何培养发展党员、正式党员如何发挥先锋模范作用并保持先进性等问题。

（5）毕业班党员的组织关系转出问题。

基于支部的各项实际问题，我们在支部日常工作中，不断摸索改进、积累经验，形成了一套适用于专升本学生党支部的特色工作方式。

（一）发挥模范作用，建强支部政治组织功能

充分发挥党员的先锋模范作用，事事争先、时时表率，将支部在群众中的威信力扎深打牢，起到思想政治引领作用。

1.组建"新征程上的先锋队"退役大学生党员宣讲团。

作为专升本学生党支部，我们拥有许多退役大学生党员。他们曾经怀抱爱国之情，投笔从戎，为国家贡献自己的青春力量。他们是驻守在祖国最东端黑瞎子岛笑傲风雪寒的董彦晨，英姿飒爽、服役于中部战区的陆军女战士赵滢颖，参与过维和任务、抗洪抢险任务的维和步兵田鑫鑫，驻守于遥远沙漠边境的张全，参与过国庆70周年保障活动的空军通信兵胡文清，尖子兵比武单项第一名、荣获三等功的马岩，不顾伤痛

咬牙坚持 2 个月艰苦集训的刘展博……

他们重返校园，虽已不是军中人，但仍满怀军中心。与对普通党员的要求相比，支部对退役大学生党员的要求更高、更严，在平时的组织生活中，要求他们不断提升政治站位、增强大局观念，亮出退役大学生党员群体的先进性及特殊性。支部组建"新征程上的先锋队"退役大学生党员宣讲团，充分发挥号召力，引导广大退役大学生党员继续发扬爱国、爱党、忠诚、奉献的优良传统，在社区、学院学生党支部、团支部相继开展主题宣讲活动，将自己的服役故事和奋斗精神传递给更多的人，秉承"退伍不褪色，退役不退志"的誓言，传承红色精神，提升党性修养，时刻铭记一身戎装的光荣与责任，继承革命军人的优良传统和作风，把爱国之情化为报国之行，用实际行动诠释军人的担当与责任，将支部的影响力辐射至更远更广的范围，在实践中增强"四个意识"，努力走在前列、当好表率，积极为人民服务。

2. 指派党员担任"班级联络员"。

支部为增进与群众的联系，指定党员担任"班级联络员"，以专业分组，通过党员与各团支部点对点对接，积极引导群众向党组织靠拢。2023 年度共收到入党申请书 40 份，进行申请人谈话 40 次，确立积极分子 21 人，认定积极分子身份 23 人，为支部培养发展优秀学生入党奠定了良好基础。

同时，"班级联络员"肩负积极分子的培养考察以及新生党员的组织关系转接工作，相同的专业，既便于党员和党员之间、党员和积极分子之间的联系，又加强了高低年级传帮带的作用，进一步增强了支部成员间的牢固性。

3. 督促党员争做"先锋模范"。

党员对自身进行严格要求，不仅在思想上积极进取，在专业能力和学习成绩上也争做先锋。支部党员 2023 年度获得校级二等奖学金 4 名、三等奖学金 4 名、国家励志奖学金 2 名、校优秀学生干部 3 名、校三好学生 2 名、各类竞赛奖项 6 名。支部会继续在学业上督促党员，做到实至名归的"先锋模范"。

（二）加强实践锻炼，搭建志愿服务交流平台

支部与世纪村社区党委建立了良好的共建关系，2023 年度开展了多次红色"1+1"共建活动。活动开展得到了世纪村社区党委的大力支持，取得了可喜成绩。先后开展了红色建筑（天安门）积木搭建活动、"学思践悟二十大，砥砺奋进新征程"党史知识竞赛答题活动、退役大学生党员分享交流活动等。

在红色建筑（天安门）积木搭建活动中，学生手把手帮助社区老人拼搭天安门，通过动手动脑的活动，为老人的离退休生活增添欢声笑语，同时加强了学生的青春使命及责任教育，传递了党员的志愿服务精神。

在"学思践悟二十大，砥砺奋进新征程"党史知识竞赛答题活动中支部承担出题及组织任务。通过制作关于党的二十大精神、党史知识、时事政治等的竞答题目，增强了学生的理论知识学习，提高了学生的思想政治觉悟。在筹备过程中，进行集中学习和深入交流，互相促进、共同进步，切实提升了支部凝聚力。

在退役大学生党员分享交流活动中，大学生党员深入社区讲述服役期间的特殊经历、逸闻趣事及学习收获，得到了共建社区党员的高度评价，与拥有服役经历的老党员进行了深入且感动的交流。加强了社区对退役大学生士兵群体的认识，影响、带动全体党员及群众共同进步，深化了双方支部的建设及思想交流，共同提高了为人民服务的水平和质量。

支部党员还积极投身社会实践活动，在山西阳泉暑期实习实训活动中，深入服务基层，利用专业知识，拍摄剪辑制作阳泉基层实习实训宣传短片，为宣传阳泉、建设阳泉贡献自己的青春力量。

三、教育过程

要提升党员队伍思想觉悟、加强支部向心力、牢牢把握党的路线方针政策，就必须抓好支部党员的理论学习教育，从学习态度、方法、内容入手，通过学习成效反馈，切实落实好支部的理论教育工作。支部以习近平新时代中国特色社会主义思想为指导，深入贯彻落实党的二十大精神，学习《中国共产党章程》、中国共产党史，严格执行"三会一课"制度，明确党员责任与义务，从理论高度及深度夯实理论学习。

通过开展"跟着总书记走进百姓家""牢牢把握主题教育总要求的深刻内涵""沿着总书记的足迹"等主题党日活动，在学思践悟中铸牢使命责任感。

通过开展组织生活会、主题教育专题组织生活会，端正态度、统一思想，勇于正视问题、摆正问题，将压力转化为动力，将整改措施落到实处。

通过开展"深入学习党章及二十大精神""习近平新时代中国特色社会主义思想专题摘编""深入学习贯彻 2023 年全国两会精神""中共北京联合大学第六次党员代表大会《党委工作报告》宣讲要点"等党课及专题学习，引导党员深学细悟，用党的创新理论凝心铸魂。

通过参观中国国家博物馆、首都博物馆、中国共产党历史展览馆、中国工艺美术馆、全国农业展览馆非遗展、北京中轴线上的老字号博物馆、袁崇焕墓和祠、茅盾故居等，不断提升文化底蕴，增强文化自信，擦亮青春底色。

通过多种形式的支部活动，进行"沉浸式"理论学习，有效加强支部党员思想觉悟和理论基础；同时结合学生专业方向，在传承红色精神的同时，将感悟和想法通过设计的形式表现出来，创作出有温度、有深度、有思想的文创设计产品，在提升专业能力的同时深埋信仰之魂。

在支部成员的共同努力下，积极进行支部建设，取得了一定的成绩。

（1）2021—2022学年，荣获北京联合大学"十佳学生党支部"称号。

（2）2018年、2022年、2023年，荣获北京联合大学红色"1+1"示范活动优秀学生党支部三等奖。

（3）2018—2023年，荣获艺术学院优秀党员3人。

（4）2018—2023年，荣获民主评议党员优秀等级60余人。

（5）2023年《追溯红色记忆　品味都城风华》短视频在"'京'彩文化　青春绽放"行动计划"红色行"之"我的红色记忆"随手拍项目中，荣获北京市三等奖。

四、总结反思

与时代同行，负时代重任。自艺术学院专升本学生党支部成立以来，一直高度重视党建工作，按照要求严格执行"三会一课"制度、高质量培养发展党员。在支部工作实践过程中，改进支部实际问题的方法主要包括以下几个。

（一）重点做好支部党员、积极分子组织关系转接工作

大专升至本支部的党员、积极分子较多，组织关系转接工作尤为重要。支部在每年新生入学第一周全面启动组织关系转入工作，支委作为各新生班级联络人，准确传达组织关系转入步骤、档案要求，规范材料管理，第一时间统计人员名单，并在工作过程中不断督促转接流程，做到事事有人管、件件有着落，有效提速转入进程。

对于毕业班党员，提前传达组织关系转出要求，定期追踪转出进程，对于转出过程中出现的问题，及时沟通解决，配合材料审查工作，保证提供最大支持。

（二）做好申请人、积极分子、发展对象、预备党员考察台账

支部人员基数大，通过细化考察台账，加强支部人员管理。对于支部党员的发展培养，均有明确的考核标准。通过查看学生的各项指标以

及支部谈话情况，能够明确培养方向。

（三）加强正式党员管理及考核

如何管理考核正式党员，是专升本学生党支部的难点工作。通过明确党员参与支部活动情况（包括"三会一课"、党员先锋工程、红色"1+1"社区共建、党员培训学习等），对正式党员进行严格管理。

（四）发挥支部特色，及时总结反思

支部具有学生专业多、退伍士兵多等特点，在开展支部活动过程中，充分融入支部特色，打造属于专升本学生党支部的支部建设风貌。

明确支部成绩清单、问题清单、任务清单，及时查摆问题、总结反思，改进支部建设管理方法，履责尽责、凝心聚力，着力培养有朝气、有才气、有正气的大学生党员。

我们将继续用党员的实际行动践行责任义务，充分发挥先锋模范作用，发挥支部学生特色，放飞青春、勇立潮头，克服困难、艰苦奋斗，立志"做社会主义核心价值观的坚定信仰者、积极传播者、模范践行者，向英雄学习、向前辈学习、向榜样学习，争做堪当民族复兴重任的时代新人，在实现中华民族伟大复兴的时代洪流中踔厉奋发、勇毅前进"。

党建铸魂　菁英领航

——打造"四力""四型"党支部

管理学院　刘园

一、案例简介

案例来源：管理学院学生第三党支部。

基本情况：管理学院学生第三党支部现有正式党员 12 人，预备党员 16 人，发展对象 0 人，积极分子 20 人。在党总支和刘园书记的带领下形成了一支"听党话，跟党走"的蓬勃力量。管理学院学生第三党支部深入领会习近平总书记关于党的建设的重要思想，以"党建引领　推动学生全面成长成才"为建设目标，构建"1+4+4"党支部工作方法，"1"即坚持"党建与业务双融双促"这一工作理念，精准聚焦立德树人根本任务，以提升"四力"为抓手，即提升支部思想引领力、组织号召力、服务行动力、作风廉洁力，致力于打造"四型"学生党支部，即学习型、服务型、创新型、廉洁型党支部。通过"强思想、搭平台、精服务、育廉洁"，加强党建引领，聚焦"乡村振兴"，推进引智帮扶；聚焦"民生就业"，推进访企拓岗；聚焦"科技赋能"，推进科普进校园；聚焦"以廉育人"，推进廉洁作风建设。建设了一支政治坚定、锐意创新、求真务实、敬业奉献、高效廉洁的党员队伍。

二、案例分析

（一）存在问题

1.政治理论学习欠缺系统的、主动的自运行系统。

2. 党员差异性较大，党建带团建效果不明显。理论学习、实践教学、学科专业没有紧密结合，活动专业性建设不强，仅仅停留在志愿服务等环节，并未与教师党支部牵手、与所学专业学科更好地密切联络。

3. 支部活力不足，并未形成工作特色和支部工作法。

（二）解决问题

从以上的问题导向入手，基于学生特点，以培育有财务专业能力的卓越人才为目标，依托专业特色和学科优势，在实践中以"党建引领推动学生全面成长成才"为建设目标，构建"1+4+4"党支部工作方法。

1. 工作思路——强思想、搭平台、精服务、育廉洁（见图1）。

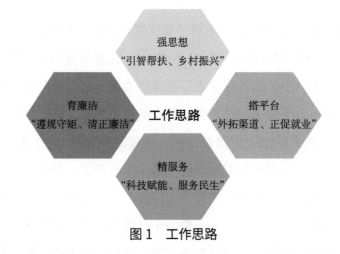

图1 工作思路

（1）思想引领力——加强思想引领。

党支部通过举办主题党日、党课教育等活动，引导党员深入学习党的理论和路线方针政策，增强党性观念和政治觉悟。通过习近平新时代中国特色社会主义思想宣讲会、党史党纪知识竞赛、红色故事分享会、红色电影观影会等形式，让党史党纪学习教育入脑入心，提高支部党员的政治领悟力、判断力和执行力，引领激励党员强信念、敢作为、勇争先。

（2）组织号召力——搭建实践平台。

党支部积极搭建各类实践平台，为党员提供展示才华、锻炼能力的机会。开展"志愿精神 + 专业赋能"乡村振兴志愿服务项目，通过红色"1+1"、"大手牵小手"、书记讲党课等特色活动，深入乡村振兴基层一线，长期开展"数商兴农""文旅助农""互联网 +"农产品出村进城服务、"百师进百村"电商直播乡村特色营造。

（3）服务行动力——精准服务师生。

党支部坚持"以生为本"，通过学风讲座、就业指导、心理健康咨询等服务，精准对接学生需求。同时，强化党员引领，带动师生共进步。与北京市计量检测科学研究院（以下简称"计量院"）合作，建立实习实践基地，实施精准就业对接项目，拓宽学生职业路径。跨界合作举办"计量党纪科普进校园"活动，解决校医院设备检测难题，展现科技服务力量。

（4）作风廉洁力——培育廉洁作风。

结合支部学生专业特点，聚焦廉洁自律建设，通过加强党风廉政教育、完善监督制约机制等措施，确保支部党员廉洁务实、作风优良。近年来，通过"廉洁思想伴我行"书记讲廉洁党课、"廉洁地标综与寻"活动，组织师生党员参观北京 10 余处廉洁文化教育基地，回顾历史，传承精神。建设廉洁教育大小课堂，开设校级选修课"廉洁文化教育"课程，支部党员发表廉洁主题论文 4 篇、申报廉洁主题校级课题 2 个。

2. 工作目标——党建与业务双融双促，"四力""四型"党支部展新篇（见图 2）。

图 2　工作目标

（1）党建带动就业，理论引领成长，打造学习型党支部。

支部严格落实"三会一课"制度，切实提升学习实效性，让理论学习真正入脑入心入行。实施"青年导师制度"，帮助学生党员快速成长。探索研讨学、云端学、实地学的"三学"新模式，激发师生党员的学习动力，促进党员教育走深走实走心。通过党建结合专业带动就业，以"学以致用"为出发点，借用计量院党支部的平台，将专业所学实践于社会，实现就业报国的主线，提升就业质量。

（2）聚焦乡村振兴，构建服务型体系，打造服务型党支部。

支部积极探索服务型工作体系，将党建引领同中心工作深度融合，构建教学、育人、就业、志愿系列育人模式，不断强化对大学生的思想政治引领。加强和改进农村基层党建、推动高校带动乡村党建创新发展。聚焦生态振兴，精心组织生态文明社会实践，提升服务乡村振兴发展能力，持续打造品牌项目，搭建贯通全流程、全领域的乡村振兴实践育人系统。

工作举措：实施"志愿服务 + 乡村振兴"。学生党员作为青年一代的先锋队和未来的希望，能在乡村振兴中起到示范引领作用，影响带动更多的青年人和社会力量参与到乡村振兴中去。学生第三党支部采取"志愿服务 + 乡村振兴"模式，重点从 4 个方面着手：完善志愿服务机制、搭建线上线下平台、拓宽农产品销售渠道、策划新实践活动。

（3）深化科普合作，创新党纪学习，打造创新型党支部。

站稳人民立场，为绝大多数人谋利益，为群众办实事。学生第三党支部同计量院建立长期合作计划，用科普科技赋能党建工作，提升对人民的服务范围、服务时长、服务质量，打造出"科普助民"的品牌；同时加强党纪学习创新力度，通过开展多样化的党纪学习活动，组织学生党员学习《中国共产党纪律处分条例》等党内法规，确保学生党员对党的纪律有全面、深入的了解。

（4）涵养廉洁文化，厚植清廉根基，打造清廉型党支部。

开展"廉洁教育基地参观"活动，通过组织学生党员深入廉洁教育基地参观，并撰写廉洁综述，出版相关书籍；将清廉建设作为"三会一课"、特色主题党日活动，打造以"建强清廉党支部，共沐清廉之风"为主题的清廉文化长廊，开展书写一封家书活动，促进家校联动。不断创新清廉教育的方法举措，多层面多角度开展丰富多彩的浸润式清廉教育活动，擦亮学院清廉品牌建设。

工作举措：实施"守正创新"廉洁文化教育方式。在"守正"方面，支部规范建设，强化党员教育，确保党员质量，并基于前期成功经验继续探寻更多教育基地，打造廉洁文化中心。在"创新"方面，支部注重创新，成立读书会，加强支部间交流，举办主题讲座，深化教育成果。针对前期活动经验，支部计划开展更具趣味性的廉洁文化活动。

三、教育过程

（一）工作成效

1.党建引领教学。在学校党课后，支部书记带领支部党员进行回顾学习，支部积极分子等列席学习，以此工作模式开展后，在各学生组织中巩固党课学习内容。以支部为中心开展大学生廉洁教育课程，将党建内容从课堂向全校学生辐射，课程中学生外出走访廉洁文化教育基地，强化教学效果。

2.党建稳促就业。在支部共建项目中，学生第三党支部与计量院共建，多次组织支部学生进行实习，开展讲座宣传计量文化，增强学生专业工作能力，以此为模式，促进支部党员工作能力。支部书记逐一跟进毕业生党员就业情况，提高党员就业质量。

3.党建培育廉洁。根据前期校外实践走访廉洁文化教育基地情况，支部组织出访活动，形成更多走访综述供支部党员共同学习；在廉洁文化课程中，课程同学同时走访，在全校范围内形成廉洁文化学习氛围。

（二）支部成绩

在支部成员的共同努力下，支部也取得了以下令人瞩目的成绩。

1. 2021 年荣获北京市红色"1+1"三等奖，2022 年和 2023 年荣获北京市红色"1+1"优秀奖，2021—2023 年连续 3 年获得校级红色"1+1"活动一等奖。

2. 2022 年与计量院校外实践基地建设成功。

3. 2022 年支部产学研课题德育劳育党建助力就业课题申报成功并于 2023 年顺利结项。

4. 2023 年校级课题廉洁教育文化建设课题申报成功并于 2024 年结项。

5. 2023 年申报校级"廉洁教育综与寻"共建攻坚项目。

6. 支部成员奖励，包括首都大学生志愿服务先进个人、国家励志奖学金、校长特别奖、校级优秀学生干部、校级三好学生、校级特等奖学金、校级一等奖学金、校级二等奖学金、校级三等奖学金、"管理之星"、"青创北京"首都大学生"挑战杯"特等奖、北京市互联网＋三等奖、校级"致用杯"三等奖、全国商英二等奖、"挑战杯"北京市二等奖、"东方财富杯"全国大学生金融挑战赛全国二等奖。

四、总结反思

管理学院学生第三党支部能够在强思想、搭平台、精服务、育廉洁等方面都取得成就，要归功于优秀的党支部书记及支委的努力、合理的党支部设置和专业特色品牌服务等。在不断努力、不断取得阶段性成果的道路上，总结成功经验。管理学院学生第三党支部建设成果离不开支部每一位成员的努力，也与支部自身设置和特点密切相关。总结下来，支部建设成效显著的原因主要有以下 3 个。

（一）制度建设是关键

支部强基础，思想引领是关键。学生第三党支部坚持以全员参与学习，激发学习自觉性、创新性与提高支部团体思想素质和学习能力为出发点。组织制度要抓牢，坚持问题导向与求解思维，工作推进标准范式加多元形式。努力从责任化、制度化、规范化入手，加强支部自身建设。为更好培养委员责任意识，树立责任担当，支部委员每年定期接受党务知识培训，结合学习理论和支部实际，撰写工作思考笔记。严格落实"三会一课"制度。

（二）党建带团建效果显著

在党支部的引领下，专业团支部曾 3 次被评为北京市"先锋杯"优秀基层团支部，落实党团共建，党建带动团建工作。在党建引领志愿服务、乡村振兴等工作中取得卓越成绩。在红色"1+1"牵手支部团员青年参与计量院青年文明岗工作。

（三）党建引领紧靠专业开展特色活动

四个建设方案紧靠财务管理专业："科普助民"服务体系，优化提升"乡村党建"组织能力，着力打造"就业报国"渠道平台，实施贯彻"清正廉洁"纪律制度，紧紧围绕红色"1+1"计量院党支部财务处和学生第三党支部学生财务管理方向，依靠专业特色和业务范畴开展特色活动。建设初期虽取得了一些成绩，但仍有进步空间。一是元堃计划，重视培训；二是党员六率模范性，重视党员个性化培养，加强优秀党员的示范性；三是进一步加强与教师党支部开展"大手牵小手"活动，开展党建带团建活动，理论联系实际，"走出去""引进来"，注重工作实效性和时效性。

打造具有高素质旅游应用型人才的优秀学生党支部

旅游学院　张博宇

一、案例简介

█　案例来源：旅游学院学生第三党支部。

基本情况：旅游学院学生第三党支部成立于 2021 年，由旅游学院会展经济与管理系（以下简称"会展系"）和旅游管理（专科起点）两个专业构成，支部成员既有本科生，也有专升本学生，其中平均年龄在 21~22 岁的支部成员占比为 93%。

建设好学生党支部，对于改进高校党建工作、加强党对高校的领导具有重要意义。在当前大学生党员处于数量激增、党建要求严格的整体背景下，学生党支部普遍存在活力不足、党员党性修养不够、理论学习弱化、活动开展不足和形式单一、党建与专业学习实践相脱节、战斗堡垒作用发挥弱化等问题。通过积极探索完善工作制度规范组织生活、丰富活动形式、党建学术双融合、完善师生共建机制等方面着眼于提升大学生党支部建设进行了思考和探索，切实通过努力逐步实现让党组织强起来、党支部活起来、党员动起来，切实提升学生党支部建设的实效性。旅游学院学生第三党支部以及会展系结合丰富的教学实践资源开展了一系列卓有成效的活动，对党员培养教育、学生就业工作和学术科研工作均起到了重要的推动作用。

旅游学院学生第三党支部现有学生党员（含专升本学生党员）21人，其中正式党员 18 人，预备党员 3 人。党支部自成立以来，始终坚持思想引领，结合旅游学院学生特点及支部学生专业特色，充分发挥党员专业优势、党支部战斗堡垒和党员先锋模范作用，以党建＋学术、红色党史宣讲团、实训团、师生支部交流共建等方式扎实推进党支部高质量发展；同时，在丰富校园文化、增强学生专业实践能力、彰显高水平应用型大学独特风采等方面发挥排头兵作用。

二、案例分析

随着高等教育的不断发展，大学生党组织建设逐渐贯穿于大学生培养教育的全过程，成为新时代加强和改进高校学生思想政治教育工作的重要切入点和关键环节。同时，高质量推进高校大学生党支部建设成效，充分发挥大学生党员在推进高校思想政治教育中的重要作用，可以为全面推进强国建设以及民族复兴伟业持久输送政治觉悟高、理想信念过硬、勇于担当作为的高素质人才。同时，在当前大学生党员处于数量激增、党建要求严格、社会环境因素影响比重加大等整体背景下，目前旅游学院学生第三党支部在高质量建设方面依然存在整改空间，集中表现在以下几个方面。

（1）理论学习不足，缺乏规范性、系统性设计，活动开展不足且形式单一。

（2）党建与专业学习实践相脱节，师生支部交流共建不足。

（3）党员主体意识缺失，党性观念淡薄，战斗堡垒作用发挥弱化。

基于对学生党支部活力不足的原因分析及对大学生党员主体意识缺失、党性观念淡薄、战斗堡垒作用发挥弱化等现实共性问题的思考和探索，旅游学院学生第三党支部坚持以思想引领为主导，结合旅游学院学生特点及支部学生专业特色，充分发挥党员专业优势、党支部战斗堡垒和党员先锋模范作用，以培养适应新时代旅游产业大发展所需要的高素质旅游应用型人才为目标，依托专业特色和学科优势，引导学生热爱美丽中国、热爱中华文化、热爱旅游专业，担当民族复兴重任，在长期实践中，探索出学生党支部高质量发展的模式。

（一）合理制订全面学习计划，扎实开展理论学习，丰富活动内容形式

高标准、高质量策划组织积极分子培训班，支部邀请新发展党员给积极分子开展讲座，通过自身经历，为积极分子树立榜样；组织发展对象和积极分子参观中国共产党历史展览馆，组织"星火"红色宣讲团开展党史宣讲，退役学生宣讲员以党史学习为主线，用自己的亲身经历和成长收获，讲述从军报国的初心使命，分享部队"大熔炉"淬火成钢、卫国戍边的青春故事，展现荣归校园"日夜奋楫"的青春拼搏；大力弘扬党史中的英模先进事迹和崇高精神，激励青年学生爱国情、强国志、报国行。

近几年，旅游学院学生第三党支部积极引导支部成员参加教育部关工委"读懂中国"活动。在开展的 2024 年"读懂中国"系列活动过程中，为了深入学习贯彻习近平新时代中国特色社会主义思想，进一步教育引导旅游学院学生党员树立坚定的理想信念，永远听党话、跟党走，矢志奉献国家和人民，为建设教育强国注入青春能量，邀请 84 岁高龄的退休教师方薇重返她曾经耕耘的校园，以"教育强国，奋斗·有我"为主题，为学生们开展"肩负强国使命，在砥砺中前行"的大思政课，不仅为学生们提供了宝贵的人生经验，也为学院的教育教学工作注入了新的活力。

（二）打造"党建＋学术"模式，探索师生支部交流共建机制

会展系成立了"会展实训团"作为联络学工部门、党务部门和教学口的学生组织桥梁。会展实训团采用"邀请制"的模式，以系书记、系主任和创始会员为主要邀请人，邀请具有一定能力和特长且愿意为会展系的发展服务、愿意从事学术科研的学生加入。会展实训团的主要任务有两项：一是运行"爱在会展"微信公众号，该微信公众号主要发布内容为会展系学生活动，与会展系团总支合办；二是采取类似于孵化器的

模式，代表会展系参加各类科研项目比赛和商业或公益项目，以锻炼学生的科研和实操能力，为学生未来的就业积累筹码。会展实训团成员普遍为党员、学生干部和成绩优秀且愿意为学院和系服务的学生，目前运行较为良好。未来，会展实训团可以作为推动学风整体建设的抓手，引导更多学生重视学术科研工作；同时，学生第三党支部与会展实训团建立了合作共建关系，学生第三党支部为会展实训团提供思想政治指导和理论支撑，会展实训团为学生第三党支部输送优秀人才，实现党建与学术的良性互动。

学生第三党支部、会展实训团、会展系教师党支部实现联通互动，既提高了学生的学术业务能力，又增强了系内师生沟通和科研水平，最重要的是在一系列的活动中，增强了学生党员的凝聚力、战斗力，激发了入党积极分子爱党爱国的情怀和加入党组织的积极性。

（三）围绕"党建＋学术"支部建设主题，开展专业志愿服务特色品牌，发挥战斗堡垒作用

要全面加强对于学生党员的思想政治教育工作力度，着力将党员管理与日常管理相结合，将党员教育与专业学习、社会实践相贯通，促进学生在知识、能力、素质协调等方面综合发展，支部党员（同时是会展实训团负责人）指导学生举办完成主题为"有温度的大学　有热度的青春"的北京联合大学旅游学院文创集市，进一步推动"三融合"人才培养改革，促进教学实践活动创新。同时，文创集市是"建设有温度的大学"的生动实践，呈现了习近平总书记诠释的"有理想、敢担当、能吃苦、肯奋斗"的青年人应有的状态。主题文化创新、活动内容丰富、参与人数众多、体验氛围热烈，既丰富了校园文化，又增强了学生专业实践能力，彰显了高水平应用型大学的独特风采。

三、教育过程

在推进旅游学院学生第三党支部高质量建设过程中，支部围绕务实

创新，依托学生党支部以及会展系丰富的教学实践资源开展了一系列卓有成效的活动，对党员培养教育、学生就业工作和学术科研工作均起到了重要的推动作用。在支部成员的共同努力下，支部的学生党员也取得了全方面发展的成绩。

（1）获评2022—2023学年度国家励志奖学金。

（2）荣获2023年全国高校商业精英挑战赛文旅与会展创新创业实践竞赛二等奖。

（3）荣获第二届大国工匠创新交流大会暨大国工匠论坛"优秀服务生"称号。

（4）荣获2023年首都高校师生服务乡村振兴行动计划优秀奖。

（5）荣获第十三届远华杯全国大学生会展＋创意大赛一等奖。

（6）2024年启明星项目北京市级立项成功。

在学生第三党支部高质量建设过程中，许多优秀学子深受党支部培养教育的影响，去往祖国最需要的地方，在最美好的青春年华带着热情的心、纯净的爱，克服种种艰难险阻，将个人的理想追求融入党和国家的事业中。如毕业生党员刘淳报名参加了志愿服务西部计划，扎根西藏，服务社会，为西部基层工作队伍注入了"青春血液"，为经济社会发展增添了"青春动力"，为民族团结进步架起了"青春桥梁"，青春扎根基层，奋斗不负韶华，以小我之劳，筑大国之梦。

我们始终将价值引领、专业特色、就业服务等作为支部建设的重要方向，结合学生党支部毕业班党员比例大的特点，根据毕业班学生的实际需求，动员支部党员以就业服务为载体创新设计支部活动，不断提高党员的服务意识和就业能力。发动学生党员的力量，将就业与学生的德育、智育、劳育结合起来，以马克思主义劳动观教育学生，引导学生摒弃"躺平""啃老"等错误观念，积极投入为中国式现代化奋斗的历史进程中。

四、总结反思

旅游学院学生第三党支部能够在政治理论学习、专业实践服务和特色品牌建设等方面取得一系列成绩，归功于党支部全体党员的向心力，并且与支部建设机制密不可分。总的来说，支部建设成效显著的原因有以下3个方面。

（一）完善工作制度，规范开展组织生活

完善党员的综合考核机制，对于提高大学生党员综合素质、提升学生党员队伍的凝聚力和战斗力具有重要作用，也是高校发展党员工作面对的突出问题。切实完善学生党员的考核机制，从政治素质、专业学习、工作表现、行为规范及群众基础等各个方面对学生党员进行量化考核，考核结果面向党支部全体学生党员进行公开，对于考核结果相对落后的党员，要由经验丰富的班主任、辅导员、学工办主任（学生党总支书记）或学院组宣部专职组织员及时与其谈心谈话，以增强学生党员的党性修养与综合素质。

（二）完善师生支部共建机制，拓展支部联动平台

学生第三党支部党员的主体是会展系学生，因此经与学院党委、学生党总支和系领导沟通，支部与会展系教师党支部建立了共建机制，通过系党支部书记和系主任的组织建立了会展实训团，其主体为学生第三党支部的党员、发展对象和积极分子。会展实训团承接会展系的项目、比赛的同时，与党支部实现联动。

（三）发挥专业特色优势，打造志愿服务品牌

围绕支部学生专业特点，积极构建"党建＋学术"特色品牌制度，会展经济与管理是一个实践性很强的专业，学生需要在比赛和项目实践中提高自己的学术能力；同时，学术能力强的学生在政治上也有强烈的进步愿望。因此，支部与系党支部沟通后，组织党员、预备党员、积极分子参加高水平论坛和国家级比赛，实现以党建促学术，以学术带党建。

"新"心向党，"五心工程"促党建
——应用文理学院新闻与传播系学生第二党支部案例

应用文理学院 赵凌燕

一、案例简介

案例来源：应用文理学院新闻与传播系学生第二党支部。

基本情况：应用文理学院新闻与传播系学生第二党支部成立于 2022 年 8 月，是由原来的新闻与传播系学生第二党支部（新闻专升本学生）与第三党支部（新闻本科学生）合并组成的，支部党员除 2 名教师外，均为在校本科生。

新闻与传播系学生第二党支部目前共有党员 40 人，其中正式党员 24 人，预备党员 16 人；硕士 2 人（教师），本科生 23 人，专升本学生 15 人。

新闻与传播系学生第二党支部坚持以习近平新时代中国特色社会主义思想为指导，通过一系列活动，读懂"00 后"，走近"00 后"，引导"00 后"。

我们面对的"00 后"诞生于特殊的时代，新闻与传播系学生第二党支部党员大多是千禧一代、Z 世代、网生代、互联网世代、二次元世代、数媒土著、网络原住民……很多"00 后"的常用语要是不解释可能都不能理解，例如："我真的会谢""yyds""爷青回""pyq""芜湖起飞"……因此要想做好青年工作，就先要了解和认识当代青年，之后才能做好他们的引路人。

二、案例分析

学生党支部通常存在党员之间缺乏有效沟通和交流的情况，以前支部活动大多采取的方式是听讲座、看视频/电影、外出考察参观等形式，主要以单向沟通为主，党员参与活动的自我融入度低，参与程度不够深入，缺乏独立思考和有效交流。回顾过去，新闻与传播系学生第二党支部的党建工作，存在的问题主要有以下三个方面。

1. 存在重业务（课业学习）、轻党建的思想。这导致党建工作实效性不足，党员思想建设还有待进一步提高，有时不能真正发挥党组织的战斗堡垒作用。例如，在组织党员活动的时候，发现学生党员参与积极性不高，多以复习考研、考公、实习等原因缺席；在参加理论培训的时候，经常人在心不在，归根结底是因为没有足够重视理论学习，满足于现状；当集体利益和个人利益相冲突的时候，有时候会忘记集体利益，而过于追求个人利益。

2. 支部活动与专业结合不紧密。支部包括新闻学专业、影视传播专业和专升本的学生，但是日常的支部活动大多是"万金油"式，并不能突出体现专业特色，学生党员参加支部活动既没有获得感（自助），也没有成就感（助人）。

3. 未能调动党员积极性和主动性。学生党员在高校群体中具有先进性，可以说是优秀学生的群体代表。在党建工作中，通常都是教师通知该怎么做，学生党员参与完成就万事大吉了，缺乏主人翁意识，主动思考的党员比较少，把自己当作参与嘉宾的比较多。

三、教育过程

针对以上三点问题，新闻与传播系学生第二党支部经过认真调查研究、充分沟通讨论，凝聚全体党员共识，以"三全育人"为理念，在"建设有温度的大学"目标指导下，推出了"五心工程"活动（即走心、入心、暖心、交心、忠心），增加活动的连续性、深入性，将单向沟通变为双向沟通，让学生能够深度体验，沉浸式感受，不断提升立德树人的工作成效。

（一）走心——党建引领成长成才教育

支部加强推进"大思政课"建设，与其他支部共建相结合，走出去，多看、多听、多感受，参观了中国文字博物馆、实验室、宋庆龄故居、焦庄户地道战遗址、清华园火车站、北大红楼、中国人民大学家书博物馆、香山革命纪念馆、北京大学（医学部）、中国共产党人精神谱系的北京篇章展览等，从红色基因中汲取奋进力量，积极投入主题教育活动中去。在红色"1+1"共建活动中，与北京广播电视台影视频道中心党支部、祥龙物流集团第二党支部，以及北京联合大学新闻与传播系党支部、新闻与传播系研究生党支部发挥"联合"优势，在"大平台"上进行"大共建"，推动交流沟通，共谋发展。通过形式多样的党建活动，提升学生党员的参与度。通过与专业相结合的实践、共建等活动，与学生兴趣相结合，提升专业素养。

（二）入心——党建引领思想政治建设

支部突出筑牢理想信念根基，做好党员教育培养管理，坚持以习近平新时代中国特色社会主义思想为指导，深入学习贯彻党的二十大精神，扎实开展全校党员基本培训、全面从严治党工作会议暨警示教育大会等主题教育活动。在参加培训后的讨论交流环节，支部党员同志援引楚国清教授的观点"自由是有框架的"，深入探讨了行动自由与思想遵循之间的辩证关系，共产党员应准确把握两者之间的平衡，以党规党纪为指导，高效有序地推进工作和生活，不断向优秀党员的标准迈进。理论学习不仅能武装头脑，改变认知，还能在改变认知的基础上进一步改变行为，把可听可不听的讲座入脑入心，把可做可不做的事情坚定去做。

（三）暖心——党建引领有温度的服务

支部抓好"三全育人"，加强学生心理健康工作，提升日常思想政治工作效能。通过给学生党员过"政治生日",并赠送独一无二的专属学习资料,增加仪式感。为促进研本融合发展,多为学生做实事,形成朋辈互助的良好风尚,支部联合新闻与传播系研究生党支部共同举办"考研面试经验分享会",帮助考研学子更好地了解复试环节,掌握复试技巧。在毕业季,为加强毕业生党员的党性修养,结合应用文理学院"+文化"特色,践行文明离校,支部为毕业生党员送祝福,上好难忘的"毕业生党员最后一课",做有温度的支部。为缓解学生学习生活等压力,开展了解压嘉年华系列活动。在"你有故事 我有茶——书记有约"活动中,通过"面对面"的沟通,亦师亦友议心声,让师生以轻松愉快的方式进行深度的思想交流。以上很多活动,都会邀请支部的一名党员作为组织策划者,设计并组织党建活动。一是以党员都能接受的形式开展活动;二是增加了党员组织者的积极性、主动性;三是利用支部党建为学生搭建展示自我的平台,每次更换组织策划者,支部的每位成员都有机会当主人翁。只有学生党员自身被支部看到、感受到,将来在走向工作岗位的时候,才能够更多地看到别人、感受到他人,真正做到为人民服务。

(四)交心——党建引领深入思考交流

支部强化规范化、标准化建设,通过"三会一课"聚焦以高质量党建引领高质量发展。通过组织生活会,开展批评与自我批评,坦诚相见,改正不足,有所收获。在"廉洁自律守初心 群众纪律刻心间"支部书记讲党课活动中,结合团体辅导,增加互动,让支部成员意识到服从命令听指挥的重要性。

习近平总书记指出:"不论时代发生多大变化,不论生活格局发生多大变化,我们都要重视家庭建设,注重家庭、注重家教、注重家风。"支部遵照习近平总书记的指示开展了"心灵邮局"系列党日活动:2023年10月,支部联合新闻与传播系党支部共同走进中国人民大学家书博物馆,开展"笔墨寄相思,家书抵万金"支部共建活动;2023年11月,支部开展了"致母亲的一封信"分享活动；2023 年 12 月，支部开展了"写给自己的一封信"交流活动；2024 年 3 月，支部开展了"建设有温度的大学——致联大的一封信"建言活动；2024 年 6 月，支部与新闻与传播系党支部共建，开展了"致老师的一封信"互动活动。尤其是在"致老师的一封信"活动中，聚焦"以高质量党建引领高质量发展"主题，教师与学生面对面，分别朗读了学生的来信和教师的复信。有学生提出："想请教老师一个最近很困惑我的问题。在大学里如何正确按照自己的规划去做事而不感到焦虑呢？"还有学生通过与老师谈话，"让我比以往更了解自己，懂得怎样去跟别人相处保持界限，甚至我决心一定要做点事——就是像您这样，去帮助我们国家像我这样深陷在情绪的泥潭中不能自拔的孩子"。老师在回信中也感慨万千，有老师提到："很高兴，也很荣幸以这种方式跟你交流，这是来文理 10 年的首次。"通过师生书信沟通，切实达到了"手拉手""心连心"的效果。学生们反映，有针对性的党建活动，可以让大家在积极参与的同时有所收获。我们相信这也会是学生在大学时期记忆深刻的一件事。

（五）忠心——党建引领支部队伍聚力

支部突出强化政治功能，履行政治责任，着重发挥党员先锋模范作用，把坚持政治标准放在首位。根据《中国共产党章程》及基层党组织换届选举工作规定等文件要求，结合北京联合大学实际情况，带领支部顺利完成代表选举工作。2023 年 5 月，成功召开了支部换届大会。2023 年发展党员 11 人，转正 17 人，毕业生组织关系转出 24 人。2024年上半年发展党员 7 人。此外，支部还建立了"青春奋斗手账"——"使命在肩，奋斗有我""坚定初心，永远跟党走""有梦不觉天涯远，扬帆起航再出发"……记录了自己的成长过程、奋斗经历和青春志向。首都北京作为首善之区，承担了重要的历史责任。党员们在交流中普遍认为，作为首都高校学生党支部的一员，同样责任重大，应突出政治站位，坚定不移听党话、跟党走、感党恩，青春有为，强国有我。

四、总结反思

新闻与传播系学生第二党支部能够不断增加凝聚力，提升党建引领育人效果，离不开支部每一位成员的努力付出，具体可以总结为以下两点。

（1）联合共建强力量。基层党支部"共建攻坚"活动是学校"十四五"时期加强基层党建工作的一项重要举措。新闻与传播系学生第二党支部的"家书传家风　党建育党员"共建攻坚活动聚焦"以高质量党建引领高质量发展"主题，在项目组负责人和督导专家的帮助指导下，充分发挥首创精神，坚持"围绕中心、服务大局"，开展一系列研讨、实践活动。支部联合其他支部进行共建活动，收获颇丰。

（2）心理建设促发展。在党建工作中，结合团体心理辅导等活动促使支部成员间通过人际交互作用等，不断学习、体验，探索自我，接纳自我，形成良好的情绪体验，能够建设有温度的支部文化氛围，有利于党员和支部的进一步发展。

下一步支部计划主要通过以下几点进一步加强党建工作。首先，不断加强理论学习，突出思想引领，坚持正确的政治立场、政治方向、政治原则、政治道路。其次，利用好关键时间节点（开学、毕业、发展、转正等），不断提升高质量党建，推出优秀典型模范，加强朋辈教育。最后，突出专业特色，在与新闻专业相结合的实践中，做好专业思政的"大思政课"建设。

"时光不语，静待花开"，新闻与传播系学生第二党支部将继续脚踏实地、凝心聚力，不断改进不足，引导广大青年努力成长为有理想、敢担当、能吃苦、肯奋斗的新时代好青年，让北京联合大学青年党员在建设社会主义现代化强国中绽放出青春绚丽之花。

学纪、知纪、明纪、守纪，做新时代廉洁党员
——"一学二联三实践"党纪专题特色教育

管理学院 王艺

一、案例简介

📋 案例来源：管理学院学生党总支。

基本情况：管理学院学生党总支现有学生党员 312 人，其中，正式党员 245 人，预备党员 67 人；发展对象 69 人；入党积极分子 81 人。

学生党总支是中国共产党的基层组织形式之一，宣传和执行党的路线、方针、政策，确保上级党组织的决议得到贯彻和执行，发挥着政治引领、教育培养以及活动组织等作用。学生党员理论学习过程中存在一些问题，针对党纪学习教育前期各项活动中党员活动参与度较低、活动单一、理论脱离实际等问题，学院党委谋划了"三个坚持""五融入、五提升"的整体思路。针对学生特点，管理学院学生党总支凝练"一学二联三实践"的特色做法，引导全体学生党员学纪、知纪、明纪、守纪，以实际行动推动学生党员党纪学习教育走深走实。

管理学院学生党总支注重理想信念教育，强化党的纪律意识，积极组织各支部分层分类开展活动，活动形式多样、内容丰富，支部同志参与热情高涨，理论与实际紧密联系。此外，党纪学习教育系列活动促使学生党员深学实学、入脑入心、见行见效，把遵规守纪刻印在心，内化为言行准则，提高学生党员的社会责任感。

二、案例分析

学生党总支作为高校基层党组织的有机组成部分，肩负着教育、管理、监督党员的重要作用。然而，受到一些因素的影响，管理学院学生党总支在前期的党纪学习教育中暴露出一些问题。具体来说：

（1）活动形式相对单一，限于理论学习，而未能充分考虑各党员的实际需求，使活动缺乏吸引力，导致活动效果也不理想。

（2）注重理论学习，实践与理论脱节，学生只停留在对理论知识的掌握上，缺乏将理论知识运用到实际的能力。

基于对学生党总支党纪学习教育中存在问题的原因分析，我们进行了深入的思考，决定将思想价值引领工作作为党员在党纪学习教育中的重要内容，以培养学纪、知纪、明纪、守纪的新时代廉洁党员为目标，利用党纪学习教育所带来的影响，建设一支纪律严明、作风优良、能打胜仗的学生党总支队伍。

（一）坚持高起点规划，加强组织落实

认真贯彻校院党委党纪学习教育决策部署，各学生支部认真制订学习计划，制定了"原原本本学、丰富形式学、深入研讨学、对照方案学"四个板块重点学习任务。召开动员部署会，并针对学生党员特点，分层分类形成两个任务清单、明确 18 项具体任务，扎实推进全面落实。

原原本本学：《中国共产党纪律处分条例》《中国共产党章程》、习近平总书记关于党的纪律建设的重要论述。

丰富形式学：读书会、"三会一课"、现场参观、专家辅导、知识竞赛。

深入研讨学：读书班、党建图书会、支部党员学习、党小组会学习。

对照方案学：研究制订党纪学习教育方案，开展支部党员大会、组织生活会。

（二）坚持高标准要求，加强警示教育

以"全国党建工作标杆院系"创建为契机，坚持高标准学生党建，坚持学生党纪学习教育高标准要求。一方面，召开全面从严治党暨警示教育大会、观看教育系统警示教育片 5 次，覆盖学生党员 307 人，组织全体学生党员参观廉洁教育基地。另一方面，以"全国党建工作标杆院系"的负面清单为警醒，明确提出学生党建工作六条"硬杠杆"，作为学生党支部学习的重要内容，确保党纪规矩意识入脑入心。

（三）坚持高质量推进，创新学习形式

1. 丰富学习内容。根据学生党员的实际需求，制定多样化的学习内容。除了《中国共产党纪律处分条例》、习近平关于党的纪律建设的重要论述，还学习《中国共产党章程》、百年党史中党纪等方面的内容。

2. 拓展学习平台。利用现代信息技术手段，通过学习强国，在线全体学生党员和入党积极分子 546 人参加党纪知识竞赛、微信群交流等方式，形成理论与实践相结合的学习模式。

3. 提高学习效果。首先，将党纪学习教育纳入党员民主评议和支部书记抓党建考核中；其次，通过开展学习经验分享交流等方式，确保学习成果能够转化为学生党员健康成长的保障。

三、教育过程

在党纪学习教育过程中，我们讲求务实创新，为党员学生提供锤炼自我、提升自我的平台，努力做到活动多样化、覆盖全面化以及人性化。结合"一学二联三实践"学生党员党纪学习教育特色做法，学生党总支教师和学生干部除了精心策划组织外，也会鼓励动员各支部成员积极建言献策，切实参与活动的准备、宣传等诸多环节，充分调动发挥学生党员的积极性与主动性，进一步增强了各支部间的凝聚力。

（一）"一学"：推动学生党员党纪学习教育走深走实

各学生支部通过党建读书会、"三会一课"集中学习 45 次，对全体学生党员开展党纪党课集中学习 3 次。对学生党支部书记、学生党员开展专题培训 3 次，覆盖学生党员 921 人次。开展喜闻乐见的党纪教育活动 21 次：写征文、写感受、写家书；开展党史党纪廉洁文化教育知识竞赛；每月开展宿舍党史中的党纪文化建设。

（二）"二联"：联动激活家校活力，汲取理想信念力量

1.联动家校，把关党纪全程教育。将党纪学习教育联动到学生党员发展的全过程，将《中国共产党纪律处分条例》作为必学内容，对推优团员、入党积极分子、党员发展对象开展培训，接受培训学生主动联系家长、老师汇报党纪学习进度，联动师生党支部，筑牢理想信念底线，引导学生学习良好家风、严明纪律，把好学生党员发展质量关。

2.联动师生党支部，筑牢理想信念底线。开展"大手牵小手——党纪学习教育"结对活动，组织教师、学生党支部到中国电影博物馆、香山革命纪念馆等党纪教育基地，实地开展沉浸式党纪学习教育，并在活动后开展师生交流会，谈感受、读原文、悟原理，通过学习《中国共产党章程》《中国共产党纪律处分条例》等，进一步深化活动内涵。

3.联动思政课程，强化党纪教育浸润。在"大学生廉洁教育"课程中，组织学生党员以"党纪故事小剧场"形式讲述廉洁故事，形成特色鲜明的学习素材，并制作党纪学习教育专题网络思政作品，组织 60 余名师生党员录制党纪微党课，发挥辅导员对学生成长成才"润物无声"的育人作用，示范引领广大学生在生动案例中学党纪、厚植家国情怀、凝聚奋进力量。

（三）"三实践"：发挥专业优势，让党纪"戒尺"刻于心、落于行

1.用脚步丈量党纪教育基地，筑牢党纪信仰根基。坚持把党纪学习教育与学生实践活动有机结合，组织学生赴中国人民革命军事博物馆、中国人民抗日战争纪念馆、香山革命纪念馆等红色教育基地参观学习，感悟中国共产党的初心使命，在实践中展现新时代青年的使命与担当。

2.计量院中悟廉洁。在由北京市教工委举办的 2023 年北京高校红色"1+1"示范活动中，管理学院学生第三党支部荣获北京高校红色"1+1"示范活动优秀奖。管理学院学生第三党支部在充分调研的基础

上制订活动方案。支部全体 12 名党员、16 名预备党员及 12 名入党积极分子组建一支队伍，从"学思践悟行"五维度与计量院共建，开展党纪教育，举办一场党纪主题教育理论学习讲座和研讨会、开展一系列"计量党纪科普进校园"活动，共建一个财管专业党纪实践基地，探索出一条共建廉洁文化教育路径，持续增强支部学生党员纪律意识、深化纪律教育、强化纪律执行，确保党纪学习教育融入日常、抓在经常。

3. 党纪教育零距离，拒腐防变筑防线。在"大学生廉洁教育"课程教育实践环节，授课教师带领 60 名学生参观顺义区看守所，近距离观看了监区、监室及被羁押人员生活状态，近距离感受触犯法律、失去自由的现实处境。目睹"高墙电网"内的铁窗生活，与平时生活形成鲜明对比，全体师生受到了极大的心灵震撼。参观结束后，辅导员为学生讲授了题为"学纪 知纪 明纪 守纪"的纪律微党课，强调党纪严于国法，介绍党纪处分的相关级别，号召与会党员要做到自律才能自强，自律才能自由，自律才能自净。通过沉浸式感受和课堂教学，学生深有感触地表示，将切实以案为鉴，时刻保持清醒头脑，做到慎微、慎独、慎欲、慎权，自觉净化生活圈、工作圈和交友圈，切实筑牢拒腐防变的思想防线。

在党纪学习教育的每一次活动中，每一位学生干部都认真负责、积极筹备，每一个党员都认真对待、热情参与。正是由于大家精诚团结、追求进步，所以学生党总支的活动才得以开展得如火如荼。

四、总结反思

（一）主要工作成效

管理学院学生党总支能够在思想学习建设、实践服务建设和特色活动建设等方面取得成效，总结下来，原因主要有以下 3 个。

1. 学院党委正确领导、大力支持。学院党委高度重视学生党建工作，谋划了"三个坚持""五融入、五提升"的整体思路。在此基础上，管理学院学生党总支针对学生特点凝练"一学二联三实践"的特色做法。学院党委全员、全过程、全方位关注和支持学生党建工作，学院领导下沉到学院各学生支部，对学生党建工作高标准、严要求，以实际行动推动学生党员党纪学习教育走深走实。

2.学生党支部设置合理，协同育人。依据专业设置学生党支部，学生党支部成员主要由会计、金融、工商管理等专业组成，其中包含8个本科学生党支部和2个研究生党支部。党支部以"组织设置合理、职能定位明晰、工作全面覆盖"为目标，积极配合党总支各项活动的顺利举行。

3.学生干部担当作为，学生党员积极进取。对学生干部的准入要求十分明确，选拔标准较为严格。选优配强干部，切实加强培训、管理、考核，按期做好换届工作；学生干部始终秉持尽心尽力的原则，在工作上一丝不苟，具备高度的奉献意识和责任意识。

学生党员深知作为一名党员要严于律己，发挥先锋模范作用，在提升自身综合素质的同时，还要关心关爱同学。

（二）未来工作计划

管理学院学生党总支在党纪学习教育中虽然取得了一些实效，但仍有较大的进步发展空间，表现如下。

1.推进学生党员干部先学一步、学深一层。学生党员干部是学生党总支的"关键少数"。学生党员干部应当以身作则，率先垂范，在党纪学习教育纵深推进的过程中，充分发挥示范引领作用，形成强有力的"领头雁"效应。通过党纪学习教育引导学生党员干部在目标上知道"学什么"，在方法上搞懂"怎么学"，在思想上弄懂"为何学"，在实际中明白"如何学"，做到学纪、知纪、明纪、守纪，把遵规守纪印刻在心，内化为言行准则，进一步强化纪律意识，加强自我约束，不断自我完善、自我提升。

2.围绕高校高质量发展深入推进党纪学习教育。开展党纪学习教育，是深入学习贯彻习近平总书记关于党的自我革命的重要思想的必然要求，通过强化纪律建设，牢牢抓住学习重点，引导学生党员用党的纪律建设最新成果武装头脑，将其内化为日常的言行准则，让风清气正的政治生态与立德树人的育人环境相得益彰。

3. 不断推进党纪学习教育常态化、长效化。高校肩负着全面推进中华民族伟大复兴培育时代新人的崇高使命，关系中国式现代化的根本方向、前途命运、最终成败。在全党开展党纪学习教育，是加强党的纪律建设、推动全面从严治党向纵深发展的重要举措，这就要求学生党总支带领学生党员务必认真学习《中国共产党纪律处分条例》，以学促思、以思促行，学思行合一，确保党纪学习教育常态化、长效化。

被看见的力量

——激发学生内驱力，引导学生成长成才

师范学院　张菊玲

一、案例简介

案例来源：王某，男，北京生源，本科生。

基本情况：2020 年 9 月，王某考入大学。刚入学时，他表现得比较敏感、抵触老师，嫌宿舍里其他男生太闹腾，喜欢独处，不合群；喜欢打游戏，是个游戏高手。平日里，他好几次上课迟到，新冠疫情期间常常不按时打卡，我联系他时他总是电话不接、微信不回，对于我的正面引导教育置若罔闻，有时候还在微信朋友圈含沙射影地吐槽"很烦很烦很烦，很生气，很无语"，"我对老师彻底没有好感"。虽然他思想上比较消极，行为上有点我行我素，但学习却很认真，平时作业完成情况不错，大一第一学期考试成绩也名列前茅。

二、案例分析

（一）事出反常，必有原因

多年的工作经验告诉我：学习成绩优异者，往往在交友、为人、与老师配合、适应新环境等各方面都很不错；而出现抵触老师、不遵守校规、不擅长人际交往等问题的学生，往往在学习上也会出问题，成绩通常也是平平。为何王某的种种行为表现会有悖于惯常经验？这样一个学生，我应该如何教育引导他，让他合理规划自己的大学生活，发挥其所长，成长为更好的自己呢？

（二）缺少陪伴，孤独敏感

与王某的家长沟通后，我了解到他的原生家庭情况，找到了问题所在。王某出身于普通的三口之家，父母都是工薪阶层，对孩子的关注较少；尤其是父亲，是公交车司机，常年为生活奔波，对孩子的关心陪伴更少。由于成长过程中缺少父母陪伴，所以王某常常在自己的屋子内独处，用打游戏的方法去消磨时间、消解孤独感。久而久之，养成了他不合群、喜欢独处的性格，也导致他敏感、爱焦虑。王某高中毕业于一所比较好的学校，同班同学高考大都考上了985、211高校。但由于他平时容易焦虑，高考时情绪不稳定，成绩不甚理想，所以他既对自己的现状不满意，可又有些自我感觉良好，于是就表现出一副我行我素、什么都不在乎的样子。

（三）行为出格，渴望关注

"没有教育不好的学生，只有不会教育的老师。"不管学生对老师态度好与坏，作为老师，一定要用爱心去善待每一个学生。为了转化王某，我按照马斯洛需求层次理论和多年学生工作经验分析了他的情况。新时代大学生更希望得到别人的尊重和认可，而越是外表桀骜不驯、内心敏感的学生，可能越渴望被看见、被认可、被尊重。王某喜欢游戏但并未沉溺于游戏，说明他行为上比较自律；学习成绩优异，说明他学习基础不错，有一定的学习目标和内在动力；在微信朋友圈吐槽老师，说明他很可能是想引起外界的关注、被人认同，但又没有什么人可以倾诉。

三、教育过程

坚持立德树人，助力学生发展。通过仔细观察和谈心谈话，我了解到，王某思维敏捷、情绪易激动、自尊心强，学习目标明确，但高考失利让他有点沮丧。于是，我便和他一起探讨未来的目标，把目标变成行动，把目标转化为动力，用目标动力来唤醒自己的激情去奋斗出精彩的人生。经过谈心谈话，我了解到，王某本科毕业后想继续深造，对自己的未来是有目标和规划的。根据多年学生工作经验，我告知他高考失利并不可怕，可怕的是从此一蹶不振；希望他能在本科期间打下坚实基础，为考研做好准备，弥补高考遗憾。

针对王某学习成绩不错的事实，我们为他量身打造了成长方案。在征得本人同意下，让他做同学们的"朋辈小老师"，帮助学习有困难的同学、参加"新老生经验交流会"讲解如何平衡学习与游戏娱乐，通过发挥他的潜能和优势，让他感受到被需要、被尊重，唤醒内在自我要求发展的动力。

（一）浇花浇根，育人育心——取得学生信任

针对王某纪律意识差但学习不差，在朋友圈吐槽辅导员正面管教，表现出很不羁、我行我素的样子，我曾找他多次谈心谈话，用真心真情打动学生。从一开始的拒绝沟通到心底的坚冰慢慢融化，他渐渐消除了对老师的抵触。通过几次谈话，我了解到他高中曾是重点校的学生，由于考试焦虑导致高考没有正常发挥，到了二本院校后心有不甘，所以才时时处处表现出"与众不同"。我感觉到他是希望自己的才华和能力被认可、被看到。在这种情况下，我便耐心开导，没有因为他在朋友圈发布戾气言论批评他，而是鼓励他。我告诉他：人生是一场很长的马拉松，不要轻言放弃；但同时也指出，有问题可以找辅导员、班主任或是身边同学交流，而不是在朋友圈发牢骚，这样问题不但得不到解决，同学们也会对你的行为有看法。意识到老师们并没有因为自己"出格"的行为就对他不管不顾，而是仍然关心他、耐心听他的心声后，王某感到了被认可、理解和尊重，对我表达了愧疚和感激之情。他对我们的态度从"很烦很烦很烦"到"老师像是温暖的阳光照亮了我的前程"，发生了180度的大转变。

（二）立德树人，思想引领——锚定发展目标

在走访中我了解到，王某的父亲是一名党员；一入校，王某就递交了入党申请书，也想成为像父亲那样的党员。针对王某追求进步的想法

和他自身实际，我有意地让他列席支部主题党日等活动，多向支部党员学习，并让他统计一些数据，发挥他的特长，让他感到自己被重视。在工作中，他能接触到很多优秀的同学，这些榜样激励着他，他表示自己也想早日成为党组织中的一员。当他得知党支部中很多同学也曾经历高考失利，后来通过努力考上了研究生后，他表示羡慕，也希望自己能考研，继续在学业上有所精进。了解到这些信息后，我们再次找他谈话，鼓励他的想法，并结合他理科比较强的优势，指导他选择未来专业发展方向，告诉他尽快查找相关资料，为未来考研做好准备。

（三）朋辈辅导，凸显价值——激发自我内驱力

针对王某爱打游戏但不沉溺于游戏，学习成绩不错的特点，我们有意地安排他联系了几个沉溺于网络的同学，分享自己的游戏经验，帮助他们答疑解惑，并分享如何通过游戏有意训练自己的注意力。在"新老生座谈会"上，我让王某分享了学习经验，着重提示他告知学弟学妹们打游戏可以不单纯是为了娱乐，也可以同时锻炼英语听力等综合素养。除此之外，针对一门计算机编程课挂科比较多、部分同学需要课外辅导的要求，我安排王某当这门课的"小老师"，组织有需要的同学定期开辅导班进行讲解，并将此事在系微信公众号进行宣传。这些举措使王某的组织能力、讲课能力都得到了锻炼和提高，他感受到自己的价值，也越来越喜欢参加各类校园活动，各方面表现越来越正向。

经过言语鼓励、搭建"朋辈小老师课堂"、"新老生座谈会"等举措，成功发挥出王某的学习特长，帮助他找到了内在的潜力，找到了自信，找到了被尊重的感觉。他感到自己是被需要的、有价值的，他不再表现得叛逆和不羁，而是主动参与到各项校园活动中，并积极向党组织靠拢。他利用业余时间帮助其他学习困难的学生，并将自己如何在游戏中练习英语词汇、锻炼注意力的故事讲给爱打游戏的同学，用自身通过大学英语四级、六级的经历告知同学们如何平衡学习和游戏的关系。2022年和2023年他参加首都大学生"5·25"心理健康节，获得2022

年首都高校心理健康竞赛市级二等奖和市级"十大心理健康知识推广大使"荣誉称号、2023 年首都大学生心理健康节大学生线上趣味心理健康知识竞赛市级三等奖。2021 年获得一等奖学金，2022 年和 2023 年连续两年获得特等奖学金，2022 年被评为校级三好学生。

王某找到了自己的价值，情绪也越来越放松，遇到事情虽然也会焦虑紧张，但比起大一时有了明显好转。经过党组织培养考察，大三时王某被党组织吸收为预备党员，大四时成为一名正式党员。2024 年他以优异成绩毕业，获评"北京市优秀毕业生"并成功考取了研究生。

四、总结反思

（一）透过现象看本质

教育的对象是一个个天赋异禀、性格志趣迥异、思想品格不断变化的人，对学生的固化认知难以描绘出鲜活、多维、立体的学生画像。作为教育者，我们应当深刻了解正在成长的人的心灵。从"90 后"到"00 后"，不同群体之间必然怀着不同的"青春之问"，成长的烦恼也大相径庭。因此，立足现实对象，精准把握青年成长成才特征的大数据，科学研判青年学生的精神需求，是实施精准思政的首要前提。只有不断地研究学生的心理，不断走近学生，努力做到区别对待、因材施教，才能够成为有温度的教育工作者。

教育是系统工程，需要家校协同发力。王某一开始的一些行为，给人留下不服从管理、有个性的初步印象。但通过多次谈心谈话、和家长沟通了解其成长经历等方式，我了解到他虽爱打游戏但不沉迷游戏、学习成绩不错等信息，这些工作为全面了解、正确引导学生打下基础，也为如何引导学生规划大学生活，做到家校合作共同育人起到关键作用。用耐心和爱心去关心关爱学生，看到其不羁行为背后的原因和想表达的诉求，为其今后的学习生活"把脉开方"，引导其树立正确的学习目标。

（二）教育引导是关键

教育是国之大计，党之大计。对于思想政治教育而言，习近平总书记也多次强调精准思维。从哲学角度而言，精准是一种把握事物本质规定性的思维方法，强调对象差异性，提出针对性策略，体现了具体问题具体分析的马克思主义科学方法论。青年人尤其是大学生处于"拔节孕穗"的人生成长关键期，需要精心栽培、精准滴灌。浇花浇根、育人育心，培养出什么样的学生，取决于日常教育的温度和频次。德国著名哲学家雅斯贝尔斯说："教育的本质是一棵树摇动另一棵树，一朵云推动另一朵云，一个灵魂唤醒另一个灵魂。"辅导员作为思政教育一线工作者，必须始终坚守立德树人的初心使命，将学生思想引领抓在经常、融入日常，做学生人生关键期的思想引领者和政治领路人，持续激发学生成长成才的主体意识和内生动力。

（三）激发潜能最重要

在大学生学业发展指导中充分调动学生的积极性，激发其内驱力显得十分重要。被看到是一种力量，它会激发学生内在的动力和潜能，也就是内驱力。内驱力是指有机体内部或外部刺激唤起的并能引向某种目标的内部力量。内在的力量远比外在的力量更强大更持久，一旦唤醒，就会激发自身的潜能，迸发巨大的推动力。

青年强则国家强。"00后"大学生作为高校新生主力军有着鲜明的群体特征，呈现出网络行为多样化并伴随高度网络依赖，有一定程度的自我管理，但随意倾向明显等特点。作为大学生的成长引路人的辅导员老师，应该关心关注他们的一举一动，深入地谈心谈话，了解他们的所思所想，并为他们量身打造个性化的学业发展方案，把思想政治工作做在日常、做到个人，推进思想政治教育落实落细，成为学生成长成才的人生导师和健康生活的知心朋友！

以优良学风推进班级建设

师范学院　高厚哲

一、案例简介

案例来源：师范学院本科学生。

基本情况：学院 2019 级某班学生，进入大学后只在校园内相处半年，便受到新冠疫情的影响，以线上学习的方式度过了大一下半学期。2020 年 8 月，遵从学校统一部署，该班学生随全系师生一同搬迁至我校另一校区，与不同学院的师生共同生活。面对新校区新环境和新学期的线下学习安排，在大二学年刚开始的时候，该班学生普遍表现出不适应的状态：作为师范生，上课走神、玩手机打游戏、睡觉以及迟到早退的情况时有发生；除同宿舍的几人外，班内很多学生彼此都不熟悉；面对课外活动、比赛竞赛等，班级学生参加的热情很低，缺乏集体荣誉感；在日常工作中，大部分学生也都各行其是，大多不愿主动配合班委的工作，甚至说风凉话，班级的日常工作和任务派转几乎都是靠班长和团支书处理，班内集体活动和班团建设更是难以开展，严重削弱了班级的凝聚力。随着专业课学习的深入，很多学生也逐渐暴露出对本专业的兴趣寡淡，大家普遍缺乏对未来发展职业规划的打算。

二、案例分析

该案例属于学风建设类范畴，对于该班学生出现的班级建设学风问题，我们必须从实际出发，既要考虑到学生群体成长环境因素，更要关注到疫情线上学习情况的转变对学生的影响。

实际分析该班学生情况，我发现有几个共同的特点。第一点是该班学生都在千禧年之后出生，绝大部分为独生子女，家庭条件相对优渥，在成长过程中被溺爱程度较深。第二点是在初、中等教育阶段，学生并没有养成专注踏实的学习习惯，当然其中也有目前专业扩招导致师范类招生门槛降低的影响。第三点也是最重要的一点，自入学以来，该班学生受疫情影响在学校时间较少，除同一宿舍人员外，同班学生相互之间并不十分熟络，自我意识更强。

综合疫情因素影响，不难分析出班级建设与学风问题出现的原因。

1. 疫情之下，学生的学习生活始终线上进行，这极大地弱化了学生与学生之间、学生与教师之间的面对面的交流和联系，将学生的个人成长与集体发展割裂开来。在此种状态下，很容易让学生走上只关注个人的生活体验而忽略集体意志的歧途，因此造成班级凝聚力下降。

2. 经过初高中的学习生活，学生早已习惯了老师和家长的督促与照顾，面对大学全新的学习环境和个性化发展的培养模式难免会"乱花渐欲迷人眼"。教师的管理缺位，使本不知该怎么安排学习和生活的学生们，越发变得自由散漫，沉迷于手机等电子设备，从而生活愈发空虚，进而导致学风出现问题。

3. 值得注意的是，该班学生在大二学年虽然回归了校园生活，但仍然在疫情阴云的笼罩之下。校园疫情防控的严峻形势也在一定程度上加重了学生的心理负担和紧张情绪，致使部分学生一度产生了焦虑、恐惧、过分担心、害怕等消极负面心理。这些都对班风学风造成一定影响。

三、教育过程

学风是班级建设的灵魂所在，这个灵魂的建设需要班内所有人的共同努力。所以，我重点采取主抓学风的途径来提振班级风气，推进班级建设。

1. 组织召开主题班团会，提升师生互动黏性。

学期初，我结合当年党史教育活动、教学安排进程和辅导员考核规定等，与班主任配合进班组织开展学风建设主题班团会，采用班级学情调研、职业生涯规划、发展辅导、学习经验分享交流等多种形式开展活动。每周一次的主题班团会的组织、筹办以及会后总结，让我与学生接触的频次逐步增多，我也切实了解到学生在学习生活中的问题困惑，在接触中也在尝试解决学生的困难，激发学生学习动力，引导学生积极主动投入学习，养成良好的学习习惯。我也会每天督促学生上早自习，培养学生上早自习的好习惯，提升学习效能。

2. 严格考勤管理规定，注重课上课下全方位管理。

在学院原有考勤制度的基础上，我结合本系学生的具体学情，持续规范强化考勤纪律要求，督促学生日常上课出勤，加强学业预警学生的教育引导，加强对旷课学生的教育管理。同时，我也在课余生活中倡导遵守校园文明礼仪，持续深入教育引导学生自觉做到仪表整洁，对怪异发型、发色的学生，教育劝导其及时改正。严禁学生携带食物进教室，严查迟到、早退，上课吃东西、玩手机、睡觉等行为；强化日常班风学风、课风考风督查，各班每学期开学会就学校的各项注意事项展开班会，让学生提前调整学习状态，开始新学期的生活。

3. 开展针对性学业帮扶，促进朋辈教育。

针对该班学业困难学生，我组织班干部和成绩优秀的学生分组开展学业分析和有针对性的学业辅导；建立学习帮扶制度，加强分类引导，推进学风互助"一对一"结对子帮扶，推动开展了学生党员"1+N"学业帮扶等活动。积极引导鼓励学生参加各项学科竞赛，以赛促学，提升能力。充分发挥学生骨干、学生党员在学风建设中的引领示范作用，组织该班的学生骨干经常带领同学们一起进行学习，比如开展"喜庆二十大"的一系列活动，制定辅导员＋党员＋班委三层工作机制，发挥以老带新传帮带作用，以更好地引领服务学生；强化学生制度规范、诚信考试和考试作弊警示教育，督促学生自觉遵守校纪校规。持续开展生涯规划指导，增强学生专业认同感和职业信心。

4.结合专业特色，开展学风建设活动。

结合专业特色和学生特点，我推动该班启动班级"鹏程万里"综合素质提升工程。结合学年初的评奖评优工作，与班主任和班干部精心设计班内评优树先工作方案，组织学生齐参与，在选树班级模范典型的过程中让学生彼此加深了解，知道自己与他人之间的差距，从而明确学习的方向。另外，通过班级学风建设、教师技能大赛、系内主持人比赛等，抓好专业学习能力以及师范生综合素养的提升。我也注重精细化做好班情、学情分析，在班级各小组之间展开对比，主要分析各小组学生课程的挂科率、四级教资通过率、评奖评优获奖率等，营造比学赶帮超的浓厚学习氛围。

多管齐下，该班凝聚力明显加强，学生有了明显的改变，更明确了学习目标和规划，端正了学习的态度，班级学风显著提高。首先，学生的思想进步意识明显增强。班级已有95%以上的学生递交了入党申请书，在2020—2021学年，该班获评校级"先进班集体"荣誉称号。其次，班风学风有效改善。该班在大二学年的平均学分绩点在2.9以上，大三学年的平均学分绩点更是突破了3.4，学科成绩及格率在90%以上，大学英语四级、六级通过率达到83%，一名学生获评2022年国家奖学金。最后，学科竞赛成果显著。在大学四年中，该班学生累计在校级比赛中获奖10余次，在市级与国家级比赛中获奖5次以上，其中不乏全国大学生书法比赛、经典诵读大赛、人文知识竞赛等高水平赛事，班级学科竞赛成绩已经成为系部宣传人才培养工作的亮点与特色成绩。

2023年，这个班级的学生迎来了毕业季。他们没有辜负学校的培养和老师们的期待，在大家的共同努力下，他们班就业率突破了98%，近95%的学生都实现高质量就业，在中小学担任语文教师，服务在首都基础教育的四面八方。

四、总结反思

通过对该班学风及班团建设的工作实践，我总结出来以下几点经验。

1.坚持以党建带团建、以团建促班建。班级建设要从思想引领一体化、组织建设标准化、班级活动规范化3个方面共同切入，坚持思想引领不缺位、不断线，将思政教育融入开学第一课和日常思政教育环节，有效利用党团日、班团会等校内外平台，加强党团组织在班级中的建设，推动党团班育人工作融会贯通，提高班集体的凝聚力和战斗力。

2.重视学生干部培养，优化评价激励机制。在提升班级凝聚力方面，学生干部发挥了较大的作用。在之后的工作中需要全方位加强对学生骨干的培训，不仅培训工作本领，也要加强责任意识和服务精神等方面的教育，确保学生干部的选拔始终坚持公开、公平、公正的原则，接受全体学生的监督。还要在工作中注重形成辅导员与班干部良性互动的工作机制，充分发挥以老带新传帮带作用，以更好地引领服务学生。与此同时，应该优化相关评价激励机制，鼓励他们发挥榜样力量和朋辈帮扶作用，更好地为同学服务。

3.推动以赛促学，实现共同成长。班级建设更应充分结合每名学生个人发展的需求与特点，以学科竞赛为主抓手，积极引导鼓励学生参加各项学科竞赛，以赛促学，提升能力，争取以此形成班级特色品牌，以学科竞赛带动班级学风建设。同时，着力发挥教师指导、学长带动的协同作用，着力推进形成以教师参与指导、以老生引导新生、以先进帮扶后进的共进模式，最终实现漫天繁星、共同成长的目的。

学风建设是一项需要长期重点紧抓的工作。在优良学风建设中，该班学生所取得的成绩表明我的工作取得了较好效果，但同时也暴露出了建设过程中的问题，诸如部分学生对所学课程不感兴趣、师范生认同感较低、学生往往会在高强度学习状态后出现松懈现象等。在今后的工作中，我将吸取经验，积极营造浓厚的学习、学术氛围和生动活泼、健康上进的良好风气，使学生养成良好的道德品质和文明行为，努力培养具有扎实的专业知识、良好的专业技能和明理诚信、团结友爱、勤俭自强、敬业奉献的未来好老师。

贯通班级学风建设的研究分析

应用科技学院　刘洋

一、案例简介

案例来源：应用科技学院会计专业 2023 级贯通学生。

基本情况：随着教育改革的不断深入，贯通培养作为高等教育领域的一项重要改革措施，成为培养学生全面发展的一种新型教育模式。它旨在通过提供系统的学习机会和资源，提升学生的学习能力、实践能力和思想水平，使学生的综合素质得到全面的提升，为社会的发展和进步做出贡献。应用科技学院自 2021 年开始承接贯通学生的培养，在贯通班级的教育教学实践中，学风建设问题逐渐暴露出来，如学生学习动力不足、课堂参与度不高、作业完成质量参差不齐、英语数学难度大跟不上、学生挂科较多等。这些问题严重影响了贯通学生培养的效果，成为制约贯通学生教育教学质量提升的关键因素。本案例以应用科技学院会计专业 2023 级贯通班级为例，对其学风建设进行深入的研究与分析，以期为其他贯通班级提供参考和借鉴。

二、案例分析

（一）班级学习情况

会计专业 2023 级贯通班级，总人数 48 人，2023 年 9 月入学，经过半年的学习，班级平均学分绩点为 3.12，英语、数学挂科率达 20%，在全院所有班级中排名下游。

（二）学风现状分析

在本案例中，会计专业 2023 级贯通班级的整体平均学分绩点偏低，且班级内部挂科学生人数较多。经过多方调查与分析，我们发现这一问题并非仅仅由于课程难度较中职时期显著上升等客观因素所致，深入探究其内在原因，学生自身也存在一系列问题，如对学习的重要性认识不足、学习态度不够端正、学习方法存在偏差以及班级整体的学风建设滞后且不足等。这些问题共同导致了当前的学风困境，亟待我们采取相应的措施加以解决。

（三）原因分析

1. 未来规划不清晰，学习内驱力不足。贯通班级的多数学生对自己的未来发展没有一个清晰的规划，他们倾向于以一种"佛系"的态度面对生活和学习，未能将个人的成长与发展置于优先位置。从封闭式管理的中职学校进入相对自由宽松的大学校园后，他们面临的诱惑也日益增多。许多学生开始降低对自己的要求，逐渐满足于现状，往往以敷衍的态度来对待学习，缺乏对学习的重视和投入。由于贯通学生升学压力较小，大部分学生都没有一个明确且坚定的目标，导致缺乏学习的内驱力，从而影响学业表现和个人成长。

2. 学习态度不端正，课堂投入度不高。贯通班级的多数学生存在学习态度不端正的问题，他们对学习不够尊重、不够重视、不够认真，虽然绝大多数学生能够做到按时出勤，但课堂投入度和参与度都不够，存在身体虽然在教室，但心思却并未在课堂中的现象。他们要么沉迷于手机，要么昏昏欲睡，完全没有投入老师的授课内容中。这种行为不仅浪费了宝贵的学习时间，还极大地破坏了班级的课堂学习氛围。这些学生的不专注行为往往会影响到其他学生，导致更多学生无法专心听讲，进而对老师的教学效果产生负面影响，影响整体学习效果。同时，个别学生存在迟到现象，他们在老师上课后才匆匆赶到教室。这不仅影响了自身对课堂知识的全面学习和深入理解，也打断了老师的教学节奏，影响了整个班级的学习氛围。由于在课堂上对知识理解不透彻，课程难度又较中职时期有明显增加，学习难度逐渐增大，再加上贯通学生自制力又相对较弱，缺乏主动学习的动力，导致恶性循环。

3. 学习方法不科学，专业知识不扎实。贯通学生大部分从小没有养成良好的学习习惯，如很少课前预习和课后复习，大学课程对于底子较弱的贯通学生而言已经很有难度，再加上课下投入的时间和精力不够，导致学生在课堂上往往难以理解老师讲授的内容，进而在做作业时感到困惑和无从下手。通过深度辅导，得知在中职阶段期末考试前老师会集中划范围和预留复习时间，导致很多学生养成期末考试前突击学习的习惯。但这种方式并不适用于大学学习，也影响了部分学生的期末考试成绩。另外最不容忽视的一点是贯通学生普遍英语、数学底子薄，知识掌握不扎实，导致现在英语、数学成绩普遍不理想，甚至出现了大面积挂科的现象。

4. 沉迷游戏问题严重，学习氛围不浓厚。班级普遍存在着沉迷于游戏的现象，许多学生在回到寝室后，将大部分时间都花费在玩游戏上，甚至有少部分学生会在课堂上玩游戏，从而导致逐渐跟不上课程的进度，最终面临学习困难。尤其是在期末复习的关键阶段，部分学生依然沉迷游戏，无法合理规划和分配各科的复习时间，导致在最重要的时刻没有将精力集中在最需要的地方。因此，这些学生在考试中的表现往往不理想，绩点也相对较低。另外，良好的班风学风对学生的学习效果有着至关重要的影响，但在贯通班级中，相对来说，学习氛围不浓厚，学生之间缺乏积极的交流、沟通和竞争。因此，我们需要采取措施来营造积极向上的学习氛围，激发学生的学习动力，提高学习效果。

三、教育过程

（一）制订学风建设方案，明确目标

鉴于大一上半年出现的问题，有针对性地制订学风建设方案，旨在

通过激发学生的学习兴趣、明确职业规划，使学生形成强烈的学习愿望和动力，培养学生尊重知识、尊重课堂、尊重老师的学习态度，杜绝迟到、早退、旷课等不良现象，引导学生掌握科学的学习方法，提高学习效率，让学生在有限的时间内获得更多的知识和技能。

（二）把握规律加强思想教育，润物无声

改变过去"头痛医头，脚痛医脚"的情况，用系统观念定位学生管理。第一步：慢下来。从系统、发展的角度去思考现象，分析贯通学生的特点，把握其成长规律。第二步：连起来。用好宿舍—小组—班级三级网络体系，网格化管理学生。第三步：引上来。用服务代替批评，用倾听陪伴代替说教，用身边故事阐述道理，润物无声地做思想、成长引导。例如，特邀知名专家学者、杰出校友等为学生献上启迪心灵的讲座和交流，引导学生树立坚定的价值观和积极的人生观，点燃他们内心对知识的渴望和对生活的热爱；同时，开展一系列以学风建设为核心的主题团日活动，包括学习经验分享会、学习竞赛等，让学生在参与中深刻体验学习的魅力，从而增强他们的学习动力，不断追求卓越。

（三）行为养成融入日常管理，严管厚爱

1. 构建学习机制。为了营造一个积极、互助的学习氛围，我们积极推动学习机制的构建。首先，建立严谨考勤机制。要求考勤员认真记录学生出勤情况，任课教师把关签字，辅导员定期对班级上课情况进行抽查。强调学生不论病假、事假必须向辅导员请假后将假条交给任课教师。同时，辅导员定期到教室听课，针对课堂上出现的问题及时整改。其次，建立互帮互助机制。鼓励学生成立学习小组，通过相互学习、讨论和交流，共同探索知识，实现共同进步。这样的学习小组将有助于学生形成良好的学习习惯和竞争意识，激发他们的学习动力。同时，鼓励成绩优秀的学生发挥榜样作用，积极帮助成绩稍逊的学生，通过一对一辅导等方式，帮助这些学生在学业上取得进步，实现班级整体水平的提升。这样的互助机制不仅能够促进班级内部的和谐与团结，还能够培养学生的团队协作能力和社会责任感。最后，建立定期沟通机制。辅导员定期与任课教师、班主任、系主任沟通学生学习情况，任课教师把控好课堂、班主任做好专业帮扶、辅导员做好思想教育，三方齐抓共管，提高抬头率和整体学习氛围。

2. 强化班级管理。为了营造一个有利于学生学习和生活的环境，我们对班级管理进行了强化。首先，严格实施班级纪律管理，规范学生的日常行为，确保班级秩序井然有序。例如，开展手机进袋、知识入脑活动。在教室内安装手机袋，要求学生上课前将手机统一放至袋中，上课时配合老师积极完成课堂内容，发动班委带动课堂学习气氛，通过以上方法进一步提升班级课堂学习氛围，使他们能够更专注于学习。其次，鉴于贯通班级没有学生党员，因而要充分发挥学生干部在学风建设中的作用。大力加强对班干部的指导，培养一支精干的队伍，要求班干部平时严格要求自己，认真学习、积极工作，带头上好每一堂课，班干部首先不挂科，在各方面起到应有的带头作用。最后，定期开展丰富多样的班级文化活动，如学习经验交流会、小型茶话会等。让学生在参与活动的过程中感受到集体的温暖和力量，从而增强班级的凝聚力和向心力。

（四）深度辅导引导个体成长，精准滴灌

1. 加强学生对专业的了解、认同和热爱，了解所学专业的应用前景和就业方向，督促学生及早明确职业目标，做出职业规划，鼓励有专业特长的学生加强专业技能的培养，积极参与学科竞赛，鼓励有爱好特长的学生加强社会实践锻炼，提高综合素养，等等。

2. 本着让树成树、让花成花的理念，不再为学生设定统一的标尺，在满足基本要求的情况下，鼓励外向型学生代表群体展示、严谨型学生跟进考勤管理、内向型学生参与文件整理，百花齐放又独具特色。

3. 将深度辅导从办公室延伸到操场、教室、宿舍等，根据不同的情况一对一地开展谈心谈话，结合个体情况进行生涯咨询，做到精准滴灌。

4. 充分利用育人第三阵地，在深入学生宿舍时与学生交流、谈心，全面了解学生特别是经常缺课、挂科较多以及沉迷游戏的学生的动态，有针对性地帮助学生处理好思想认识、价值取向、学习态度等方面的具体问题，尤其重点关注重点寝室学生的思想动态与学习状况。积极创建优良学风宿舍，营造和谐、文明、向上的宿舍文化，扎实加强学风建设。

（五）家校协作形成育人矩阵，静水流深

对于出现学业问题突出、沉迷游戏、学习积极性差等状况的学生，辅导员定时谈心谈话，了解跟踪学习状态，分析其背后的原因并给予合理的建议，督促和表扬相结合，促使学困生有所进步。对屡次出现问题且谈话效果不明显的学生，与其家长取得联系，使家长及时了解自己子女在校内的表现，就学生的学习状况、整改措施、完成学业的方案与家长达成共识，切实做好家校联合，家长勤关心、多督促、常鼓励，给予支持和关爱，也使得学校教育更加全面和更有针对性。

（六）加强评估与反馈，持续优化发展

在实施学风建设方案的过程中，评估与反馈是非常重要的一环。首先要定期收集并深入分析学生的学习成绩、课堂表现、作业质量等数据，以全面评估学风建设的成效和潜在的不足。其次，通过"应"你所想活动，积极与学生进行面对面的深入交流，倾听他们的真实感受和建议，确保学风建设能够更贴近他们的实际需求。基于这些评估结果和宝贵的反馈意见，我们将及时、精准地调整和完善学风建设方案，以推动学风建设的持续优化和发展。

四、总结反思

（一）全员育人有温度，做好多方联动

加强学风建设需要全体教育工作者以高度的责任感和使命感参与，教师、辅导员、班主任、教管人员应当各司其职，以育人为核心任务，针对每位学生的情况，提供精准化的指导和帮助，助力其更好地适应专业学习。与此同时，加强与家长、社会等多元力量的联动，构建紧密合作，形成强大的育人合力，使学生真实了解社会需求，提升学习动力。

（二）全程育人有深度，做好制度保障

加强学风建设需要做到从学生入学到毕业的全程精准指导，准确把握学生特点，制订个性化的教育方案，帮助学生明确学习目标和发展规划。在这一过程中，制度保障起着至关重要的作用，如学风预警机制，及早发现问题，及早干预，完善的制度可以确保育人的长效性和成效性。

（三）全方位育人有力度，做好体系保证

加强学风建设需要全方位的服务与支持，不能就学风论学风，除了教学管理以外，还应关注学生的心理健康、生活需求、职业规划等方方面面的问题。通过建立完善的学生服务体系，为学生提供心理咨询、生活指导、职业规划等多元化的服务，帮助他们解决学习和生活中的问题。同时，严格要求学生，注重培养学生的自律意识和自我管理能力。

总之，贯通班级学风建设是一项长期而艰巨的任务，今后我们将不断探索和创新有效的途径和方法，全面提升贯通班级的学风水平，为培养高素质人才奠定坚实的基础。

基于学生一站式服务社区开展的深度辅导

管理学院　赵培灼

一、案例简介

📘 案例来源：管理学院会计系本科学生。

　　基本情况："培心同行"是基于北京联合大学管理学院"管闲悦"一站式服务社区深度辅导谈话室开设的活动，为学生提供一个温暖的倾诉小屋，每周四、周五 16：30—22：00，我作为会计系辅导员老师和学生谈话，叙心事。如果学生有困扰，想寻求一些帮助，抑或只是想找人聊聊，可以来到这里，由我"培"学生一起喝杯奶茶，找到情绪的出口和前行的良策。在学生碰到一些无法解决的问题时，他们常常羞于在公共场合特别是教室或者办公室和我反映，在深度辅导谈话室这个真诚交互的环境中，学生可以和我畅谈，放下防备交流，疏解久久在心中萦绕的烦恼。

　　与学习知识相比，处理人际关系对大学生来说更具挑战性。各地的学生聚集在大学校园里，在同一个宿舍里见面。我们应该珍惜这千万人之中难得的缘分，但是在这么小的空间里，这么亲密的空间距离里，也许是生活习惯上的不和，也许是性格上的不和，也许是观念上的不和等，很容易造成问题。一天一天下来，小问题也会有"火山爆发"。本文将通过两个学生宿舍人际关系冲突的案例来介绍"培心同行"在学生一站式服务社区开展的深度辅导工作。

二、案例分析与教育过程

案例一：小 A 和他的室友之间的冲突

小 A 经常在宿舍外放音乐，而室友每天上床睡觉时忍受了这个情况，并没有要求小 A 把音乐关掉。然而，当小 A 在 22：30 左右出去上厕所后，他的室友起床锁上了门，导致小 A 回来后无法进入宿舍。小 A 请求开门，但室友不理睬。然后门突然开了，门锁破了——小 A 踢开了门。这两个学生之间的冲突以及他们处理冲突的方式存在一些问题。

1. 案例分析。

这个案例显示了一些不良的行为和冲动的后果，将学生请到深度辅导工作室进行交谈，学生情绪激动，内心不安。我通过梳理事情的前因后果，最终发现主要有以下 3 个问题。

（1）沟通不足。小 A 的室友在感到不满时，没有直接与小 A 沟通，表达自己的感受和需要。他们选择了沉默和忍耐，这种做法只会导致问题逐渐积累，最终爆发。

（2）处理方式不当。当室友选择锁门以表达不满时，这种做法是极不理智的。这不仅会加剧冲突，还可能导致不可预知的后果。同样，小 A 在踢开门时，也表现出了不理智和冲动的行为。

（3）缺乏尊重。小 A 在宿舍外放音乐的行为，显然没有考虑到室友的感受和需求。他的行为可能让室友感到被忽视和不尊重，这也是冲突产生的一个重要原因。

2. 针对这种情况，我为学生提供了以下几点建议。

（1）尊重他人的需求。在室友关系中，相互尊重是非常重要的。小 A 应该考虑到自己的行为对别人的影响，尽量避免在晚上外放音乐，以免给室友造成困扰。

（2）积极沟通。室友可以更积极地表达自己的不满和需求，与小 A 进行开放和坦诚的对话。通过沟通，双方可以更好地了解彼此的立场和感受，并寻求共同的解决方案。

（3）冷静处理冲突。当遇到冲突时，双方都应该保持冷静，并寻找有效的解决方法。踢开门这样的冲动行为只会加剧问题，并可能导致更严重的后果。学会控制情绪，并寻求理性和平和的解决方式是很重要的。

（4）建立规则。为了维护宿舍的和谐，他们可以制订一些基本的宿舍规则，如规定在晚上某个时间点后保持安静等。这些规则可以帮助他们更好地管理自己的行为，避免冲突的发生。

（5）寻求适当的帮助。如果两个学生无法独自解决冲突，那么他们可以寻求学校或其他适当的机构的帮助，如宿舍管理员或我。这些人员通常具有解决冲突和调解的经验，可以提供中立的意见和指导。

谈话后，学生认识到，在宿舍生活中，相互尊重和沟通是非常重要的。只有当学生之间能够理解和尊重彼此的需求和感受时，才能建立起和谐的宿舍关系。同时，当遇到问题时，应该保持冷静和理智，寻求合理的解决方案，而不是采取过激的行为来解决问题。

案例二：小 B 和他的室友小 C 之间的冲突

小 B 告诉室友小 C 他出去 10 分钟，门还没锁，室友表示同意。然而，当小 B 回来时发现门被锁上了，他非常生气，情绪激动，最终踢开了门。

1. 案例分析。

基于这个情境，在这种情况下，我引导学生思考事情发生的原因，门被踢开可能是因为小 B 感到被背叛或者失望，情绪失控导致了冲动的行为。那么，解决冲突的最佳方式通常是通过冷静和有效的沟通来寻求共识。面对小 B 和小 C 之间因误会而产生的冲突，首先应该引导学生理解双方的立场和情绪反应。小 B 因为信任室友小 C，告知自己短暂外出并期望门保持未锁状态，这是基于他们之间的约定和相互信任。而小 C 可能出于安全考虑或误解了小 B 的意思，误将门锁上，这导致了小 B 的失望和愤怒。

2. 如果类似的情况再次发生，建议学生以下几点。

（1）温和地表达情感。当小 B 回来发现门被锁时，他可以冷静地与室友小 C 交流，表达他的失望和不满，而不是采取暴力行为。

（2）沟通和解决冲突。小 B 可以和室友小 C 坐下来，互相倾听对方的观点和感受，并尝试找到一个双方都能接受的解决方案，如制订共同的规则或者相互尊重彼此的需求。

（3）情绪管理。学会控制情绪对于处理冲突非常重要。小 B 可以尝试一些情绪管理技巧，如深呼吸、冷静思考、寻求支持或者寻找放松的方式来平复情绪。

（4）寻求解决方案。讨论如何避免类似情况再次发生。例如，可以商定一个明确的外出和锁门的信号或规则，以确保双方都能理解和遵守。

（5）道歉与原谅。如果一方认识到自己的错误，应主动道歉。另一方则需要学会原谅，以促进和谐的室友关系。

（6）共同修复。如果小 B 的行为造成了财产损害，双方可以一起想办法修复或赔偿损失，这也是重建信任的一部分。

通过这些步骤，小 B 和小 C 不仅可以解决眼前的冲突，还可以增进彼此的理解和尊重，从而建立更加稳固的室友关系。重要的是，双方都应该意识到，有效的沟通和相互尊重是解决冲突和维持良好人际关系的基础。

三、总结反思

大学时期是一个人际交往频繁的阶段，与各种不同背景、不同性格的人接触是我们生活的常态。良好的人际关系对于学生的学习、生活和未来的发展都有积极的影响。然而，要建立良好的人际关系，首先需要一定的技巧和努力，既要保持积极的态度和友善的待人方式，尊重他人的观点和感受，也要主动与他人建立联系和交流。其次，要学会倾听和沟通，尊重他人的意见和想法，避免冲突和争吵。此外，要学会处理人际关系中的矛盾和问题，通过有效的沟通和妥善的解决方式来维护关系的稳定和和谐。大学阶段是一个重要的成长时期，人际关系的建立和应对对于学生的发展和成长至关重要。在这个阶段，他们面临着各种各样的人际关系挑战，如与同学、室友、教师、社团成员等的相处。

以下是在学生一站式服务社区中深度辅导学生如何应对人际关系的一些建议。

1. 建立积极的态度，以积极的态度对待人际关系。保持开放的心态，乐于结识新朋友，对待他人抱有尊重和理解的态度。相信每个人都有自己的价值和特点，不要过于刻板地对待他人。

2. 培养良好的沟通技巧。良好的沟通是建立良好人际关系的基础。学会倾听他人的观点和意见，尊重他人的感受。同时，表达自己的想法和感受时要清晰明了，避免产生误解和冲突。

3. 建立互助关系。可以引导学生通过互助关系来建立更好的人际关系。主动帮助他人，分享自己的知识和经验，与他人合作完成任务。在团队合作中展现自己的价值，同时也能够学习他人的长处。

4. 处理冲突和分歧。在人际关系中难免会出现冲突和分歧，这时候要学会妥善处理。保持冷静和理智，尽量避免情绪化的回应。通过沟通和协商解决问题，寻求双方的共同利益和解决方案。

5. 培养友谊和社交圈。可以建议学生通过参加社团、参与志愿者活动等方式扩大自己的社交圈。结识拥有不同背景和兴趣的人，培养真诚的友谊。同时，也要保持与老朋友的联系，维系长久的友谊。

6. 培养自信和自尊。自信和自尊是建立良好人际关系的重要因素。相信自己的能力和价值，不要过分依赖他人的评价。保持积极的心态，勇于表达自己的观点和意见。

通过这些方法，可以帮助学生建立健康、积极的人际关系，促进个人的成长和发展。

失恋，情感成长的双刃剑

应用文理学院　李娜

一、案例简介

■ 案例来源：小金，大二学生。

基本情况：小金（化名），男，21 岁，北京生源，某系大二学生。他入学时成绩优异，班级总分排名第二。入学后的一段时间，小金的学习成绩不错，积极参加各类课外实践活动，很快适应了大学生活，对于未来充满希望。大二上学期，他恋爱了。恋爱中，小金投入了大量感情，希望能天长日久。然而，不到半年，那位女生感觉彼此的性格不合适，变得冷淡，减少了和他见面，最后向他提出了分手。为此，小金感到非常痛苦，不仅变得抑郁、消沉、自闭，而且也变得不再热爱学习，经常迟到、早退，不按时提交课后作业，期末考试甚至出现了多门挂科。辅导员了解这个情况以后，重点关注了他，对他开展了长达半年的心理咨询辅导和就业指导。最终他走出了失恋阴影，摆脱了失恋的许多负面影响，重塑了信心，恢复了正常，后来成功考取了知名大学的研究生。

二、案例分析

（一）小金的失恋问题是性格所致

小金是一位内向腼腆、不善言辞、朋友不多的男生，且一直以来把精力主要放在学习上，缺乏关心他人的经验。而他的女朋友希望寻找的是一位阳光开朗的男生。当女朋友对于他的性格表示不满时，他未及时做出改变，对一些误会也未及时做出解释，彼此产生距离感，最终让他的女朋友认为彼此不合适而分手。

（二）小金缺乏积极的心态和情绪管理技能与技巧

积极的心态是人们成功处理各种事情的前提。当女朋友提出分手以后，他未有一个积极的解决问题的态度，也未对于自己的错误做出反思和总结，并做出明显的改变，而是将自己陷入失恋的不良情绪中，使得他既不能挽回失去的恋情，也不能回归正常的学习生活，让自己遭受到许多不利的影响。

（三）小金失恋问题的不良影响也有校纪校规意识淡薄问题

小金在失恋以后，不按时上下课，也不能按照老师要求及时完成课后作业，甚至在期末考试中出现不及格的情况，这是对于高校校纪校规意识的不足，不能深刻认识到作为一名大学生，首要职责是学习，完成课程学习要求是大学生的职责和本分，其他事情都需要为这一核心任务让步。

（四）小金对于失恋问题造成的不利影响没有充分认识

小金未失恋以前学习成绩良好，表现出他对于大学学习生活的适应。而失恋以后，学习成绩出现挂科，就意味着他对于课程学习知识的掌握未达标，也意味着他有可能不能按时完成大学课程，不仅不能参加奖学金等评优，而且有可能不能按期毕业，对于未来的学业、升学、就业造成一定影响，而对于这些不良影响，他本人并未意识到。

三、教育过程

（一）以现代心理学知识及技巧为主要理论及方法，进行大学生失恋心理咨询与辅导

1. 辅导员结合学生性格特点进行失恋类型、失恋特征、失恋影响等因素的把握，寻找适合解决该生失恋问题的突破口。把 AB 血型的小金确定为黏液质内向人群，这种人群遇事不易寻求外界宣泄途径。通过与

小金的科任教师、小金的好友就小金的学习状况、个人习惯、个人兴趣等情况进行交流，创设了与小金敞开心扉谈话的话题。并通过节日的问候短信、见面的一个微笑问候以及他酷爱的运动赛事的新进展的话题交谈减少师生间的陌生感、拉近情感交流距离。此外，为其提供很好的宣泄对象、宣泄途径是解决此类问题的关键。辅导员让一名品学兼优、性格开朗的男学干主动与小金接近，成为他的朋友。通过与男学干的交流，小金感觉到了来自朋友的关爱，让他逐渐打开心扉。经过一段时间，同学们明显感觉到他的心门敞开了，开始主动融入班级同学集体中，个人状态改善了。

2. 辅导员根据团队心理学的技巧，经过充分准备，以及查阅了大学生恋爱话题、大学生失恋案例理论及对策研究等，展开了大学生如何谈一次健康的恋爱主题的班会。班会上大家展开积极的讨论，引导大学生建构正确的恋爱观，列举各种正面案例，从正向引导学生的恋爱观舆论导向，引导小金建立正确的恋爱观，重新认识爱的意义和价值。

（二）以社会主义核心价值观为思想引导，促进该学生正向价值观对失恋消极影响的克服

社会主义核心价值观是指导高校大学生成长的重要思想。大学生正值青春期，身心发育尚未完全成熟，易于受个人失恋情感的不利影响而忽视对自己人生宏观的把握，忽视对未来人生理想、个人价值实现的追求。

为此，唤醒小金对社会主义核心价值观的认同意识十分重要。在具体操作时，不能一味教化、灌输，应该引经据典，通过历史杰出贡献人物、中国共产党党员优秀事迹以灵活多样的谈话方式进行教育指导。在对小金的深度辅导中，不要拘泥于形式。在我组织的班级参观中，如参观中国国家博物馆、香山双清别墅等地，在睹物追昔、山水寄情的自然情景中，我常常会看似不经意地插入小金身边，自然地与其就爱国主义教育意义、人生哲理、个人价值观、成长内涵与外延等涉及价值观、人

生观、世界观问题进行讨论，并使话题自然过渡到小金个人价值观、实施计划上。

因为深度辅导谈话能突破传统谈话空间狭隘、命题式说教方式，突出当事人主动思考、吸收过程。对于小金的几次实地深度辅导谈话，效果较好，不仅取得了小金对于社会主义核心价值体系的认同和重视，还淡化了失恋的消极影响。

（三）以辅导员多年的大学生教育教学管理经验为基础，对学生进行日常学习、生活的教育

基于多年的大学生教育教学管理经验，辅导员认为，小金的学习动力缺失问题除了有价值观的影响，也是一个大学教学的普遍规律，即大一的学生学习动力较强，大二则开始下降进入所谓的大学学习的倦怠期阶段。所以，小金的学习状态松散、学习动力缺失问题，也是一些高校大学生的学习共性问题，可以采取一些我的成功教育经验，如引用正、反面老生学习经历素材进行尝试教育。通过现实实例，如因为旷课留校察看不能获得毕业证、学位证的老生实例，大二开始准备考研后考取研究生的老生实例等对比教育，并结合学生手册、学籍考勤管理规定对小金摆事实、讲道理，一定程度上增强了他的学习意识、学校纪律意识，这对于他也有一定的溯本正源的作用。

（四）运用职业生涯规划理论，指导该生的大学学业规划、职业生涯规划等

要妥善解决小金的失恋问题，除了失恋心理咨询与辅导，进行教育教学管理，展开学业指导也非常关键。学习是大学生的主业，是大学精力和时间的主要投射对象，指导大学生制订科学、合理的大学学业规划及未来职业奋斗目标，是减少大学生过多沉溺于个人失败情感经验、体会的一种辅导员工作策略。个人生涯规划对于一个人的发展非常重要，对于绝大多数的大学生而言，职业生涯规划是大学学习的航标，能发挥指导大学生的学习和生活的巨大作用。

在与小金谈话中，了解到他并没有深入地思考过此问题，学习主要是为了兴趣，而没有其他的设想。我当即用时间外延思考的心理学技巧，让他预想 3 年后、5 年后、10 年后的自己正在做什么，为什么而忙碌，成了一个什么样的人，让他通过思考明白职业规划与人生的重要性。随后，我先让他列出了一个职业方向的发展规划，又让他列了一个大学学习阶段的中长期学习规划，并让他逐级列出各个阶段的目标和计划。在学习规划中，我参与他定期和阶段的成效总结和计划调整。并且，定期与他面谈，交流学业规划的实施效果。扬长避短，让他制订适合的学业规划。这样，在辅导员的精心指导和督促下，小金形成了适合自己的职业规划，并取得了一定成效，增加了他对于职业和未来人生的信心，进一步也淡化了失恋的不利影响。

（五）运用人际沟通交流技巧和理论，促进该生与他人交往

首先让小金认识到大学的人际关系的组成——宿舍关系、同学关系、师生关系、家庭关系、恋人关系等。这些人际关系，需要维护，需要积极沟通，需要掌握一些沟通技巧，譬如倾听、互动等。对于恋人关系，要有正确的认识。恋爱是青年人寻觅佳偶、建立幸福家庭的主要途径和情感体验。从心理学角度来看，恋爱包括激情、亲密和承诺三个阶段。在这个过程中，一些恋人会因为价值观、性格等原因，不能进一步发展恋人关系，有时人际沟通交流技巧在这时能起到巨大作用。所以，建议小金学习人际沟通交流技巧，在今后的交友中运用，避免产生一些不必要的误会，增进恋人之间的认识、认同，建立健康的恋人关系。在这个过程中，小金也认识到自己的不足，对于恋人分手的事情也更容易释怀了。

四、总结反思

1. 失恋问题是一个常见的大学生问题。大学阶段，大学生处于青年人恋爱的活跃期，他们容易坠入爱河，成为恋爱情侣，同时，也容易由

于恋爱问题的处理不当而导致某一方出现失恋问题。而失恋问题又成为诱发大学生心理问题的常见问题。当大学生遇到失恋时，辅导员应重点关注、积极劝慰、真诚关心、谆谆教导，促进大学生妥善解决失恋问题，尽快走出失恋困境，重新树立自信，开启大学人生新篇章。

2. 工作中辅导员要讲究方式方法。处理大学生失恋问题需要具备沟通技巧、教育艺术、学科知识等知识和能力，特别是需要借鉴心理学、社会学、政治经济学、教育学等多学科的知识。譬如，深度辅导时，谈话过程中不仅要做好深度辅导的计划，有的放矢地展开深度辅导，而且还应该具有一定的实际教学管理经验和同理心，急学生所急，忧学生所忧，这样才能自然而然地引导谈话最终回归深度辅导的结论性观点，引导学生听取劝慰、妥善解决失恋问题，减少失恋带来的不利影响。

3. 要重视辅导员在帮助大学生解决失恋等大学生问题时的思想政治教育教师的角色与教育职责。厘清现象，发现问题的本质，以社会主义核心价值观教育、引导大学生。譬如，通过引导小金认识到恋爱中"爱人"的本质与社会和谐发展的关联，从"小我"与"大我"角度来看待得与失，建立正确的恋爱观，就更容易引导小金放下失败的恋情，积极化解失恋的消极情绪，转移关注重心，认识到青年人一代肩负的重任，面向未来，在个人成长奋斗中重塑自信，取得更多的进步和成就。

全员全程，持续跟进，共同助力学生渡过危机

智慧城市学院　吕毅

一、案例简介

案例来源：胡某，大一新生。

基本情况：学生胡某，家在深圳，大一入学时荣获"新生奖学金"。入学两个多月后，他突然收到父亲因突发脑溢血去世的消息，且表现出极度的悲痛和绝望。处理完后事回到学校后，该学生的状态急转直下，整天提不起精神，无法集中精力学习，开始抽烟，睡眠困难，成绩滑落，在宿舍里寡言少语，与同学交往也变得被动和疏离。这种心理状态不仅影响了他个人的成长和发展，也给班级的整体氛围带来了负面影响。

了解胡某的状况后，辅导员及时梳理了该学生出现问题的成因，制订了针对性的解决方案，校外联动其母亲，校内争取学校心理中心老师、学院班主任和任课老师、宿舍同学等各方面有利资源，营造同向同行的良好氛围，共同帮助该学生渡过危机。在该学生自身的努力，以及各方面力量齐抓共管下，该学生逐渐平稳了情绪，将注意力集中到学习上，同时也积累了宝贵的人生经验，收获了面对困难的勇气，为后续顺利完成大学学业并成为一名中共党员奠定了坚实的基础。

二、案例分析

胡某的问题是由于家庭突发情况导致的心理创伤，并由此引起的学

业问题和人际交往问题等，属于因外部事件引起的对个体意义重大的负性事件，具有心理危机的危险性、突发性和复杂性特点。在认真了解胡某的家庭情况，以及父亲在其成长过程中有着特别重要的影响后，更能体会到该学生内心的痛苦与焦虑，也对如何开导帮助该学生有了更清楚的思路。

1. 深入了解家庭情况。该学生的父亲原本在老家河南工作，后通过自己的努力，考取了深圳某街道的职位，并加入了中国共产党成为党员，是一个积极努力、对工作和家庭责任感很强的人，是该学生的人生榜样，也是家里的顶梁柱。在父亲的指引下，该学生也是一名乐观上进、视野开阔、学业优秀的青年。母亲没有工作，家里还有一个上小学的弟弟；父亲的离开为该学生乃至整个家庭都蒙上了巨大的阴影。

2. 持续关心关注学生。面对学生的情感创伤，辅导员应尽自己最大的能力予以共情，并联络任课老师、宿舍舍友、班级同学等，努力从多方面关心关爱，帮助学生渡过难关。

3. 找准问题症结。寻求专业力量帮助学生。面对应激情况，联系学校心理中心老师，征得学生同意后，帮助其预约了心理咨询，在学校找到抒发释放自己情绪的通道，与心理老师建立正向联系。

三、教育过程

1. 关心关爱，给予温暖。平时在生活中多给予他关心关爱，帮助他申请一次性困难补助，询问他是否需要寻找勤工俭学岗位以减轻生活上的负担；寒假回家时主动送他去车站。

2. 谈心谈话，重拾目标。定期开展谈心谈话，帮助该生尽快回到原来的轨道上。一是帮助他接纳自己目前的消极状态，不管是谁，遇到这样的家庭变故和打击，都会有类似的反应，是很正常的，要给予自己一定的时间。二是开展谈心谈话，打消他的顾虑，去除思想上的包袱。针对在谈心谈话中，该学生吐露的心声，帮助他正确看待来自家庭的压力、学业上的负担。告知相关的助学政策，即便是家庭困难继续完成学业也是有保证的；通过他讲述父亲对其影响，鼓励他继续向着之前与父亲约定的目标前进。三是鼓励该学生发挥擅长英语、爱好摄影的优势，在社团等学生组织中多做事情充实自己。

3. 三全育人，共同关注。及时把该学生的情况反馈给班主任、任课老师、学校心理中心老师、宿管老师等。调动一切积极力量，共同关注该学生的表现、问题与困难，给予该学生不同层面的关心与帮助。

4. 家校沟通，双向奔赴。定期与该学生的母亲联系，互通有无，共同面对出现的问题。该学生的母亲一度在该学生父亲去世后难以控制自己的情绪，住进医院；初期也会联络辅导员埋怨该学生生活花销过大，不够听话；等等。一方面，多关心她的情况，充分共情鼓励安慰她，一个人既要关心在外读书的大儿子，还要照顾刚上小学的小儿子，实属不易；另一方面，也宽慰她，孩子在学校的表现在慢慢变好，来自母亲的支持对他来说特别重要，孩子如果能更多感受到母亲的坚强与努力，对他来说也是一种正向的激励。

5. 朋辈引领，共同进步。和宿舍、班级里可靠的两三个班委同学侧面说明了该学生的家庭情况。一方面，多了解该学生在宿舍、课堂的表现；另一方面，也从朋辈的角度，多加关心帮助，多提醒开导。胡某在大二年级时顺利推优，并在大三年级加入了中国共产党，完成了与父亲生前的约定，对自己的进步也是一种肯定。

四、总结反思

大一刚入学是学生树立良好的学习生活习惯、开启大学生涯规划的重要窗口期，第一学期更是辅导员与学生建立良好信任关系、帮助其确立好新的目标的关键时期。本文案例中的胡某因突发事件造成的心理、学习、人际交往等问题，如果不及时加以引导，对该学生在大学四年间的发展将产生直接的负面影响。通过对本案例的回顾、分析，有以下几点总结与反思。

1.抓住大一窗口期，及时全面了解新生个人及家庭情况，是充分应对学生突发事件的基础。在面对学生家庭变故等突发事件时，辅导员必须及时介入，为学生提供必要的心理支持和帮助。这有助于学生尽快走出困境，重新找回生活的信心和动力。大一刚入学，学生要面对陌生的环境，这是辅导员拉近与学生之间距离，帮助指引新生适应生活、学习等各项环境，寻找新的人生目标的最佳时机。也正是基于开学初与每位学生的谈心谈话，深入了解、认真关心每位学生对新学校、新环境的适应程度，询问生活、学习上的问题与困难，与学生建立起彼此了解、信任的关系，才使得胡某在出现突发事件、心理问题时，能第一时间对辅导员敞开心扉。

2.掌握心理危机应对方法，明确谈心谈话技术路线，是顺利开展辅导、帮助学生平稳度过困难时期的关键。在与学生沟通时，辅导员应注重情感疏导和心理支持。通过倾听、理解和鼓励等方式，让学生感受到关心和支持，从而缓解他们的心理压力和焦虑情绪。认真学习《辅导员应对大学生心理危机指导手册》《辅导员深度辅导的谈心谈话技术》等专业书籍非常重要，基于自己掌握的相关知识和方法，准确判断学生所处的状况，识别学生所处心理危机的种类与严重程度，及时给予正确的干预，利用"专注与倾听""共情""提问"等技术，在与学生的谈话中能够帮助学生表达自己内心真正的需求与困惑，梳理自己的问题，共同面对困难，进一步加强了与学生的联系，也巩固了彼此的信任关系。

3.开展学业与职业生涯规划指导，帮助新生培养制订大学生活、学习和工作目标的意识和能力，是帮助学生应对困难和问题的有益工具。大一新生对新的学习环境、学习方法，对四年的规划、未来的去向仍然较迷茫，身心承受力有限，再加上一些新的问题与困难，难免会产生不良情绪，更不用说遇到重大创伤等心理危机。面对类似胡某的问题，应联合专业教师力量，激发学生对专业的兴趣和热情，开展个性化的指导，善于利用职业测评工具等资源，帮助学生深入了解自己的兴趣和能力，明确未来的发展方向；引导他们做好学业及职业生涯规划，帮助他们重新定位自己的人生目标，找到前进的动力。

4.家校协同、齐抓共管，是帮助学生顺利渡过心理危机的重要保障。不论是本案例中胡某因亲人离世出现的突发心理危机，抑或其他类型的心理问题，来自家庭的支持是化解矛盾、解决问题的有力保障。面对越来越复杂、压力越来越大的社会环境，家庭问题也更多地成为学生心理问题的源头。多与家长沟通，反馈学生在学校的情况，更多地了解学生的过往，在赢得家长信任的同时，也建立了与学生的联系。在学生遇到问题与困难时，与家长共同面对、相互携手，才能在帮助学生的过程中赢得主动。

5.三全育人、朋辈引领，是保证育人长效的有力保证。在为学生提供帮助时，辅导员应积极整合校内外资源，为学生提供全方位的支持和关怀。这有助于学生更好地应对困难和挑战，实现个人的成长和发展。辅导员接触学生的时间、空间是有限的，要调动一切积极力量共同关心关注存在问题或困难的学生。多与班主任、任课老师保持沟通，了解学生的学习状态和成绩；多与宿管老师联络，掌握是否有晚归等宿舍动态；多向班里同学询问，侧面了解学生的心理精神状态；创造机会，挖掘优势，让"问题学生"发挥能力，在帮助其他师生解决问题的过程中找到自信，增强担当。

6.持续关注与跟进，是帮助有心理问题学生的必要环节。在帮助有心理问题学生的过程中，即便是已经帮助学生度过了其心理最难受最困难的阶段，辅导员还需要持续关注学生的情况，并根据需要跟进和支持。保持日常密切的沟通，了解其思想动态，建立亲近和信任的关系；建立详细的档案记录，观察测评结果、咨询记录等信息；保持与家长的沟通，及时反馈学生在学校的心理状况、学习状态等情况。这些跟进会使得学生持续感受到关心关注，有助于学生逐渐走出心理阴影与困境，重新找回生活的信心和动力，努力回到正向的轨道上。

阴郁"透明人"的蜕变和逆袭

生物化学工程学院　窦星丽

一、案例简介

■ **案例来源：小 Y，2019 级本科生。**

基本情况：2019 年开学的第三周，小 Y 同学的宿舍长找我反映，小 Y 极少和大家交流，总是早出晚归，将宿舍当成了旅馆。近一周小 Y 经常半夜抽泣，吵得宿舍其他人都睡不好，但是大家也不好问他原因。并且刚开学两周小 Y 就时有旷课，宿舍同学也都不知道他去哪儿了。小 Y 是一名大一男生，家住山东省临沂市的一个农村，父母务农，家里还有一个哥哥和一个妹妹。开学报到时，出于辅导员职业的敏锐性，我一下了就注意到了身材瘦削、戴着黑框眼镜、头戴黑色鸭舌帽的小 Y。他面色阴郁，我和志愿者跟他打招呼，他面无表情。没有家长的陪同，小 Y 一个人拿着两个麻袋包的行李，申请了绿色通道。

我当即叫小 Y 来谈心谈话，谈话过程中他总是眼神闪躲，问一句答一句，回答都是"还行""还可以""没什么问题"等防御性说辞，难以进行有效的沟通。当被问到没按时去上课的原因及学业上是否有困难时，小 Y 更是沉默以对。过后学校组织新生进行心理测试的结果反馈回来，如我所料，小 Y 的心理指标存在异常，显示他当前有一定程度的睡眠障碍和焦虑情绪。

于是，我通过多种途径了解小 Y 的情况，并为他制订了深度辅导计划，引导他适应大学生活，启发他做好生涯规划。

2023 年 7 月，小 Y 毕业了。这四年以来，他积极向党组织靠拢，担任了班级的心理委员，新冠疫情居家期间积极参与疫情防控工作获得了县里的表彰，于大三下学期被组织接收成为一名中共预备党员，大四那年他经过答辩，突破重围，获得了国家奖学金并且找到了一份大型国企人力资源管理专业的工作，给大学四年画上了完美的句号。从大一时的阴郁"透明人"到大四时的优秀毕业生代表，小 Y 完成了华丽的蜕变，这背后离不开他个人的努力，但更彰显了以爱育爱的教育力量。

二、案例分析

小 Y 当时的情况涉及心理问题、适应问题、学业问题、家庭经济困难、人际问题以及生涯规划等多个方面。作为辅导员，我按照轻重缓急，秉承着解决学生心理问题、家庭经济困难问题与助力学生成长成才相结合的理念，为小 Y 制订了短期和长期的深度辅导计划，共分为 4 个步骤：第一，平稳情绪状态；第二，重塑学习习惯；第三，克服社交恐惧；第四，做好生涯规划。

（一）平稳情绪状态，排除危机风险

我通过查阅档案和入学登记表以及侧面和其宿舍同学沟通等方式，多种途径充分了解小 Y 的情况，以便为他提供更有针对性的帮助。在这个过程中，我了解到小 Y 在高考中失利，未能进入理想的学校和专业，这对他的心理产生了很大的负面影响。

为了帮助小 Y 平稳情绪，我采取真心换真心、以爱育爱的方式，逐步取得他的信任。同时，我密切关注小 Y 的情绪变化，确保他在日常生活中得到及时的支持和帮助。

（二）扶贫扶智，重塑学习习惯

小 Y 家庭经济困难，开学时申请了助学贷款。我协助他提交了家庭经济困难申请，为他介绍勤工助学岗位，一定程度上缓解了他的经济压力。

虽然高考失利，但高中时的刻苦学习为他奠定了扎实的学业基础。在大学这个新的起点，我通过选择相似情况学生的成功案例，发挥榜样典型的引领作用，让小 Y 明白高考并不是终点，而是一个新的起点。我鼓励小 Y 保证课堂出勤，重塑他的学习习惯，引导他找到自己的学习兴趣和动力。

（三）助力人际交往，守护心灵成长

当今社会，人际交往和沟通能力不仅是适应大学生活的重要技能，也是未来职场生涯中不可或缺的一部分。小 Y 因为自身特质、家庭背景和高考失利等多方面因素，形成了自卑敏感的性格，严重影响了他的人际交往和自我认同。在这个背景下，我依托大学生心理素质教育课程，结合多年的工作经验，制订了一系列有针对性的辅导计划。

我全面了解了小 Y 社交恐惧心理产生的原因和在人际交往中存在的困难，有针对性地为他传授技巧和方法。并且，我充分利用宿舍同学和心理委员的力量，建立了一个支持小 Y 的社交网络。

（四）形成育人合力，鼓励成长成才

我深刻认识到学生的思想引领和教育管理工作是学校大思政育人格局中的重要一环。在这一过程中，我依托"三全育人"的体制机制和育人理念，充分发挥学院导师制的优势，协调辅导员、导师和专业教师的协同育人机制，为学生的全面发展提供坚实的保障。

具体来说，我通过与导师和专业教师的紧密合作帮助小 Y 制订了专业成长和综合能力提升的个性化方案，大学四年里在课程学习、科研项目、能力提升和职业规划等方面为小 Y 提供系统性的指导。就辅导员层面而言，我鼓励小 Y 积极利用学校的第二课堂活动平台，积极参加社会实践、志愿服务和文化艺术活动等活动，锻炼他的综合素质和能力，旨在全面提升他的德、智、体、美、劳 5 个方面的综合素质。

三、教育过程

（一）爱在细微处，拉近心灵距离

小 Y 敏感、拘谨，独来独往。想要帮助小 Y 解决问题，必须先取得他的信任。之前问题导入式的谈心谈话没能取得很好的效果，我决定将功夫放在平时。在微信上定期和小Y联系，耐心解答他的疑问；制造和他在上课路上、在食堂、在操场的"偶遇"机会，主动微笑着和他打招呼；在我的"职业发展"课上点他回答问题，并给予肯定和鼓励；饭点碰到了，主动询问他是否方便一起吃饭；节假日主动给他发祝福微信。这一系列的举动，让小Y感受到了我对他的关爱，无形中拉近了我们之间的距离。

一次午饭过后，小Y问我有没有时间，我们就在操场上一起散步。这次他主动提到了过往的一些经历——在高中遭受的校园暴力、高考的失利，也提到了对心理学感兴趣。我试探着问他愿不愿意接受心理咨询，这样也方便他了解更多心理知识，他欣然同意。我运用共情能力，表示充分理解小Y的遭遇，并主动采用心理学中的自我暴露来争取他的信任。我透露我也曾高考失利，学了不是很喜欢的建筑学专业，但是我没有放弃，努力学习、考研，最终从事了我热爱的教育事业。我还向他分享了2017级学长小M的事例——从一名专业调剂学生到发现专业魅力再到成功考取研究生的成功案例。小Y表示没想到辅导员也会高考失利，他表示将会以我们为榜样。我鼓励他先从按时上课做起。同时，我叮嘱心理委员在日常生活中多关注小Y的情绪变化，有问题及时和我反馈。

在我的关爱和督促下，小Y定期进行心理咨询，渐渐地，他脸上有了笑脸，和我反馈情绪好转了很多，也能睡好觉了，并且再也没有缺勤过一节课。

（二）多措并举助力人际交往，明确优势帮助树立信心

由于高中时遭受校园暴力的经历，小Y与人沟通和交流中存在恐惧情绪。一方面，我帮助小Y从宿舍范围开始构筑安全的社交圈。我嘱托室友多主动关心小Y，学会体谅他的不善言辞，一定程度上为他在与室友沟通中可能产生的误解扫清障碍。在我的鼓励和心理咨询师的专业指导下，他开始尝试与宿舍同学沟通和交流，从小范围的社交活动开

始，逐步扩大到更大范围的社交圈，也交到了好朋友。我还教导他如何在不同场合中自如地表达自己，如何有效倾听和回应他人的话语，以及如何建立和维护积极的社交关系。

另一方面，我争取发挥家校合作力量。我尝试和小 Y 的父母联系。他们都是质朴的农村人，一年到头忙着伺候庄稼来供养 3 个孩子上学。他们感情内敛、隐忍，当他们听说小 Y 初到学校不太适应时很着急，却不知道怎么办。我告诉他们，小 Y 已经有了很大的进步，能够主动与人交谈，建议小 Y 妈妈可以多联系他，多表达对他的关心，让他感受到来自家人的温暖。

小 Y 来自山东考区，学习底子很好，在按时上课后，他大一一年的学业成绩突出，我鼓励他为新生补习微积分，他面露难色："老师，我行吗？"我微笑着，拍拍他的肩膀："你要相信自己，一定行！"我帮助他一起备课和磨课，取得了良好的效果。慢慢地，他有了自信。

（三）搭建生涯助力平台，促进学生成长成才

小 Y 已经完全适应了大学生活，我进一步启发他做好生涯规划，抓住大学的平台充分锻炼自己的能力、辐射自己的能量。大二下学期，小 Y 成功竞选了班级心理委员，也开始关心政治时事，疫情期间他每天都在班里提醒同学打卡，还参加了家乡的疫情防控工作。大三时，他在系里组织了大学英语四级考试经验分享交流会，加入了班级助理团队，被组织接收为预备党员。对于未来的发展方向，小 Y 有些困惑。我利用生涯辅导技术，帮助他充分认识自我的兴趣、能力、价值观以及外部的职场环境，之后小 Y 明确了考取心理学研究生的目标。大四时，他的平均学分绩点达到了 4.0 以上。在我和班主任的鼓励和指导下，他勇敢站上国家奖学金答辩的舞台并成功获评！小 Y 在考取心仪学校的研究生后，第一时间和我分享好消息："窦老师，要不是您当时对我的鼓励，也许我现在还找不到奋斗的目标和方向。"教师节的时候，他特意回到学校表达对老师们的感谢。

四、总结反思

（一）爱是最好的干预手段，做有温度的辅导员

在我们的实际工作中，大多数有心理问题的学生处于发展性心理问题阶段，但若对一般性心理困惑不及时进行干预、调节和疏导，就可能导致心理障碍或精神疾病。对于辅导员来说，我们要用爱去滋养学生，用掌握的育人技术去帮助学生，当然技术和方法只有在爱的土壤里才能生根发芽。

辅导员是校园中离学生最近的人，也是陪伴学生最长时间的人，我们要做好学生成长路上的知心人、热心人和引路人，离不开发自内心的爱，这种爱是对学生发自内心的关爱，是对学生工作的热爱。

（二）树立终身学习理念，全面提升业务能力

现在的学生是处于 Z 世代的"00 后"青年，他们个性鲜明，有着新的特点。作为思政教育工作者，我们必须不断研究工作环境的新形势和工作对象的新特点，更新自己的知识和技能。通过参加培训、研讨会和阅读专业文献，不断拓展自己的视野和技能，及时掌握最新的教育理论和实践方法，进而更好地支持和引导学生。要具备良好的沟通和协调能力，有效地与学生、家长和教师进行互动和协作。加强心理辅导技能，掌握识别和应对学生心理问题的方法和技巧，以提供及时和专业的支持。也要创新思想政治教育的方法，掌握数据分析和管理能力，能够利用数据驱动决策，提高工作效率和效果，更好地服务于学生的成长和发展。

（三）做四五月的事，七八月自有结果

辅导员的工作非常具有挑战性，有时我们可能会被淹没在琐碎的日常学生管理事务中，也曾在永不停息的忙碌中迷失自我，也会因为教育成效不显著而感到挫败。但当我们看到自己带的学生考上研究生、扎根基层，最终成长成才，那么一切的辛苦付出都是值得的。我们只需做好四五月的事，七八月自有结果。

心灵的蜕变

——大学生就业焦虑心理案例分析

特殊教育学院 赵磊

一、案例简介

📖 案例来源：小红，大四女生。

基本情况：小红是一名学生干部，出身于普通家庭，体态偏瘦。她在大学四年里成绩一直处于班级中等水平，但作为干部非常尽职尽责，情绪也一直比较平稳。即将面临毕业，在就业实习过程中，由于在实习学校竞争压力比较大，觉得自己没有优势，同时在与本校老师沟通中，老师沟通方式不佳导致该学生产生了更多的不良认知，近一个月逐渐出现焦虑、失眠、情绪低落等情况。

辅导员曾经与小红进行过谈心谈话和深度辅导，与她关系比较好，也了解到她原生家庭中亲子关系不良。据学生本人介绍，父亲有家暴行为，母女报警过几次也没有结果。这种反差和不安全感，让她极度恐惧和渴望远离家庭。该学生有一个要好的男朋友，给了她很大的社会支持。

她是自己找到辅导员的。在下午临下班时，她突然敲门进入辅导员办公室，当时两眼空洞无神，身体四肢僵硬，在述说的时候一直没有与辅导员进行眼神交流，一直默默流泪但没有擦拭的动作。在回答问题时表达不是很清楚，话语间阐述自己最近见到血的时候会比较兴奋。

二、案例分析

小红的情绪爆发并非偶然，而是受多种因素的影响。

（一）原生家庭影响

小红的家庭背景对其心理状态有着深远的影响。亲子关系不良，父亲有家暴行为，导致学生会表现出以下几个性格特点。

1. 增强的敏感性和持续的警惕性。

由于长期生活在紧张和恐惧的环境中，她对周围事物的感知能力变得异常敏感。这种敏感性让她对潜在的威胁和风险保持高度警觉，容易对一些普通刺激产生过度反应，如突然的声音或意外事件可能使她感到惊吓或不安。这种持续的警惕状态可能导致她在日常生活中难以放松，影响心理健康和社会功能。

2. 受损的自尊心和自信心。

过往经历会导致她的自尊心和自信心较低，进而怀疑自己的价值和能力，影响自我形象和自我效能感。在学业、社交和个人发展等方面缺乏必要的自信，从而限制了她的潜能发挥和生活机会。

3. 情绪波动和情绪调节困难。

家庭经历对她的情绪稳定性造成了显著影响，使她容易情绪不稳定，可能会经历频繁的情绪波动，从沮丧和焦虑到愤怒和激动。情绪调节的困难可能导致她在应对压力和挫折时反应过激，难以保持冷静和理性。

（二）社会支持系统不足

尽管小红拥有一个关心她的男朋友，但作为学生，她还需要更广泛的社会支持网络，包括家庭、朋友、同学和老师。家庭暴力的背景使得家庭支持变得脆弱，父母无法提供必要的情感支持和积极的人生指导。大四期间她一直在外实习，学校环境也没有及时识别和响应她的需求，她可能会感到更加孤立。社会支持的不足可能导致她在面对就业压力和其他生活挑战时缺乏足够的资源和帮助，从而加剧了她的焦虑和无助感。

（三）心理应激源的累积

小红所面临的心理应激源是多方面的。首先，就业市场的竞争压力本身就是一个巨大的应激源，尤其是对于即将步入社会的大学生。她可能感受到了来自同龄人、家庭以及自我期望的压力。其次，原生家庭的问题，特别是父亲的家暴行为，给她的心理状态带来了长期的负面影响。此外，与老师的沟通不畅可能进一步加剧了她的心理压力。这些累积的压力可能导致她的应对机制失效，进而引发情绪危机。

（四）情绪表达和调节能力的缺乏

小红可能在情绪表达和调节方面存在困难。她倾向于压抑自己的感受，这种压抑可能导致情绪在某个时刻突然爆发，而不是通过健康的方式得到释放和调节。此外，如果她没有学习到有效的情绪调节技巧，比如深呼吸、冥想、运动或其他应对策略，她可能会在面对压力时感到无助。缺乏情绪调节能力不仅会影响她的心理健康，还可能影响她的人际关系和社交功能。

三、教育过程

（一）现场评估，准备预案

辅导员在接到小红的求助后，迅速进行了现场评估，确认了她的危机状态。在了解学生情况的同时，辅导员利用手机等通信工具，一边咨询 一边秘密地通知其他同事和紧急响应团队，确保在下班时间也能获得必要的支持。辅导员根据评估结果准备了紧急预案，包括联系协调医疗资源和准备紧急送医的流程。同时，辅导员保持冷静，与小红保持沟通，评估她的情绪和身体状况，以稳定她的情绪并防止情况恶化。

在确认小红的生理安全后，辅导员采取了专业的心理干预措施。运用催眠疗法等心理稳定技术，辅导员帮助小红放松身心，减轻因紧张和焦虑引起的身体症状。通过引导小红建立安全岛、深呼吸、放松肌肉等，帮助她逐步从情绪的高点降下来，恢复到一个更加平和和可控的心理状态。

（二）上报学院及心理中心

辅导员在初步评估和稳定小红情绪后，鉴于咨询效果比较好，先让她回去休息，同时立即向学院及学校心理中心上报情况以及备案，请求专业心理中心的支援。这一步骤是为了确保小红能够获得更专业、更系统的心理援助和后续跟踪服务。同时，辅导员也对宿舍长等同学进行叮嘱，确保学生的安全。

（三）家庭沟通

鉴于小红家庭背景的复杂性，辅导员主动与她的家长进行了深入的沟通。在确保隐私和尊重的前提下，辅导员向家长说明了小红目前的心理状况，并探讨了可能的解决方案。辅导员强调了家庭环境对小红康复的重要性，并鼓励家长参与到小红的治疗和支持过程中来。同时，辅导员也与家长一起制订了应对计划，包括就医指导、家庭治疗和改善家庭沟通模式，以确保小红在家庭中获得必要的支持和理解。

（四）现实压力消除

辅导员认识到小红所面临的就业压力和人际关系问题是她情绪危机的触发因素之一。因此，辅导员协助小红重新评估和处理这些压力源。通过职业指导和心理咨询，辅导员帮助小红建立了更为现实的职业期望，并提供了求职技巧和面试准备的辅导。同时，辅导员也介入了小红的人际关系问题，通过调解和沟通技巧培训，帮助她改善与同学、老师的关系，减少人际冲突带来的压力。

（五）持续跟踪与支持

鉴于还有一个月就要毕业，辅导员为小红制订了一个短期的跟踪计划，以确保她能够持续获得必要的支持。因为小红要求保密，所以辅导员和学工办相关老师商量全院进行安全宿舍卫生检查，实际上是进入宿舍进行整体的面对面访谈、筛查，同时继续跟踪小红就医和用药情况，提供后续的心理辅导。

四、总结反思

（一）辅导员的责任与能力

辅导员的责任与能力是多维度的，要求辅导员不仅要主动关注学生的职业发展和心理健康，及时发现学生的需求和问题，提供个性化的指导和帮助，而且要具备一系列专业能力。

1. 辅导员作为学生心理健康的第一响应者，必须具备扎实的心理咨询能力和危机干预技能，这不仅涉及对常见心理问题的识别和初步干预，还包括在紧急情况下的快速响应和有效管理。辅导员应通过持续的专业发展，如参加工作坊、研讨会和高级研修课程，不断充实自己的心理学知识和咨询技巧，确保能够为学生提供专业、及时的心理支持，并在必要时引导他们获取更深层次的专业帮助。

2. 辅导员在职业发展领域也要掌握职业指导的理论知识和实践技能。这包括但不限于教授学生如何撰写有效的简历、掌握面试技巧、进行职业规划和决策。辅导员应作为学生就业路上的向导，帮助他们了解职场规则，提升职业素养，以及在遇到就业难题时，能够提供切实可行的解决方案。

3. 辅导员应不断提升自身的沟通协调能力，这不仅指与学生的一对一沟通，也包括与校内外各方的协作。辅导员应成为学生与潜在雇主之间的桥梁，通过组织校园招聘会、职业发展讲座、行业分析会等活动，为学生提供与企业和专业人士直接接触的机会。同时，辅导员还应与学生家长建立良好的沟通渠道，共同为学生的就业和职业发展提供全方位的支持。

（二）培养学生心态和应对方式

在当前复杂多变的就业环境中，培养学生的积极心态和有效的应对方式显得尤为关键。

1. 转变就业观念是帮助学生适应就业市场的关键一步。学生需要认识到，成功就业并不仅仅局限于传统的高薪酬或高地位岗位，而是包括各种能够发挥个人潜力、带来职业满足感的工作机会。通过教育引导，学生可以学会欣赏不同职业路径的价值，从而拓宽就业视野，减少因单一就业标准带来的不必要压力。

2. 制订合理的职业规划对于学生的长远发展至关重要。职业规划不仅涉及对个人技能和兴趣的深入了解，还包括对行业趋势、职位要求和劳动市场变化的持续关注。通过职业规划，学生可以设定清晰的职业目标，制订实现这些目标的具体步骤，包括必要的教育背景、技能提升和实践经验积累。

3. 培养积极的应对方式，积极的应对方式是学生面对就业挑战时不可或缺的能力。这要求学生主动出击，通过参加职业发展研讨会、行业交流会和招聘活动来获取第一手的就业信息。同时，学生应培养解决问题的能力，如批判性思维、创新能力和适应性，这些能力将帮助他们在多变的工作环境中立足。此外，学生还需要学会管理自己的情绪，保持积极乐观的态度，这不仅能帮助他们更好地应对求职过程中的挫折，也能在职场中建立良好的人际关系。

（三）高校教育与服务功能

1. 就业服务的系统化。高校必须构建一个全面而综合的就业服务体系，为学生提供连贯的职业发展支持。这包括基础的职业咨询、个性化就业指导课程、职业规划工作坊、职业心理辅导以及职业能力评估。此外，高校应提供职业路径规划服务，帮助学生根据自身特点和市场需求，制订长远的职业发展计划。通过这种系统化的服务，学生能够在自我认知、职业定位和就业实施方面获得清晰的指导和支持。

2. 校企合作的深化。高校应与企业建立紧密的合作关系，共同开发实习基地、校企联盟和联合培养项目，为学生提供真实的职场体验和丰富的就业机会。这种合作不仅使学生能够在实践中学习和应用所学知识，还能帮助他们构建行业联系和职业网络。高校还需定期组织行业交流会、职业发展讲座和研讨会，邀请来自不同领域的企业代表和行业专家，分享行业趋势、职场技能和职业经验，从而提高学生的市场意识和竞争力。

3. 就业岗位和机会的拓展。高校应积极拓展与各行各业的联系，为学生提供广泛的就业岗位和机会。这可以通过多种方式实现，例如建立就业信息平台，发布最新的职位空缺、行业动态和招聘活动，使学生能够及时获取相关信息；还可以加强校友网络建设，帮助学生通过校友关系获得更多的就业信息和机会等。

静默中的成长
——大学生在亲子关系中的自我调适与探索

艺术学院　张奕

一、案例简介

案例来源：小亚，艺术类专业大一女生。

基本情况：小亚入学 2 个月左右，同学在朋友圈发现她划伤了自己的手腕（她朋友圈屏蔽了老师），后告诉老师。小亚在老师安排下紧急送医就诊，无生命危险。起因是小亚在一次和母亲通话后，采取了极端的行为，使用美工刀划伤了自己的手腕。这一行为可能出于调整负性情绪、释放压力的目的，但显然是非正常的行为。自残行为导致小亚手腕受伤，也暴露出小亚心理健康问题的严重性，需要引起足够的关注和重视。

二、案例分析

（一）问题分析

1.家庭环境对学生心理健康的影响。

在本案例中，小亚的家庭环境是她产生心理问题的根源。在和小亚的谈话中，我了解到，她的母亲比较强势，父亲什么也不管，小亚认为自从有了弟弟，家里就重男轻女，母亲对弟弟十分呵护、关爱，重视弟弟的学习和各方面的发展，对自己则多是斥责，比如说自己是废物、考不上一个好学校、没出息等等。

家庭中的亲子关系紧张、认为母亲偏爱弟弟等因素导致小亚缺乏自信和归属感，产生了自我否定的情绪。这提醒我们，家庭环境对学生心理健康的影响是巨大的，作为辅导员要高度重视。

在和小亚交谈中，我还了解到，小亚觉得母亲总是自作主张。例如，小亚是南方人，到北京上大学，现在渐渐入秋，母亲给小亚购置很多新衣服寄过来，在其他人眼中母亲对小亚是关心关爱的，但小亚觉得这些衣服自己都不喜欢，是母亲自作主张买的，于是全部扔掉了。

小亚的这种行为是对母亲的反抗。她选择了一种较为被动但并非完全对抗的应对方式。由于长期感受到母亲对弟弟的偏爱和对自己的忽视，她心中积累了深深的委屈和不满。然而，面对家庭关系的复杂性和改变现状的无力感，她选择了一种"沉默的抵抗"。

2. 自我伤害行为的背后原因。

升入大学之后，离开了家庭特别是母亲，小亚情绪一度很愉悦，和宿舍同学相处愉快，关注学校学院的微信公众号，积极参加活动并在班级里转发活动。事情转变发生在一次和母亲通话后，电话中母亲要求小亚好好学习，争取毕业后考上中国传媒大学研究生。因为母亲曾希望小亚本科就考上这所大学，现在本科没考上，那么争取研究生要考上。结束通话后，小亚陷入了深深的痛苦，觉得自己非常没用，是个废物，听课也听不进去，晚上整晚睡不着觉，划伤手腕之后，觉得心情有所缓解……

小亚的自我伤害行为是她心理压力过大、无法应对负面情绪的一种极端表现。这告诉我们，在关注学生心理健康问题时，要深入了解学生的内心需求和困扰，及时发现并干预学生的自我伤害行为。

（二）对策分析

对小亚的帮助，一是帮助其纠正错误认知；二是帮助其找到焦虑的根源——认为家长的帮助是对孩子的过度干预。在与小亚的谈话中，我帮助她重新探究自己一提到学习就焦虑紧张进而逃避的原因，了解自己潜在的想法，直到她发现自己与母亲对抗的真正原因。但是我也无法让小亚和母亲全面和解，只是帮助小亚通过与心理医生以及老师、同学的谈话，能够表达自己的想法，发泄自己的负面情绪，能够坚持学业。此外，我要求小亚母亲适度减少对小亚的干预，尊重小亚自己的选择和决定。

三、教育过程

（一）初步应对

当学生告诉我小亚划自己手腕很多道并出血时，我立刻联系在校的班主任、班级助理送小亚去医院救治，同时向主管院领导汇报情况。

（二）寻求专业帮助

安排好小亚就医并向领导汇报完毕后，我联系了小亚家长，告知其母亲小亚的情况。其母亲反馈小亚在中学时就出现过几次这种情况，有时是自伤，有时是头疼喘不上来气，上医院检查一切正常，刚开始还紧张，几次之后，家长觉得是心理问题。本次事件也通报了学校心理中心。

（三）深入沟通与支持

待小亚从医院返回后，我跟小亚谈心。小亚不排斥辅导员，愿意跟辅导员谈。我了解到本次自伤事件的导火索就是前几天和母亲的通话。母亲说高考没考上一个好大学，那么在这个学校里就要做好规划，努力学习，毕业后考上中国传媒大学的研究生。小亚觉得自己很没用，是个废物，压力很大，连续几天睡不好，上课听不进去，作业不想写（写不出来），于是用美工刀划伤自己缓解压力。

我对小亚的感受表示理解，同时建议小亚去专科医院就诊。小亚同意了，说高中时候看过，但没有持续就诊和服药。随后小亚去了安定医院心理科就诊，还自愿参加了主治医生的科研课题，定期就诊。

（四）建立长效帮扶机制

小亚现在上大一，也在上心理健康课程，我和任课教师做了沟通，和心理中心通报，心理中心老师建议去安定医院。小亚去安定医院就诊，诊断为抑郁状态、焦虑状态、失眠、幻觉、锥体外系综合征，医生给小亚开了阿立哌唑片和盐酸文拉法辛缓释片。

在与小亚母亲沟通过程中，我了解到小亚不是第一次用划伤手腕这种自伤的方式解压，最早出现在初三，后来在高中也有过两三次。我感觉母亲对小亚也是关爱的，听说小亚划伤自己手腕也很难过，只是对她学业要求较高。经历了女儿中考没有考上理想高中，以及高中成绩一般，所以母亲把重心放在培养弟弟身上，希望弟弟将来能考上好学校，有一个"光明的前途"。

小亚母亲对心理咨询和心理治疗不排斥，对于这点我比较欣慰。小亚在中学阶段曾看过心理医生，但没有系统持续治疗。我建议小亚到北京安定医院就诊治疗，小亚母亲比较支持。我和小亚母亲加了微信，方便日后联系。

同时，我也指出小亚母亲存在的问题：对小亚言语的伤害，过高的要求，考中国传媒大学研究生还是有相当难度的，我用历史数据告知小亚母亲这一点。我建议她根据自己孩子的实际情况帮助其做规划，本科顺利毕业是最重要的。我建议小亚母亲适度放手，让小亚有一个相对宽松的成长环境，可以自己做主的让小亚自己做主，例如穿什么衣服，让女儿逐渐成长，毕竟小亚已经是大学生了。

我与小亚的母亲进行了多次沟通，引导她认识到家庭环境对孩子心理健康的重要性，并鼓励她改善与女儿的关系，给予女儿更多的关爱和支持。

我把小亚列入重点关注人群，时常关注她的情况，经常主动邀请她参加包粽子、做月饼等活动，经常与她谈心谈话。小亚目前在安定医院规律就诊，还参加了主治医生的科研项目。我也希望小亚能顺利度过大学本科阶段。

在我的关注和引导下，小亚开始意识到自己的这种应对方式并不健康。她逐渐明白，沉默的抵抗并不能真正解决问题，反而可能让自己陷入更深的困境。于是，她开始尝试寻求改变，学习如何更好地处理自己的情绪和与家人的关系。

（五）持续关注

这之后，除了我和班主任，还安排班助和同宿舍同学持续关注小亚的学习和生活状况。

四、总结反思

虽然小亚并没有完全化解与母亲的矛盾，但她学会了以一种更加成熟和理性的态度去面对家庭问题。她开始尝试与母亲进行更加坦诚和有效的沟通，表达自己的感受和需要。同时，她也学会了如何调整自己的心态，以更加积极和乐观的态度去面对生活中的挑战。

通过这个案例，我总结了以下几点经验。

1. 建立信任关系。首先，需要与被帮助者建立信任关系，让他们感受到被理解、被关心。这可以通过倾听、同理心表达和无条件接纳来实现。

2. 评估风险。评估自伤行为的严重程度和风险，包括是否有自杀倾向、伤口是否需要紧急医疗处理等。如有必要，应立即联系专业医疗机构或紧急救援服务。

3. 情绪支持。提供情绪支持，帮助被帮助者识别和表达内心的感受，如愤怒、挫败、内疚等。鼓励他们采用更健康的方式来处理情绪，如深呼吸、冥想或写日记。

4. 了解原因。深入了解自伤行为背后的原因，这可能涉及个人经历、家庭环境、社交关系等多个方面。了解原因有助于制订更有针对性的干预计划。

5. 制订干预计划。根据评估结果和了解到的原因，制订个性化的干预计划。这可能包括心理咨询、认知行为疗法、家庭治疗等多种方法。同时，也可以鼓励被帮助者参与一些有助于情绪调节的活动，如运动、艺术创作等。

6. 建立社会支持系统。帮助被帮助者建立和维护一个积极的社会支持系统，包括家人、朋友、同学、老师等。让他们知道在遇到困难时可以向谁求助，并鼓励他们主动寻求支持。

7. 持续关注和跟进。自伤行为的干预是一个长期的过程，需要持续关注和跟进。定期与被帮助者沟通，了解他们的进展和困难，及时提供必要的支持和帮助。同时，也要关注他们是否有复发的风险，并采取相应的预防措施。

8. 培训和教育。对于可能接触到自伤行为的群体，如家长、教师、辅导员等，进行相关的培训和教育，提高他们对自伤行为的认识和应对能力。这有助于更早地发现和干预自伤行为，减少潜在的风险和危害。

这个案例让我们看到，在面对复杂的家庭关系时，有时候我们可能无法完全改变现状，但我们可以选择一种更加健康和积极的应对方式。通过学习和成长，我们可以逐渐走出阴影，重拾内心的平静和自信。针对小亚的案例，我深刻认识到家庭教育对学生心理健康的重要性。作为辅导员，我们应该加强与家长的沟通和协作，引导家长关注孩子的心理健康问题，改善家庭环境，为孩子提供一个健康、和谐的成长环境。

除了家庭教育和心理健康教育外，我们还应该注重培养学生的自我调适能力。通过举办班级心理健康团体辅导活动、引导学生参加社会实践活动等方式，帮助学生学会正确应对负面情绪和压力，提高他们的心理韧性和适应能力。

同时，学校建有完备的心理健康教育体系是十分必要的。所幸我校已建立较为完善的心理健康教育体系。这包括设置心理健康教育课程、开展心理健康讲座、举办心理健康节系列活动，提高学生对心理健康问题的认识和重视；同时，建立了学生心理健康档案，定期对学生进行心理健康评估，及时发现并干预学生的心理问题。2024 年还要开展学院二级心理健康驿站的建设，相信我校心理健康工作会越做越好。

师者如光，微以致远
——以学生突发重大生活变故为例

师范学院　刘丽鸽

一、案例简介

■ 案例来源：小 H，大三学生。

基本情况：学生小 H，北京大兴人，本科大三学生。2023 年 12 月，小 H 联系到我（辅导员），说家中父亲生病无人照料，想长时间请假照顾父亲，如情况着急还想申请休学。2024 年 5 月，小 H 告知其父亲化疗期间突发疾病，已经去世。据前期了解，小 H 的父母在小 H 小时候离异，其母亲基本没有联系，父亲去世前小 H 曾想去寻找母亲，去老家（吉林省）才得知其母亲已于 2015 年因病去世。家中没有其他亲属，小 H 一人处理家中事宜，为给父亲治病，家中房子已卖掉，现住在出租房中，尚无其他收入来源。

小 H 性格较为内向，并没有关系很好的同学，喜欢独来独往。三年来学习成绩一般，目前大学英语四级和教师资格考试均未通过。突发事件发生后，在 2024 年 4 月学校组织的心理危机排查工作中显示，小 H 危机自评总分较高，同时抑郁量表（PHQ-9）和广泛性焦虑障碍量表（GAD-7）得分较高，需尽快安排访谈咨询。

二、案例分析

这起案例属于学生突发重大生活变故引起的心理健康教育问题，同时还包括学风问题、日常思想教育问题与即将步入大四的职业规划和就业指导问题。

小 H 突遭重大生活变故，此时是非常无助的，前期的心理测评中显示危机指数过高，需引起注意，焦虑的情绪也影响到了小 H 的生活和学习状况。她的学习成绩在班中排名较后，大学英语四级和教师资格考试均未通过，且日常和同学们沟通来往较少，对于即将步入大四面临就业工作的学生来说，需要多措并举，重点关注。

（一）个人规划能力较弱

由于突发生活变故，所以小 H 受到的打击非常大，急需帮助走出困境，重新建立生活信心。日常小 H 的成绩在班中排名较后，对于自身的未来生活和职业规划较为不明确，作为老师应努力引导她逐渐找到生活的方向。

（二）人际交往能力较弱

小 H 的性格较为内向，平时在班级中没有关系很好的朋友，比较喜欢独来独往。在突发生活变故的时候，小 H 身边没有较为完整的社会支持系统，这也对小 H 造成了一定的刺激，后续也需要对她慢慢进行引导，构建起她的社会支持系统。

作为学生成长成才的人生导师和健康生活的知心朋友，辅导员要始终围绕学生、关照学生、服务学生，对学生开展思想价值引领，从为学生解决实际问题出发，在学校与学院的支持下，通过关心关爱、学业帮扶、精神鼓励、经济援助和职业发展指导等助力学生突破自我，引导学生渡过生活难关，能够顺利毕业找到工作，成为未来的小学教师。

三、教育过程

（一）真情关爱，增强学生归属

本学期，学生所在专业统一安排在校外小学实习。事情发生后，辅导员第一时间联系学生，安抚情绪，了解其身心健康和安全状况，询问学生是否有需要帮助的地方，如需要可第一时间陪伴学生。同时，将紧急情况上报给学院学生工作负责人，进而上报主管学生工作的院领导。院党委高度重视，随后组织学工办相关人员、系领导和班主任去学生家中看望，表达学校对学生的关心关爱，让学生通过感知老师的温暖，积累后续发展的能量和热量，进而感知到学校的温度和高度，使学校教育具有即时的价值、延时的功用。

（二）学业帮扶，激发学习动力

针对学生目前学习状况，辅导员根据学生的学习能力和专业人才培养计划，帮助其制订个性化的学习规划，对于大学英语四级和教师资格考试明确每周的学习任务和目标，实施过程中定期跟学生进行沟通和反馈，及时了解她的学习进度和困难，给予指导和帮助，形成自主学习的良好循环。同时，成立班级互助小组，让已经通过考试的班级骨干多帮助学生，积极鼓励学生，强调可以通过自身的努力改变现状。帮助学生搭建"朋辈帮扶""教师帮扶"渠道，激励学生积极参与学术座谈会、科研项目、学习小组、研讨会等学习类活动，与同学互相学习、交流经验、主动思考，感受良好的学习氛围，激发她的内在动力。

（三）精准施策，借助心理咨询

针对学生目前的心理状况，需要在学校心理中心的帮助下，预约咨询师访谈，提供心理帮助和情感支持，引导学生走出悲痛，不要继续沉浸在消极情绪中，而是要以积极的心态面对未来的学习、生活和工作中的困难和挑战。心理咨询结束后，通过咨询师的反馈，学生近期需多安排几次访谈，可以为学生提供有效的压力管理技巧，如冥想、深呼吸等，鼓励学生通过写日记、绘画、参加心理辅导沙龙等活动找到更加健康的方式来宣泄内心的情绪。同时，要重新帮助学生建构社会支持系统，在遇到困难或问题时，可以寻找老师、学校和朋友的支持和陪伴，分享自己的感受和困惑。

（四）日常帮扶，解决现实问题

针对学生目前现实的经济问题，主动向学生解读资助政策，引导学生分析自身当前所处形势，缓解家庭经济问题所带来的压力，也要让学生深刻理解国家和学校对资助工作的重视，明白学校和老师的良苦用心，进而激发学生学习动力，能够将自我实现的目标和祖国命运紧密联系在一起。在课余时间，经常约学生一起聊天散步，给她多一些陪伴，给她家人一般的关心和爱心，在波澜中找到平静，在困境中积蓄力量。同时，要鼓励学生积极融入班集体，参与班级建设和学生活动，通过这些能够锻炼能力素质，也可以感受到集体对自身价值的肯定和被同学们、老师们需要。在和学生交谈的过程中，从生活小事到人生大事，给她提供建议并帮助她完成事项，进一步引导她明确自身的目标和方向，并为此不断奋斗。

（五）就业指导，确定未来方向

针对目前面临的就业形势和就业政策，帮助学生进行全面的自我分析，经过职业兴趣探索和多次深度辅导谈话，进一步明确自己在未来工作中的职业定位。引导学生设立明确的就业目标，分为短期目标和长期目标，增强她的信心。制定具体时间表，包括简历制作、考试日期、参加公招等，找到已经就业的学生分享求职经验，帮助她积极利用微信公众号等招聘信息平台收集信息，联合系里和班主任对她进行就业帮扶，提升她的教师职业能力，反复帮助她磨课、备课，准备笔试和面试，增强就业的成功率。

四、总结反思

（一）始终做到围绕学生、关照学生、服务学生

习近平总书记指出，"思想政治工作从根本上说是做人的工作，必须围绕学生、关照学生、服务学生"，这也是对辅导员工作的具体要求。辅导员应做到静下心来认真思考，俯下身去多察实情，沉下力去多办实事。当学生遇到重大生活变故时，可以设身处地地替学生想想此时最需要什么，能够为学生做些什么，像家人一般提供关心关爱。这种有温度

的关心和不求回报的关怀，有时就像润物无声的细雨一样，会渗透到学生心中，为学生照亮前行的方向。在学生最无助的时候，辅导员要看工作有没有做好、有没有做到位，学生有没有获得感。开展学生工作不是走马观花，更不能纸上谈兵，应当深入教室、食堂、宿舍、操场，开展"八进"活动，通过面对面、心连心的沟通交流，了解学生不同阶段的所思所想所盼，把联系学生、关心学生、服务学生的工作做深做细，在察实情的过程中发现、分析和解决问题，总结各项工作没能落小、落细、落实、落到位的关键所在。教育不是简单的说教，教育要入脑入心，以真心换真心，才能打动人心，产生情感共鸣。平时工作中，要经常了解学生的思想状况，注意学生的个体差异，努力提高日常思政教育的亲和力和针对性。

（二）始终做到全员全过程全方位育人

教育是一门"仁而爱人"的事业，有爱才有责任。习近平总书记在2023年教师节到来之际致信全国优秀教师代表，深刻阐释了中国特有的教育家精神，希望广大教师"大力弘扬教育家精神"。其中，乐教爱生、甘于奉献的仁爱之心是完成育人使命的关键一步。教育家精神是一种精神指引，只有深刻感悟其丰富内涵和实践要求，并积极在工作中发挥教师的引路人作用，才能成长为学生成长成才的人生导师和健康生活的知心朋友。当学生遇到重大生活变故时，单靠个体的力量有时也无法更快更准确地帮助到学生，还需要借助学院的力量。在长期的工作过程中，还需要有各方面力量的配合，包括资助、心理、学风、就业等，激发各主体育人实践积极性，凝聚"大思政课"育人合力。学生不同时期会遇到不同困惑，只有深入学生之中，真切了解学生所思所想所盼，针对大学不同时期精准施策，找准"育人"与"成才"的心理契合点、感情共鸣点，学生才能更加容易接受，在教育过程中才能够引导学生将"小我"融入国家富强和民族复兴的"大我"之中。掌握大学生的普遍学情特点，当遇到困难问题时，要掌握方式方法，善于保护他们，选择合适的契机开展思想政治教育工作和帮扶，以青年学生的健康成长、全面发展为核心，从关心关爱出发引导学生就业工作。就高校而言，全方位育人就是要充分发挥各方面育人主体，在大思政课一体化背景下，要有整体思维，把辅导员工作作为上行下效的结合点和桥梁，围绕学校中心工作取得最大公约数，推进学校立德树人工作高质量发展，对学生进行全方位、无遗漏的教育与引导，落细落实各项小事。要主动走近学生、倾听学生，真正做到"学生之事无小事"，关注学生成长过程中的所思、所忧、所盼。习近平总书记说过："信任是理解的前提。要尊重青年天性，照顾青年特点，……成为青年愿意讲真话、交真心、诉真情的知心朋友。"

（三）始终做到以学生为中心，筑牢学生成长成才之基

把立德树人作为工作的根本任务，牢记为党育人、为国育才的初心使命，坚持以学生为本的管理理念，以学生的发展为中心，从学生的立场和角度出发去开展学生工作，想学生之所想，急学生之所急，解学生之所难，当好青年学生健康安全的"守护者"和成长成才的"引航者"。学生在成长过程中，肯定会遇到困难和困惑，辅导员作为高校一线管理工作者，要用真情感化学生，始终践行为学生服务的宗旨，对学生饱含深情，心中装着学生，工作为了学生，理解学生的观点和需求，支持学生的表达和行动，以真挚的情感和诚挚的态度去关心、关怀、关爱学生，在充分了解学生个性差异的基础上，最大限度地激发学生的主观能动性和创造性，做好青年学生的呵护者和引导者。尤其是对于就业工作，大学生的就业指导工作要做到有形而上的学生中心理念，还要有形而下的具体举措，这是高校辅导员的主要职责之一，也是一项重要而艰巨的任务。如何引导大学生树立正确的就业价值观，确立正确的就业主流方向？这就需要辅导员将学生的思想政治教育工作与就业指导工作相结合，在与学生谈心谈话的过程中，了解学生的就业倾向和就业兴趣，做好就业指导方针、政策、措施和其他就业信息的宣传和解释工作，潜

移默化地引导学生树立正确的就业观。高校辅导员要充分发挥自己在大学生就业指导中的角色优势、信息优势、岗位优势，真正转变学生的就业观念，沉下身子找准大学生在国家就业大背景下的自身角色定位，更加精准地为学生提供科学的指导和周到的服务，坚持以学生为中心，有的放矢，用心用情满足学生诉求。

党的二十大报告中指出："全党要把青年工作作为战略性工作来抓，用党的科学理论武装青年，用党的初心使命感召青年，做青年朋友的知心人、青年工作的热心人、青年群众的引路人。"这就对新时代青年工作提出更高的要求和期待。大学生作为青年群体中最具代表性的一类群体，肩负着中华民族伟大复兴的历史重任，责任重大、使命光荣。

高校辅导员作为青年学生的知心朋友和人生导师，不仅是最接近学生的人，更是大学生思想上的引路人。要始终心存"为了一切学生，一切为了学生，为了学生一切"的理念，牢记作为一名辅导员的责任使命和初心担当，以"不畏浮云遮望眼"的无畏勇气，"吹尽狂沙始到金"的坚定恒心，"千磨万击还坚劲"的强大韧劲，面对一切问题，迎接一切挑战，肩负一切责任。

多方协作 精准辅导

——研究生评优矛盾化解

应用文理学院 张艳春

一、案例简介

案例来源：小 A 和小 B，研究生。

基本情况：同年级同专业同宿舍的小 A 和小 B 都很优秀，条件相当，一直存在竞争关系，曾有过几次小矛盾和小冲突，后自行沟通解决。她们都符合市级优秀毕业生评选的多项条件，经学科组织学位评定分委员会成员投票，在相关导师回避的情况下，小 B 被推荐成为校级和市级优秀毕业生候选人，小 A 被评为校级优秀毕业生。小 A 对评选结果不满意，提出查看小 B 材料，弄清她比自己优秀在哪儿。在辅导员和学科负责评优的老师与其沟通，安抚其情绪，感觉没问题的情况下，第二天出现一个代表其所在专业全体研究生的匿名市长热线，反映学科在评优过程中存在程序不合理、结果不公平、投票教师不负责的问题，要求学校调查评选过程，复核评选结果。学院调查做出回复后再次收到一个匿名市长热线，表示对回复不满意，要求进一步核查。

二、案例分析

（一）问题分析

这个案例显现出来的问题是小 A 对市级优秀毕业生的评选过程和结果不满意，针对的看似是学科评优程序及学位评定分委员会成员的公平公正，但是在解决问题的过程中发现案例本质上还是小 A 和小 B 之间的矛盾和竞争问题。另外，从处理过程中小 A 的表现来看，两次匿名市长热线并不一定是其所打。

两人自入学以来自我要求都很高，在学好专业课程和做好科研的同时，积极参与社会实践和社团工作，研一都在学院研究生会任干事，研二小 A 担任院研会执行主席，小 B 担任校研会办公室主任。小 A 是国家奖学金和学校徐安奖学金获得者、校级优秀学生干部，组织过较多研究生活动；小 B 发表论文较多，已经签了就业协议。两人之前曾有过两次矛盾：一是研二在院研会改选时，两人都竞选主席团成员，最终小 A 竞选成功，小 B 落选，落选后的小 B 退而求其次竞选院研会办公室主任，也未能成功上任，为此小 B 对身为院研会执行主席的小 A 有所不满，转而成功竞选校研会办公室主任。二是小 A 社会实习实践活动较多，比较忙，作息跟室友不太一致，有一次前一天晚上被吵醒的小 B 情绪激动地向我提出要求小 A 搬离宿舍，后小 A 主动与其沟通，承诺注意作息，化解了矛盾。

（二）对策分析

1. 心理重视、反应及时、共情安抚。

了解到小 A 对评优结果不满意后的第一时间，我联系了小 A，做其思想工作。首先，肯定她在校期间的努力及取得的成绩和所做的贡献，和她一起梳理所获奖励和荣誉，让她知道学校和老师对她的肯定；其次，理解接受她委屈的情绪，引导她诉说发泄出来；最后，淡化优秀毕业生的影响力，尽力引导小 A 接受结果。

2. 多方协作，确保小 A 情绪稳定、心理健康、不出事故。

知道小 A 对评优结果有情绪后，我马上与学科负责评优工作的老师联系，弄清楚评选程序和过程，了解学科在评定过程中考虑的因素，方便有的放矢做小 A 的工作，并与负责老师沟通，商量合力做工作；在与小 A 沟通后，马上联系其男朋友和跟她关系好的同学，嘱咐他们陪同安慰，确保不出事故；然后与小 A 父亲取得联系，与其达成有关评优评奖的共识，一起做小 A 的思想工作，引导她接受优秀毕业生的评选结果。

3. 根据需要调整处理方式，力求尽快彻底解决问题。

接到第一个代表全体研究生拨打的匿名市长热线反馈后，为了降低影响，我只联系了班委确认他们是否知晓，得到否定回答后便未再跟其他学生核实；而在接到第二个对学院回复不满意的匿名市长热线反馈后，我便配合学院接诉即办办公室和学工办领导，与所涉班级的每位研究生进行一对一谈话，了解他们对优秀毕业生评选工作的看法与意见。

4. 约谈小 B，防止矛盾激化。

与研究生的谈话让此事广为人知，小 B 情绪激动，矛盾激化在即。我马上约谈小 B，肯定她优秀的同时，讲清楚小 A 的立场，劝其不要笃定地认为是小 A 拨打的市长热线，相信学校，相信老师，不要激化矛盾。

三、教育过程

（一）发现问题

发现问题是解决问题的前提。对于小 A 和小 B 的矛盾我一直清楚，两个自我要求高、能力相对较强又追求进步的研究生碰在一起，由于竞争导致矛盾在所难免。当学科将优秀毕业生评选结果反馈给我的时候，我就预感到可能会出现问题。涉及的两位学生住同一个宿舍，对彼此的情况非常了解，小 A 还是国家奖学金获得者，说明学科认定的科研成果和活动参与不少，同时还担任过院研会执行主席，组织过多次活动，对自己获评市级优秀毕业生很有信心，结果出来跟自己期望相悖，再加上就业不顺，必然会觉得委屈。在优秀毕业生评选以前，我也曾就就业问题约谈过小 A，了解过她的情况，所以能第一时间找准她问题的根源，方便在做思想工作的过程中与之共情，提供情绪价值，较快做通她的思想工作。

（二）解决问题

这个案例要解决的问题有两个：一是做通小 A 的思想工作；二是回复市长热线，让拨打者不再投诉。

1. 多次约谈，直击矛盾，精准辅导，做通小 A 的思想工作。

在知道小 A 对市级优秀毕业生评选有意见后，我先后与小 A 微信语音通话 3 次，面谈 2 次，深入了解其现阶段的思想动态，有针对性地做其思想工作，提供情绪支持。小 A 生活在单亲家庭，跟父亲和弟弟一块生活，父亲对其要求较高，小 A 本人内驱力也很强，有强烈的出人头地为父争光的意愿，所以在求学过程中一直很努力，一直期望能考公上岸，为此放弃了在很好的单位的实习工作，大半年专心备考公务员，但是结果不尽如人意，京考国考都落榜。然后她积极报考事业单位，几乎每天都在笔试与面试中度过，其间遇到较多挫折和打击，身体因为承受压力过大出现应激反应，胳膊发麻，开始吃药针灸，市级优秀毕业生落选对她来说是雪上加霜，进一步摧毁了她的自信心，让她开始怀疑自己，陷入自怨自艾的情绪不能自拔，而匿名市长热线的出现更是让她陷入敌对学校和学科的境地。在这个时间节点出现有关评优的匿名市长热线，让所有人都认为是她所打，她觉得很无辜很冤枉。因为学校的老师都能理解她，也给了她足够的情感支持，所以她没有想过要打匿名市长热线。我对她所有的情绪和感受都表示理解接纳，同时跟她分享自身经历和职场经验，引导她理解优秀是个仁者见仁智者见智的问题，不能因为一件事就否定自己，鼓励她把求职过程中的挫折当成磨炼，凭借她的努力和能力最终一定会找到心仪的工作。

2. 扩大调查核实范围，推动尽快解决匿名市长热线问题。

在学院回复了第一个匿名市长热线后，拨打者表示不满意，为了回复第二个匿名市长热线，学院决定针对热线中提到的全体研究生对评选过程和结果不满意的情况进行调查核实。我一对一约谈了班里每一位学生，了解他们对此事的态度和意见，得到的结果是他们都非常认可学科的评奖评优工作，对此次优秀毕业生评选没有意见。此次调查核实结果是回复第二个匿名市长热线的有力支撑，也是事件成功解决的重要一环。

3. 做通小 B 的思想工作，避免双方见面，产生直接冲突。

彼时正值学科组织毕业生论文答辩，原不在校的小 B 返校，坚定认为是小 A 两次拨打市长热线，投诉她被评选为市级优秀毕业生，试图撤销她的资格。两人在答辩现场见面的场面相当尴尬，面对性格较强势的小 B 可能回宿舍住宿，小 A 感觉压力很大，担心在宿舍受到人身伤害，一向对父亲报喜不报忧的她给父亲打去电话，哭诉自己的委屈和担忧。其父亲联系我时，情绪激动，希望学校想办法避免人身伤害事件的发生。我即刻联系约谈小 B，了解她的想法。小 B 情绪也很激动，表示要报警抓出拨打市长热线的人，因为这个投诉让所有同学都知道了有人质疑她被评为市级优秀毕业生的资质问题，深深伤害了她。我首先安抚她，表明经过调查，学科的评选过程没有问题，评选结果应该不会改变，优秀是个多维度的评价，她们两人都很优秀，既然学科通过投票选定了她，那就是对她的认可，针对匿名市长热线所做的调查核实与评选结果无关。同时，也坦诚地说明了小 A 目前的情况，引导她换位思考，理解小 A，不要激化矛盾，更不要报警，并且报警也解决不了问题，达不到她的目的。最终做通小 B 的思想工作，她当天便离校回家，不回宿舍住宿，也解决了小 A 和其父亲所担心的人身伤害问题。

4. 回复小 A 父亲，再次达成共识，确保做通小 A 的思想工作。

在化解了人身伤害可能的情况下，我再次联系小 A 父亲，因为与其年龄相仿，生活阅历近似，所以很快在关于评奖评优的问题上再次达成共识：无论是在学校还是以后的工作单位，评奖评优都是个仁者见仁智者见智的问题，评委们会考虑多种因素，不可能一个人包揽所有的奖项。小 A 父亲表明自己也给小 A 进行过相似的沟通，小 A 也认可，应该不会拨打市长热线。

5. 持续关注、多次追踪，确保小 A 走出困境。

基于跟班级所有学生一对一调查核实的结果，学院回复了第二个匿名市长热线，匿名举报者没再举报。我又一次约谈了小 A，了解她最新的状态，得到她正在积极找工作，已完全从优秀毕业生评选事件中走了出来，并且那次事件让她有了"人不可能让所有人满意，我做好自己就行"的领悟。那次事件让她更加有韧性，更加有力量。小 A 让我不用再担心她，她已经开始了入职培训。

四、总结反思

化解学生之间的矛盾和处理危机事件是辅导员工作的重要组成部分。这个案例既涉及学生之间的矛盾，又有突发事件的处理问题，这件事情能在较短时间内平息，且未加深激化所牵涉的两位学生之间的矛盾，造成较严重的后果，主要在于以下几点。

1. 关注呵护学生身心状况，协同多方力量，确保学生不出事故是化解危机的首要任务。

这个案例涉及的小 A 自我要求高，案例发生时正值她找工作受挫已出现身体反应之时，知道优秀毕业生评选结果时有心悸心慌情况出现，此时协同与其亲近有条件陪在她身边的男友和好朋友，让他们关注关心她，确保不出事是极其重要的。

2. 重视深度辅导，多渠道了解学生信息，深入掌握学生情况是化解矛盾的先决条件。

在这个案例中，对两位学生了解的程度决定了约谈她们时的亲密程度和谈话的节奏。正是因为事件发生以前的一两年内，我通过院研会竞选答辩、指导院研会工作和活动、处理她们之间的宿舍纠纷以及从其同学舍友和导师等方面了解到的信息，对她们的家庭背景、性格特点、所获成绩、自我要求及近期的情况和心理状态比较了解，才能有针对性地进行情绪安抚、做其思想工作，最终达到想要的结果。

3.平等的身份、真诚和煦的态度是化解矛盾的重要前提。

对年龄较大、思想较成熟的研究生而言，以亲友的身份与他们对等交流，公正处事，才能赢得他们的信任，发现矛盾的症结。

4.不偏不倚、客观公正是化解矛盾的重要保证。

在工作生活中，辅导员难免有个人偏向，但是在分析处理问题时，应该尽力将自己的个人偏好剥离，避免站在一方的立场想问题，否则势必会激化矛盾，甚至影响到师生之间的感情。

5.耐心持久、不急不躁是解决矛盾、化解危机的必要条件。

做任何事情都不可能一蹴而就，解决学生矛盾、化解危机也是如此。事情发生后，辅导员给学生分析完利弊后，不能期望他们马上就接受，给他们一些时间去消化理解、淡化影响，过一两天再约谈，会有较好的效果。

心中有爱，眼里有光

——学生突发心理危机事件处置探讨

师范学院　杨袁慧

一、案例简介

案例来源：宁某，文科大三女生。

基本情况：某个冬日 20 时左右，宁某自述因近期学业、比赛压力大以及家庭问题、情感问题等，在返回学校的地铁换乘途中突然情绪失控，原地停留，主动拨打学校心理中心援助热线求助，自述有自杀想法，无法管理自身情绪。

二、案例分析

（一）问题分析

经前期深度访谈、背景调查等了解到，宁某的家庭有遗传性精神疾病，小学三年级时父母离异，宁某与母亲共同生活成长，与父亲关系非常紧张。受家庭成长环境影响，宁某比较敏感而不自信，一直有人际交往障碍，在与以往男朋友的相处过程中总是处于失去自我的状态，但平时与老师、同学交往时基本以积极乐观的状态展现，让自己长期处于一种矛盾、复杂的情感之中，情绪的自我调节能力较差，容易出现明显、强烈的情绪波动。

临近期末，学业、比赛等压力，本已让宁某处于情绪的边缘状态，父亲和男友相继带来的情绪扰动，成了压倒骆驼的最后一根稻草。她出现情绪失控，开始怀疑人生，开始厌世，开始怀疑生命的意义。

（二）对策分析

此次事件发生在学生教学周内，是因为学生心理问题、学业问题、情感问题、人际交往问题等综合导致的一次突发心理危机事件，需要立即开展突发事件的应急处置，进行心理安抚工作，联系家长了解学生周末在家的心路历程，沟通班主任、指导教师进行学业帮扶与比赛指导，帮助学生尽快走出当前的心理困境，并持续关心、关爱学生，始终围绕学生、关照学生、服务学生，助力学生成长成才。

三、教育过程

（一）迅速响应，现场处置

接到宁某的咨询电话后，学校心理中心与宁某所在学院迅速启动应急处置机制，在第一时间联系并通报宁某家长（其母亲），了解学生在家的基本情况；同时指派学校心理中心老师与学生辅导员立即赶往现场，及时找到宁某并关心安抚其情绪。但是宁某家长表示当晚没有办法赶到，且自认为学生没有问题，请老师帮忙开导学生。经学校心理中心老师心理辅导后，当日 21 时 30 分左右，宁某由起初的情绪失控、泣不成声，逐渐平复和稳定下来。辅导员晓之以理、动之以情，让宁某真心感受到了缺失已久的关心与陪伴，情绪逐渐平稳下来，辅导员于 22 时 20 分左右自己驱车将其护送回学校宿舍休息，并嘱咐宿管老师和室友留心并给予关心、帮助。

（二）持续关心，真情陪伴

次日早上，辅导员开启叫早模式，提醒宁某起床吃早餐并按时上课，联系同宿舍心理委员做好陪同与关心；开启巡课模式，深入课堂查看学生上课状态，密切关注宁某的学习状况调整；开启全员育人模式，与任课老师沟通宁某上课表现，提醒任课老师协助随时关注宁某动态变化；开启全程育人模式，中午陪伴宁某吃午餐补充体能，提醒学生不能因情绪状态不佳而不认真吃饭；饭后开启畅谈模式，陪伴宁某谈心谈话，减少其因独处而情绪不佳的情况出现，帮助宁某尽快走出矛盾、复杂的心理谜团。案例发生后一天的上午，宁某整体状态有所改善，但当日下午，宁某因敏感的宿舍人际关系而情绪再度不稳定，主动联系辅导员哭诉。辅导员快速到达宿舍陪伴开导，并立即联系其母亲，经多次沟通协调，当日 17 时左右，宁某母亲到学校接其回家休整。

（三）循序渐进，专业指导

居家调适休整期间，辅导员每天与宁某及其母亲保持沟通、联系，让学生感受到老师的真情与关爱，让家长感受到老师的真心与责任，拉近彼此的心理距离，让学生与家长愿意与辅导员沟通，愿意敞开心扉来共同面对当下。但居家调适休整期间，辅导员发现宁某的情绪还是会反复甚至失控，需要接受专业、系统的治疗，才能尽快走出目前的困局。辅导员循序渐进地引导，做好学生与家长的工作，推荐专业的咨询师，慢慢让学生与家长转变心态，愿意接受专业的治疗，由最初的诊断为"抑郁状态，建议随诊，规律服药，全休"到后期的诊断为"无抑郁状态，建议咨询、定期复查相关化验检查，随诊"。一个月后，宁某在与家人协商后，提出申请回校继续上课。

（四）风险评估，家校共育

学校、学院根据宁某相关门诊病历、诊断证明以及与学校心理中心的咨询情况，对宁某的健康状况进行了初步评估，认为：宁某经过阶段性休息、治疗和坚持遵医嘱服药治疗，目前总体情绪状态有所好转，但暂不能完全排除其在后期校园学习生活中产生强烈负性情绪甚至引发极端行为的可能。综合考虑并充分尊重学生本人及家长意愿，学院拟同意宁某在坚持系统、持续、科学的治疗下于近期返校复课。

返校时，学院学生工作处负责人、辅导员与学生家长座谈，本着维护学生身心健康与生命安全至上的原则，恳请家长与学校保持密切配合，共同为宁某的健康成长保驾护航。返校后，辅导员将"三全育人"理念贯穿工作始终：持续做好学生及家长的沟通联系，互通有无，家校共育；成立宁某工作组群，与宁某所在系领导、班主任、专业老师及时沟通学生学业状况；与宿舍管理中心老师沟通学生住宿生活状况，及时解决矛盾与问题；安排宁某好朋友、班长、心理委员协助关心关爱，及时陪伴疏导情绪。在所有人的共同努力之下，宁某逐渐找回信心，调适好状态，投入学校生活中，顺利参加大学英语四级考试，按时完成课业参加期末考试，开心满足地迎接寒假的到来。

四、总结反思

总体来看，这是一起相对成功的学生突发心理危机处置案例。但众所周知，原生家庭对学生心理健康成长的影响由来已久，不是一时半刻就能完全解决的问题，需要给予这类学生持续的关心与关爱，尤其在一些重要的时间节点，要给予他们更多的陪伴与帮助。每一颗心，都值得被真心守护，这也是我们作为思想政治教师的意义和价值。虽然说每个学生都是独立的个体，但其实都有共通性，工作中要及时地总结归纳，才能有所积淀，更好地指导今后的工作。

（一）辅导员深度访谈工作要做到严、细、实

深度访谈是辅导员工作的基础，也是每一名辅导员的基本功。辅导员要将深度访谈工作作为重点工作来推进落实，做实、做细、做深。日常工作中，要严格、细致、扎实做好深度访谈工作，有计划、有记录、有总结、有重点，掌握每一名学生的性格特点、家庭背景、学业等基本情况，分门别类建立基本数据库，明确辅导计划和目标，每学年都要进行一次不低于1小时的深度辅导，做好谈话记录并对学生情况进行分析，了解存在的问题和确定下一步辅导计划。此外，要从学生家长、班主任、专业教师、班级干部、宿舍室友等多方面、多角度了解、掌握学生信息，从严从细从实将深度访谈工作贯穿始终。深度访谈工作，建立学生基本信息台账，是辅导员工作之本，是一切工作的基础。辅导员一定要将深度访谈工作作为工作的重中之重。

（二）心理教育工作要把握主线地位

心理健康教育是大学生健康成长的重要保障，要贯穿学生成长、成才的全过程。辅导员要开展大学生心理问题筛查工作，建立大学生心理档案，对有心理问题的学生，在学习、生活中多给予一些关注，帮助他们提高心理素质；尤其疫情常态化下，要认真开展大学生心理问题普查工作，关注学生的心理发展动态，准确把握数据变化；利用好"5·25"全国大中学生心理健康日，开展形式多样的心理健康教育宣传活动，营造增进心理健康的良好氛围；充分发挥专业心理咨询服务的作用，对于心理问题较严重的学生，引导其到学校心理中心咨询，以获得专业的帮助。及时掌握并了解学生的心理需求，帮助大学生消除心理困惑，关注新生入学适应性问题、学业问题、家庭问题、情感问题、人际交往问题等，增强学生克服困难、承受挫折的能力，使他们能以最快的速度调整好状态，投入学习和生活中。

（三）突发心理危机事件处置要快、准、精

突发心理危机事件发生时，辅导员要沉着、冷静，遇事不慌，不能出现畏难情绪，应快速调整状态和思路，及时开展危机应对与处置工作。辅导员要迅速响应、快速到位，准确把握病灶，抓紧开展疏导，给予学生及家长精准化的帮助与服务，主动对接，不畏难。遇突发事件时，是最能考验辅导员职业能力的时候，前期应严、细、实地掌握学生基本信息情况，建立起详细、可快速查询的学生台账，同时需要与学生及家长保持长期的沟通与建立起信任。只有在良好的信息基础和情感基础的支撑下，辅导员才能够快、准、精地处理好突发危机事件，尽快将危机事件控制在风险范围之内，更好、更快地帮助学生走出困境，以最快的速度恢复到健康、良性的学习、生活中，将生活回归到正常的轨道。

（四）危机后关心关爱要默默持续

危机事件的解除，并不代表原生家庭的影响已经结束，学生也许只是暂时调适过来，或许在遇到新的问题或者困难时，又会显现出来这样

的危机状态，所以需要给予这类学生持续的关心与关爱，给予更多的陪伴与帮助。危机事件发生后，辅导员要形成不主动打扰、平常心对待的工作机制，默默持续关注学生动态，主动与学生、家长沟通阶段状态，主动与其同学、宿管老师、专业课老师等，多方面、多角度沟通了解情况变化，再次发现危机苗头时，能够及时、快速响应，并解决问题。同时，要发挥学生自身的主观能动性，帮助并引导学生注重自我养成与提升。外界的帮助只能是暂时的、辅助的，只有学生自身建立起强大的内心才是根本。因此，辅导员要帮助学生正确地认识和面对自身，加强学生对心理学理论知识的学习，运用实践技巧来指导自身，进行自我调适与管理，帮助学生真正走出心理的魔障。以爱育人，让普通的说教变得有味道，更好地助力学生成长成才。

（五）危机后"三全育人"成效要最大化发挥

中共中央、国务院《关于加强和改进新形势下高校思想政治工作的意见》提出坚持全员、全过程、全方位育人，即"三全育人"，为新时代辅导员工作指明了方向。危机事件的处理中，也需要发挥全员、全过程、全方位育人成效。辅导员要与学生家长、专业课老师、宿管老师等，做好沟通与反馈，多方面了解学生的情况，多措并举，相辅相成；辅导员要在学生的日常管理、宿舍生活、学业考级、思想发展等全过程中，主动融入学生群体，形成亦师亦友的良好关系，真正关心、尊重、相信学生，准确、全面掌握学生信息和个体差异；辅导员要构建思想政治工作体系，贯通教学、实践、心理、管理等体系，做好课堂教学、学生管理、文化育人和社会实践等不同空间方位的有机结合，以润物无声的方式开展思想政治工作，使学生内化于心、外化于行，以实现全面育人成效。

辅导员作为学生成长的知心人、热心人和引路人，要尽己所能，帮助学生、围绕学生、关照学生，用大爱呵护学生成长，让每一个学生能够感受到大学校园生活给予的爱，让他们在漫漫人生路中，重新起航，以爱之名，爱人民、爱社会、爱自己、爱生活。

用心倾听，用爱陪伴
——对心境障碍大学生的个案辅导

机器人学院　赵欣

一、案例简介

案例来源：小亮（化名），男，工科专升本二年级学生。

基本情况：小亮入学后，通过与他谈心谈话了解到，他父母离异，他与母亲一起生活。母亲是家里的经济支柱，非常能干，供养3个孩子上学。小亮是家中长子，性格内向、敏感，在专科期间学习非常努力，成绩位于中等偏上的水平，在他自己的刻苦努力下，顺利地升入我校就读本科。

专升本二年级刚开学，我在开学上课巡查过程中，发现他在上课的时候出现意识不清、语无伦次的情况。找到他谈话时，发现他不停抓头发，头顶中部已经形成大面积脱发的情况，并表示活着没有意义。同时，通过与他同宿舍的同学了解他的情况，反馈的结果是，他在暑期参加考研封闭培训，培训结束后，就出现现在的情况了。据他自己表述，在封闭培训中，他感觉自己与其他考研备考的学生相比，成绩相差悬殊，考研上岸的可能性比较低，自我价值感、自我认同感低。

在这种情况下，我第一时间联系到他的母亲，并做通家长工作，陪同他和他母亲一起到安贞医院就医。医生诊断结果为心境障碍中度抑郁，有自杀倾向，精神障碍，需要服药治疗，遵医嘱定期服药。经过一个多月居家治疗，小亮情绪好转。由于小亮是毕业班学生，还有毕业设计等课程未完成，所以家长和他自己都希望能够在校继续完成学业，在校期间学生自行坚持服药，由辅导员对其进行辅导和跟进。

二、案例分析

（一）问题分析

心境障碍也称情感障碍，是指由各种原因引起的以显著而持久的情感或心境异常改变为主要临床特征的一组精神障碍。其主要表现为情感高涨或低落，伴有相应的认知和行为改变，可有幻觉、妄想等精神病性症状。我国 2022 年心理健康蓝皮书《中国国民心理健康发展报告（2021—2022）》显示，21.48% 的大学生可能存在抑郁风险，45.28% 的大学生可能存在焦虑风险。

为了和小亮取得有效沟通，我采用多种方法与小亮交流，有的时候在校园里陪他坐在台阶上，有的时候陪他到附近的公园跑跑步，终于在一次散步中，小亮主动向我倾诉。在小亮上小学的时候，由于父母性格不合，经常吵架打架，所以最终父母离异。父亲是一个不负责任的人，不愿意要任何一个孩子，母亲是一个极其要强的女人，不想孩子们成为没家的孩子，她一个人担起 3 个孩子的抚养重担。她既要照顾家里的一切，又要挣钱供 3 个孩子生活和学习，往往顾不上他们。小时候他在姥姥家长大，因为母亲长时间忙于赚钱养家，很少关心他，他性格内向敏感，经常受到同学的欺凌，也不敢告诉任何人。他懂得母亲赚钱养家的不容易，自己默默承担了一切，从而成为一个胆小懦弱的人。

小亮的心理问题主要源自家庭的长期影响，但同时也具有一定的特殊性：性格内向、敏感，不善于人际交往，遇到事情总是憋在内心，不愿诉说，对自己要求非常严格，希望可以通过自身的努力，超越自己，得到更好的发展，但自身能力和条件有限，无法实现，导致经常自责。

在思政工作中，我发现学生的自我认知和性格与其原生家庭有着密切的关联。例如，在父母不和、离异家庭中成长的学生，可能性格怪僻、不善与人相处；经常遭到家人情感忽视或者校园霸凌的学生，可能自暴自弃、对环境产生应激反应等等。小亮在年幼时期遭受父母离异、同学霸凌的情况下成长，表面上听话、服从，性格上内向、寡言少语。

小亮情况的特殊性主要在于其内在人格在经历考研封闭培训高强度学习的压力下出现自我否定、意识模糊、语无伦次、自伤自杀的情况。在母亲眼里，小亮是 3 个孩子中的长子，虽只考上专科，但是学习非常努力，顺利专升本，母亲对他的期望值也非常高，希望他能继续考取研究生。他自己也感觉学业压力很大，这次生病就是因为参加考研封闭培训，在培训中发现课程难度大，自己无论如何也学不明白，终于承受不住，负面情绪爆发，导致精神状态出现问题。实际上这样的情况是在家庭给予的压力、学业的压力、人际交往的压力种种重压下激发的。

（二）对策分析

对这种既有原生家庭的影响又有学业压力的刺激的情况，针对小亮的帮助应建立在对其学业方面压力的缓解、母亲的关爱上。首先，与他母亲进行了一次深入的交谈，告知她孩子产生心理问题的原因。母亲的关爱和陪伴是孩子获得安全感的主要渠道。同时，要降低家长对孩子的期望值，现在以他能够顺利毕业为首要前提，不要再对他有更多额外的要求。对于小亮来说，现在他最大的压力还是在学习上，我联系找到任课教师，了解每一门课程的基本要求、完成标准，帮助他按照任课教师的要求提交作业和最终报告，顺利通过课程的学习和考试，减轻他的学业压力，让他在这个过程中，重拾学习的信心。在整个辅导中，要给予他充分的肯定，增强他对自己的认同感，让他逐渐了解自己的潜在想法，探索引发他应激反应的潜在信念。

三、教育过程

（一）发现问题

心境障碍者的特点是反复交替，所以，及早发现、及早处理、及早治疗是应对这类问题的关键。在小亮发病时期，首先班级学生干部向我汇报他近期上课情况不理想，经常上课后就不知道去什么地方，回宿舍的时间也特别晚，而且与他聊天也出现前言不搭后语的情况。我也是第一时间通过深入宿舍找他谈心谈话时，发现他神情状态异常，脱发严重，经常说头痛。我陪同家长与学生一同前往专科医院就诊。小亮按照医嘱服药治疗，并回家休养。一个多月后，小亮提供医院出具的复学诊断证明，返校继续学习。

在深度辅导过程中，通过倾听、共情、尊重、理解、接纳、无条件积极关注等方式，我与小亮建立了良好的辅导关系。由于小亮曾有一定的自杀风险，于是刚返校复课时，为他开展了自杀风险评估，并与其签署"知情同意书"和"不自杀协议"。

在小亮接受药物治疗的同时，在校期间安排他持续进行专业心理咨询师的心理辅导，以降低他在校期间的安全风险，帮助他以较稳定的状态应对学习和生活。为了让小亮补上耽误的课程，我与任课教师分别沟通。了解他的学业进度，帮助他减少压力，同时也会在他烦恼或困惑时随时耐心倾听、陪伴和帮助他，给他多一些支持和关爱。

（二）解决问题

心理干预和辅导的对象不仅是小亮，也包括小亮的母亲。初步了解情况后，我并未急于在小亮身上下功夫，而是与小亮母亲进行了一次深度的交流：面对小亮现在的心理问题情况，就医治疗是首要工作，后期的心理辅导和心理干预是取得良好就医效果的辅助。

在小亮就医治疗取得一定效果后，引导小亮对所学课程制订学习计划，减轻压力，重构他的人生追求和目标，将学业上的进步作为自我实现的重要手段。

对于小亮母亲，我明确提出她与小亮每周至少有一次电话或者视频联系，关心孩子在学校的生活情况，并与孩子强调，不再对他有较高的要求，健康的心态是保持生活品质的首要任务。

此后，小亮的学业逐渐步入正轨，在专升本二年级整个学年每周都向我总结汇报，笑容也重新回到他的脸上。虽然在毕业设计过程中，困难比较多，但是我跟毕业设计导师共同帮助他解决难题，最终他完成所有培养计划，顺利毕业。

四、总结反思

在这个案例中，小亮在成长过程中，既有强势母亲的家庭环境影响、幼年校园霸凌的阴影，又有考研路上挫败感的加深，最终在重重压力下产生了应激反应，从而严重影响了正常的心理状态，患上了心境障碍，严重影响了学业。

这个案例有一定特殊性，但对于大学生心理问题的识别和辅导有一些普遍规律可参考，主要在于以下几个环节。

1. 要能保持细腻、敏感的同理心，要有沉下心谈心谈话的责任感。

在这个案例中，如果我在上课巡查过程中没有发现小亮异常的消极态度、细究其原因，忽略他的日常表现，可以预料，没有解开心结，没有就医，可能会导致该生自杀或者严重的自伤情况出现，后果非常严重。

2. 有技巧地沟通交流，准确地掌握学生情况。

在谈心谈话过程中，要尊重学生，设身处地地理解学生的心情，积极地关注学生，不吝赞美和肯定。注意以正面的肢体语言传达正面的信息，坐姿表现出平等和兴趣，保持自然和持久的目光接触，增强学生的信任和安全感，激发其倾诉的勇气，给其以积极暗示。此外，还要注意不提不适当的问题，认真倾听、耐心鼓励，以重复语句激励学生继续讲。为了引导学生陈述事实，可以适当分享自己的人生历程和情感体验，使学生产生亲和感，从而更愿意放开自己。

3. 专业知识做指导，灵活运用助成长。

辅导员担当着科学育人的重任，其工作对大学生的人生产生着重要影响，辅导员应具备心理咨询、发展辅导等方面的专业知识，自觉进行心理卫生、心理咨询等知识的系统学习和自学，提高工作技能，以便更好地了解和理解学生的思想和心理行为，及时发现学生在各阶段存在的心理障碍问题，区别思想意识、道德品质问题与心理障碍问题，运用心理学规律来处理学生的问题。要把心理健康教育贯穿思想政治教育的全过程。辅导员要用丰富的心理学知识培养大学生积极向上、乐观进取的思想意识，帮助他们形成健全的人格。

4.加强家校联动，充分利用学校心理咨询热线，形成合力。

分析这个案例，学生出现心境障碍主要是因为家庭和学业的压力。要加强家校联动，可以通过开展家长论坛，进一步加强家长在家庭教育方面的重大作用。在心理辅导过程中，充分利用学校心理咨询热线、学校配备的专业心理咨询师，共同解决学生的实际问题，集合力量才能更好地帮助学生。

心理辅导的过程不局限在当下心理问题的解决，后续伴生的学生心理、生理各方面状态的改变等，也需要足够的重视。在这个案例中，小亮在母亲的关爱和任课教师的帮助下，处于重新建立目标和信心的关键阶段，不可在此时放松警惕、掉以轻心，应当给予他充分的关心和引导，确保他能够顺利度过过渡期。如果在这个阶段没有新的行为逻辑填满内心空白，学生可能在就医后心理状况得到缓解的情况下，病情进一步反复，从而丧失目标、失去追求乃至陷入新的心理危机。

关注心理健康，助力学生成长

艺术学院　宋歌

一、案例简介

📖 案例来源：小李，大一学生。

基本情况：小李，女，一名来自偏远农村的大一新生，于2023年秋季入学。她的父母都是朴实的农民，辛勤劳作供她上学，对她寄予了深厚的期望。由于家庭经济条件有限，所以小李在生活和学习上都显得较为节俭。

问题描述：小李入校一年多以来，学习成绩较好，入学心理筛查有轻度的抑郁症，平时都是独来独往，与同学交流较少，经常一个人自言自语，寝室同学对此习以为常，除此以外，并未发现其他问题。大一下学期开学后，小李表现反常，除自言自语外，情绪极其不稳定，时常认为宿舍同学孤立她，含沙射影地议论她。之后情况继续恶化，经常半夜不睡觉，一个人在宿舍兜兜转转，对宿舍同学说些不着边际的话，并对每位室友都带有明显的敌意。随着时间的推移，小李的宿舍关系逐渐紧张，她的行为也引起了辅导员的注意。通过对小李的深度辅导得知还有两个原因导致她不合群：一是高考成绩低于预期较多，对自己比较失望，同时对家长也产生深深的愧疚感；二是自出生以来没有一人到省外长期学习的经历，宿舍和班里同学基本都是本地生源，生活习惯和成长环境悬殊。经过医院的诊断，小李被确诊为患有轻度的精神分裂症和抑郁症。

　　小李与室友们缺乏沟通和交流，常常独来独往，不参与宿舍的集体活动，导致室友对她的了解有限，甚至产生了一些误解和偏见。这种紧张的宿舍关系进一步加剧了小李的心理问题，使她更加孤僻和封闭。

　　关键事件：在一次宿舍矛盾冲突中，小李与室友发生了激烈争执。情绪失控之下，小李大声咆哮，摔坏了宿舍内的物品并产生了自杀的念头。这一事件引起了辅导员的高度关注，促使辅导员深入了解小李的情况并采取相应措施。

　　处理情况：在得知情况后，辅导员首先对小李的各种异常举动进行初步了解，并做了心理辅导工作，第一时间跟小李的家长联系，告知小李的情况。据家长描述，小李平时在家里也不爱说话，没事的时候喜欢一个人画画，以前也看过心理医生，医院给出的诊断结果也为轻度抑郁。当天晚上担心小李会有轻生的举动，辅导员及时联系了宿舍管理老师，让她临时入住"爱心宿舍"并由宿管老师陪同入住，随时关注她的动态。第二天上午，辅导员首先来到女生宿舍跟小李同宿舍的同学了解了情况，也对她们做了心理辅导，避免其他同学产生不良的情绪或心理阴影。其后，辅导员又和小李谈心谈话，进行关心关爱。小李表示这段时间的情绪非常不好，再加上家离得远，五一假期没有回家，在宿舍也没有要好的朋友，种种情绪叠加，使她心理面临崩溃。心理辅导后，辅导员带领小李去医院看病，最后的诊断结果为轻度精神分裂症和抑郁症。鉴于学生目前情况，辅导员再次与家长进行电话沟通，从小李身心健康出发建议小李休学一学年，回家好好休养，家长也表示赞同和认可。

二、案例分析

　　1. 家庭背景分析。小李来自农村家庭，家庭经济条件有限，父母务农，无法给予她足够的心理支持和关爱。这种家庭环境使得小李在面对学习压力、人际交往等问题时，缺乏足够的应对能力和心理支持。父母对小李在学业上的期望可能也给她带来了一定的心理压力，使她在学习和生活中感到更加焦虑和不安，难以应对新环境及宿舍关系中的挑战。

2.外地生源的适应问题。作为外地生源，小李在适应新环境、新文化方面可能遇到了困难，她的口音、生活习惯等都与室友存在较大差异，这导致她在宿舍中难以融入集体。此外，社会对心理疾病的认知和接纳程度也影响了小李的心理健康和宿舍关系。

3.个人性格分析。小李性格内向、敏感，不善于与人沟通。这种性格特质使得她在大学中难以融入群体，缺乏社交支持。同时，她也容易因为一些小事而产生情绪波动，进而引发心理问题。小李的精神分裂症和抑郁症严重影响了她的社交能力和情绪稳定性。难以与他人建立正常的社交关系，也无法有效表达自己的情感和需求。这导致她在宿舍中受到孤立和排斥，进一步加剧了她的心理困境。

4.宿舍关系分析。由于小李性格孤僻、不合群，与室友们的沟通较少，缺乏相互了解和信任。这种紧张的宿舍关系进一步加剧了小李的心理问题，使她更加难以适应大学生活。小李的精神分裂症和抑郁症使她难以与他人建立正常的社交关系，加之她是宿舍唯一的一位外地生，个人物品较多，宿舍空间有限，影响到宿舍整体的整洁度，而且周末大家都回家了，鲜少和室友一起出去活动，导致她在宿舍中显得格格不入。

三、教育过程

1.建立信任关系。作为辅导员，我首先与小李进行了深入的交流和沟通。我倾听她的心声，理解她的困惑和苦衷。耐心倾听她的想法和感受，了解她的内心世界。通过了解她从小的成长经历、家庭环境、学习情况以及兴趣爱好等各方面，耐心地倾听和关心，我得知了小李在专业方面还是有长远的计划和目标的，在大学期间计划考大学英语四级和六级，积极向党组织靠拢，等等，在平时，她喜欢二次元文化，也经常会参加此类的文化展。我逐渐与小李建立了信任关系并鼓励她勇敢地面对自己的问题，这为她后续的心理咨询和干预打下了良好的基础。

2. 提供心理咨询与干预。在建立信任关系的基础上，我及时联系学校的心理咨询中心，为小李提供专业的心理咨询和干预。心理咨询师通过与小李的深入交流，了解了她的心理问题和症状，并为她制订了个性化的心理干预方案。在心理咨询的过程中，小李逐渐学会了如何管理自己的情绪、缓解压力，以及如何与人建立健康的沟通关系。同时小李也逐渐认识到自己的问题所在，并学会了如何有效应对负面情绪和压力。

3. 加强宿舍沟通。为了改善小李与室友的关系，我组织了一次宿舍座谈会，让她们有机会面对面地交流。在座谈会上，我鼓励小李与室友坦诚交流，分享彼此的想法和感受。同时，我也引导室友理解和包容小李的情况，共同营造一个和谐的宿舍氛围。开放、诚实的对话，增进了她们的理解和信任。小李与室友一起制订了明确的宿舍规则，如清洁值日、熄灯时间、访客政策等，确保每个人都清楚规则并愿意遵守；通过轮流值日或共同购买清洁用品等方式，公平分配责任和义务。通过这次座谈会，小李与室友的关系得到了明显的改善。

4. 联系家长。我及时与小李的家长取得了联系，向他们详细介绍了小李在学校的情况和心理问题。我鼓励他们给予小李更多的关爱和支持，同时向他们介绍了学校的相关政策和资源。通过与家长的沟通，我得知了小李的家庭情况，也为后续的帮扶工作提供了重要的信息支持。

5. 关注学业发展。在关注小李心理问题的同时，我也关注她的学业发展。我鼓励她积极参加课堂讨论和课外活动，提高她的学习兴趣和自信心。同时，我也为她提供了学习上的帮助和支持，如安排同学进行辅导、推荐相关的学习资源等。通过我的努力，小李的学习成绩逐渐得到了提高。

6. 持续跟进与关怀。在整个教育过程中，我始终保持与小李的密切联系和关注。我定期与她进行交流和沟通，了解她的心理状况和学业进展。同时，我也鼓励她积极参与学校的各项活动和社会实践，拓宽她的视野和社交圈子。通过我的持续跟进和关怀，小李逐渐走出了心理困境，重新找回了自信和快乐。

四、总结反思

通过本案例的处理，我深刻认识到辅导员在学生心理健康教育中的重要作用。作为辅导员，我们应该关注学生的心理健康状况，及时发现和干预学生的心理问题。同时，我们也应该加强与家长的沟通和合作，共同关注学生的成长和发展。

在本案例中，我通过建立信任关系、提供心理咨询与干预、加强宿舍沟通、联系家长、关注学业发展以及持续跟进与关怀等措施，成功帮助小李走出了心理困境。然而，我也意识到自己在处理学生心理问题时还存在一些不足和需要改进的地方。具体从以下 3 个方面进行改进：一是关心关爱学生。在与学生沟通时，我需要更加耐心和细心地倾听他们的心声，随时关注他们的日常状态。二是提升自身能力。在提供心理咨询与干预时，我需要更加注重专业性和科学性，多掌握心理辅导知识，提升自身处理问题的能力。三是家校联动。在加强与家长的沟通和合作时，我需要更加主动地与家长联系并了解他们的需求和意见，及时让他们掌握学生在校情况。

未来，我将继续努力提高自己的专业素养和能力水平，为学生的健康成长和全面发展贡献自己的力量。同时，我也希望学校能够加强对辅导员的培训和支持力度，提高辅导员在心理健康教育方面的专业能力和水平。

让生命重新绽放
——大学生心理危机事件干预

旅游学院 袁罗希

一、案例简介

案例来源：小敏，女，日语专业大三学生，患有双相情感障碍，因学业问题留级。

基本情况：小敏在入学体检时向校医院医生透露其病情，并在北京回龙观医院接受治疗。

2020年11月，因过度运动和未按时服药两次晕倒，送医治疗后情况暂时稳定。此后，小敏多次因惊恐障碍发作晕倒，特别是在未按时服药时发作频率更高。

2021年6月，小敏因与男友发生矛盾，吞服大量药物后被辅导员紧急送往医院ICU救治。此后，小敏多次出现过量服药和自杀念头。尽管她拒绝心理咨询，但学院和辅导员始终密切关注她的动态，并在多起危机事件中及时介入，提供支持和疏导。

2024年6月，路人发现小敏试图从学校图书馆（理工馆）5楼南侧窗口跳楼，立即报警并通报学校。校学生处和学院领导、保卫处人员、消防人员、民警及辅导员迅速赶到现场，成功解救小敏。

二、案例分析

（一）心理健康状况分析

1.双相情感障碍的复杂性。双相情感障碍是一种严重的心理疾病，表现为情绪高涨与低落交替出现，伴随焦虑、易怒、睡眠障碍及认知功能损害等症状，不仅影响患者的日常生活，还可能引发自杀等极端行为。小敏频繁的情绪波动与多次自杀未遂的行为正是其病情严重性的体现。

2. 惊恐障碍的症状表现。惊恐障碍是一种突发的、强烈的恐惧感，伴随着强烈的生理反应，如心跳加速、呼吸急促等。小敏多次因惊恐障碍发作而晕倒，会出现呼吸急促、手脚不自主地弯曲发麻、肢体不受控制等情况，进一步加剧了小敏的恐惧与无助感，对日常的学习和生活造成了影响。

3. 过量服药与药品管理。小敏因情绪问题多次出现服药过量的情况，曾因过量服用盐酸舍曲林片和劳拉西泮片而危及生命，这表明小敏在药品管理上存在困难，需要更专业的指导和监督。

4. 对治疗的抵触与挑战。小敏对心理调查问卷、心理咨询和专业治疗表现出强烈的抵触情绪。这种抵触源于对疾病的不理解、对治疗效果的怀疑，增加了病情恶化的风险，也使得学院和辅导员在干预过程中面临更大的挑战。

5. 兴趣与学业的冲突。小敏对编剧和戏剧表演有着浓厚的兴趣，经常外出参加戏剧表演、编写剧本等活动，频繁缺席专业课程，学习进度严重滞后，日渐对日语专业的学习感到吃力。这种学业上的挫败感逐渐转化为对日语学习的厌倦感，产生了逃避的情绪，形成了一种恶性循环。兴趣的追寻与学业的压力相互冲突，不仅加重了她的心理负担，还使她陷入了一种更加消极的心理状态，进一步恶化了她的心理问题。

（二）社会支持系统分析

1. 家庭支持严重不足。小敏作为独生女，与父母关系紧张。她长期背负父母的高期望与压力，家庭之间沟通不畅，缺乏相互的理解和包容，导致在遇到困难时，小敏的孤独感与无助感加深。此外，小敏多次高考追求艺术梦未果，因对未来的不确定性增加了她的自我压力，紧张的家庭氛围也加重了她的心理负担，使她在面对心理问题时感到更加孤立无援。

2. 学院与老师的积极干预。相比之下，学院和小敏的辅导员在干预过程中表现出了高度的责任心和专业性。他们不仅密切关注小敏的动态，还在小敏出现危机时迅速启动应急预案，确保小敏得到及时救治。同时，辅导员还尝试通过谈心、建议心理咨询等方式为小敏提供支持和帮助。尽管小敏对心理咨询表现出抵触情绪，但学院和辅导员的持续努力与关注无疑为小敏提供了一定的情感支持。

3. 朋友与同学的有限支持。小敏的朋友和同学在她的生活中扮演了一定的支持角色。然而，由于小敏不喜欢人多的环境且难以适应集体宿舍生活，所以她的社交圈子相对狭窄。在多次危机事件中，虽然小敏的朋友和同学及时通报情况并给予一定的关心和安慰，但这种支持往往是有限且不够持续的。此外，小敏因为留级，与熟悉的朋友和同学不在一起学习和生活，仅有平时在宿舍休息时才能见到原班级的同学。因无法适应集体生活，小敏搬到校外居住后，渐渐地也不愿意向外界表达自己的想法，不再愿意与人交流。

（三）危机干预效果评估

1. 紧急救援的及时性。在发现小敏试图从学校图书馆（理工馆）5楼南侧窗口跳楼时，校院领导、辅导员、相关职能部门人员、消防人员、民警陆续赶到现场展开救援。学校和辅导员迅速启动应急预案，联系心理中心、校医院并拨打120急救电话，确保小敏得到及时救治。这种紧急救援的及时性无疑挽救了小敏的生命，也体现了学院和辅导员的高度责任心和应变能力。

2. 住院治疗的必要性。医生建议小敏住院治疗。尽管她对此非常抗拒，但经过学院领导和辅导员的多次沟通，最终同意办理住院手续。住院治疗为小敏提供了一个相对安全和稳定的环境，使她能够得到全面而系统的治疗。同时，学院领导、辅导员和心理中心老师的全程陪伴和陪护也为她提供了必要的情感支持和照顾。

3.后续关注的持续性。在小敏住院治疗和出院后，学院和辅导员继续关注她的心理健康状况，并与家长保持密切联系。辅导员定期与她联系谈心，了解她的需求和困难，提供必要的帮助和支持。这种持续的关注和帮助有助于小敏更好地应对心理问题带来的挑战。

三、教育过程

（一）初期识别与关注

小敏在入学体检时告知医生自己患有双相情感障碍，此信息立即引起辅导员及学院的重视。鉴于病情的高风险性，学院迅速将小敏列为重点关照对象，并实施了密切的监护措施。通过与小敏及其家长的深入交流，辅导员掌握了小敏的病情、治疗进展及家庭环境，随后制订了个性化的关怀计划，包括建议家长日常沟通、辅导员定期心理访谈，以及建立与心理中心和校医院的紧急联动机制，为后续的教育引导和心理干预创造了有利条件。

（二）心理咨询与治疗引导

尽管小敏对心理咨询和治疗表现出强烈的抵触情绪，学院和辅导员仍坚持不懈地努力帮助她。辅导员不仅向小敏推荐学校心理中心的资源，还尝试引入校外专家，但小敏持续拒绝接受咨询，这给干预工作带来了显著的困难。面对这一挑战，辅导员采取了更为温和与耐心的方式，通过日常交流、关心关爱小敏的学习生活，逐步构建信任桥梁，让她感受到来自学校的温暖与支持。此外，辅导员还积极与家长合作，共同探讨更适宜的干预途径，以期找到最适合帮助小敏的方式。

（三）紧急救援与医疗支持

面对小敏多次出现的危机事件，学院和辅导员快速反应。在小敏吞药和试图跳楼的两起危机事件中，学院迅速启动应急预案，辅导员立即联动校内外资源，包括校医院、保卫处、心理中心、急救中心、消防、警方等，成功实施了及时有效的救援行动，挽救了小敏的生命。此外，学院和心理中心还积极协调医疗资源，为小敏提供持续的医疗支持。辅导员与小敏及其家长保持着密切联系，通过定期沟通，确保小敏能够得到科学、规范的治疗。同时，辅导员的持续关注与提醒，也帮助小敏保持积极的治疗态度，有效防止了病情的进一步恶化。

（四）学业帮扶与生活关怀

小敏在日语学习上遇到挑战，且因故频繁缺课，影响了学业进度。对此，学院及辅导员给予了高度重视和细致关怀。辅导员不仅与小敏深入交流，精准把握她的学习困境与需求，还联动任课教师与同学，为她构建全方位的学习援助体系。面对缺课导致的学业压力，辅导员建议并帮助小敏办理了缓考手续，并鼓励她利用课外时间弥补学习差距。

同时，辅导员也细心关怀小敏的生活状况，特别是住宿问题。在小敏因不适应集体生活而选择校外租房后，辅导员迅速与家长建立沟通桥梁，确保对其住宿环境及安全性的了解与监控。此外，辅导员还温馨提醒小敏注意个人安全与健康防护，体现了对学生全面发展的深切关怀。

（五）兴趣引导与爱好培养

小敏热衷于编剧与戏剧表演，这一兴趣成为她学习与生活的动力。学院与辅导员敏锐地捕捉到这一点，通过提供展示平台、鼓励她参与文艺活动等方式，积极利用她的兴趣爱好来缓解她的心理压力。这些举措不仅充实了小敏的课余时光，还帮助她在追求艺术梦想的过程中实现了对自我价值的认同，有效促进了她的心理健康与成长。

四、总结反思

（一）识别与关注的重要性

小敏的案例体现了及时识别与关注学生心理问题的重要性。通过入学体检和日常观察，辅导员成功识别并关注到小敏的情况，为后续干预打下基础。因此，学校应建立心理健康监测和预警机制，包括定期筛查、日常观察和沟通谈心等方式，加强辅导员、班主任等一线工作人员的培训，以提升其心理健康识别与干预能力，确保工作人员能够迅速、有效地应对学生的心理健康危机。

（二）心理咨询与治疗的有效性

尽管小敏抵触心理咨询与治疗，但它们是解决心理问题的有效途径。在实际生活中，很多学生对心理咨询与治疗存在误解和抵触情绪。学校应加大教育宣传力度，让学生了解其重要性和有效性。同时，学校也需要尊重学生的意愿和选择权，避免强制要求他们接受心理咨询与治疗。对于抵触的学生，学校可以探索其他途径和方式缓解学生的心理压力，提高学生的自我调节能力。

（三）紧急救援与医疗支持的关键性

在小敏多次出现危急情况时，学院迅速启动应急预案并联动多方救援，体现了紧急救援的重要性。学校应建立心理健康危机干预机制，明确职责，加强与急救中心合作，确保在紧急情况下能够迅速响应、协调资源、提供有效的医疗支持。此外，学校还要继续加强学生的安全教育，以应对各类紧急情况和危机事件的发生。

（四）全面关怀与精准施策的必要性

学院和辅导员在小敏的学业和生活上给予了充分的关心关怀，减轻她的压力与负担，使她感受到学校的温暖，增强对学校的归属感。因此，学校应注重对学生的全面关怀和精准施策。通过专业的指导、科学的方法、个性化的服务，为每一位学生提供有针对性的帮助。同时，学校还应加强与学生家长的沟通与合作，共同关注学生的健康成长。

（五）兴趣与爱好的引导性

对小敏兴趣爱好的引导有效地缓解了她的心理压力，丰富了她的课余生活，让她在追求梦想的过程中逐渐找到了自我价值和人生意义。学校应重视兴趣爱好在心理健康中的积极作用，通过个性化方案、专业指导、活动平台展示及社会实践等，培养学生的综合素质，促进学生的身心健康。

最终，小敏重获新生，她学会了珍惜生命，感恩每一次的重生机会。她的人生道路虽然经历了曲折，但正是这些经历让她变得更加坚韧与成熟。我们坚信，只要家庭、学校和社会给予足够的关注、理解和支持，每一位遭遇心理危机的学生都能找到属于自己的光明之路，让生命重新绽放。

大学生应对学业压力和对挫败感的疏解

生物化学工程学院　那迪拉

一、案例简介

案例来源：小 A，工科类专业大二男生。

基本情况：小 A 自入学以来，各方面表现积极，学业成绩中等偏上，无挂科，学分绩点为 3.44。平时性格比较要强，事事争第一，并且能把每一件事情保质保量完成。

本科阶段很多课程的小组作业会以宿舍为单位布置，宿舍长自然就承担起作业小组组长一职。小 A 自入学以来因表现积极被评选为宿舍长。在完成各科作业的过程中，该生逐渐感觉宿舍内部分同学并不是很积极地配合完成作业，到大二时基本就由小 A 自己完成大量的作业。在不能保证作业质量的情况下，没能得到老师的认可，小 A 倍感压力，在大二下学期时小 A 独自在宿舍内喝酒，在失去理性判断的情况下去上课，并扰乱课堂。后又爬到 4 层教学楼楼顶，表达了想自伤自残的想法。辅导员得知消息后第一时间赶到现场，对小 A 开展安抚工作并联系家长和呼叫救护车。最终让小 A 脱离危险，正视自身发生的一系列事情。

二、案例分析

（一）问题分析

在教育环境中，学生的日常表现和心理状态是教师和辅导员需要密切关注的两个方面。通过对学生的观察和交流，辅导员可以深入理解学生的内心世界和他们所面临的挑战。通过日常生活中的谈心谈话、深度辅导等，辅导员发现小 A 对自己有着极高的要求，这种完美主义的倾向使他对待每一项任务时都追求极致的完成度，以符合自己心中的高标准。然而，这种高标准并不总是能够被周围的人所理解或认同，尤其是在团队合作的环境中。

在大学宿舍生活中，小组作业是一种常见的学习方式，它要求团队成员之间相互协作，共同完成任务。但并非所有成员都会以同样的热情和认真的态度对待这些任务。在这种情况下，小 A 作为宿舍的一员，尽管与室友关系融洽，却常常因为室友对待作业的消极态度而感到沮丧。由于其他室友对作业的完成度和质量不够重视，导致整个小组的成绩受到影响。

小 A 作为组长，不得不承担起更多的责任，努力弥补其他组员的不足。但即便他付出了额外的努力，却很少得到任课老师的认可，反而因为小组整体表现不佳而受到批评。这种不断的负面反馈和内心的落差感，逐渐侵蚀着小 A 的积极性和自信心。

随着时间的推移，小 A 的心态开始发生变化。他发现自己越是努力，得到的反馈却越是不尽如人意。这种心理上的落差和挫败感，让他感到无法通过正常渠道得到释放和缓解。在无法找到合适的疏解方式的情况下，他选择了一种极端的方法——独自一人在宿舍喝酒，试图用酒精来麻痹自己的情绪，逃避那些他不愿意面对的现实问题。

这种行为虽然可能在短期内为他提供了某种程度的安慰，但长期来看，它不仅对身体健康有害，而且无法真正解决问题。小 A 需要的是一个更健康、更积极的应对策略，以及来自周围人的支持和理解。学校和教师应该提供一个更加包容和支持的环境，帮助学生认识到团队合作的重要性，学会在不同意见和工作态度中找到平衡点。

同时，学校可以提供更多的心理健康资源和辅导服务，帮助学生学会管理自己的情绪，找到合适的方式来应对压力和挫折。此外，鼓励学生参与课外活动和兴趣小组，不仅能够丰富他们的校园生活，还能够提供一个释放压力和建立社交联系的平台。

（二）对策分析

在大学生活中，学生常常面临着各种挑战和压力。这些压力可能来自学业、人际关系、经济负担以及对未来的不确定性。其中，学业压力尤为显著，它可能源自课程的难度、考试的压力、时间管理的挑战、期望与现实之间的差距，以及对未来职业道路的迷茫。这些压力不仅能够影响学生的情绪状态，还可能引发失眠、焦虑、抑郁等心理问题，严重时甚至会影响他们的日常生活和学习。

面对这些压力，一些学生可能会感到无助和挫败，他们可能因为找不到合适的方式去应对和疏解这些压力，而选择一些不健康的行为来逃避现实，比如酗酒。酗酒不仅是一种对身体的惩罚，更是一种对心灵的自我伤害。

学生需要意识到，压力并非全然是坏事。适度的压力可以成为推动我们前进的动力，帮助我们提高学习效率和自我管理能力。然而，当压力超出了个人的承受范围，就需要我们采取积极的措施来应对。首先，学生可以通过合理安排时间，制订学习计划来减轻学业压力。其次，寻求帮助也是非常重要的，无论是向老师、同学还是向专业的心理咨询师寻求支持和建议，都能帮助学生更好地应对压力。

此外，培养健康的生活习惯，如定期锻炼、保持良好的饮食习惯和充足的睡眠，也对缓解压力有积极作用。学生还可以通过参与社团活动、志愿服务等，来拓宽社交圈，增强自我价值感。这些活动不仅能够帮助学生建立更广泛的人际关系，还能够提供一种积极的社交支持网络，帮助他们在面对压力时获得更多的资源和帮助。

大学生活充满了挑战，但同时也充满了机遇。通过积极应对压力，学生不仅能够提高自己的适应能力和解决问题的能力，还能够在这个过程中成长和进步。而对于那些选择以酗酒来惩罚自己的学生，社会、学校和家庭都应该给予更多的关注和支持，帮助他们找到正确的疏解方式，走出困境，重拾自信和希望。

三、教育过程

（一）发现问题

及时发现问题是开展其余工作的重要前提。小 A 入学后曾跟导师反映过以后要认真学习，要给自己 4 年的学习生活画上完美的句号。因此老师们都清楚小 A 对自己的要求较高，对自己以后的发展是充满信心的。有一次小 A 获得了校级二等奖学金，但没有表现出喜悦的心情，而是因为不能获得校级一等奖学金而感到了失落，并下定决心下一次一定要获得更高的荣誉。而屡屡发生的小组作业成绩低或因成绩不理想而被点名，使小 A 对本学期的最终成绩产生危机感，认为这学期的成绩也不足以获得心里所想的荣誉。

因此辅导员知道此次突发事件的问题根源，在发生这次事件时也很快就想到了解决方案。

（二）解决问题

1. 以人为本，遵从生命至上。

辅导员在看到小 A 躺在屋顶上神志不清的状态后，第一时间检查他的肢体表面有无创伤。辅导员发现小 A 面部和颈部通红一片，怀疑他对酒精过敏，并且紧急联系学院医务室和保卫处的工作人员，同时呼叫救护车。医务室工作人员开展基础的检查后认定小 A 对酒精过敏，保卫处工作人员保护现场，防止小 A 因情绪激动而发生自伤自残事件。等救护车到达现场后，辅导员陪同小 A 前往距离最近的医院，成功让他脱离生命危险。

2. 告知家长，推动三全育人。

在事发后，辅导员第一时间奔赴现场并且跟班级助理了解事情经过。结合日常对小 A 的了解，快速对事情进行了研判，并联系家长告知在学校发生的事情，履行了监护人的知情权。小 A 从学校离开坐上救护车再到医院进行治疗，辅导员将每一个进展都告知家长并且安抚家长紧张的情绪，在家长来到医院后再次当面讲解了事情的经过和造成问题的根源，并且跟家长了解小 A 近期在家中有无异常表现，一同研究小 A 的近期心理状态。在信息完全开放和畅通的前提下，辅导员和家长很快就统一意见，全身心地为小 A 出现的问题构思解决方案。

3. 宽严并进，执行"温度"育人。

本校以建设有温度的高质量大学为工作指南。在此项事件中，辅导员同样严格执行了"温度"育人工作法。首先在小 A 神志不清、情绪激动的情况下做好学生安抚工作，避免发生二次自伤自残行为。因为日常工作中小 A 与辅导员已建立了较好的师生关系，所以他在辅导员的教育引导下，较快回到了平静的状态，也从一开始不愿意去医院慢慢转变为愿意去医院接受治疗。辅导员陪同小 A 就医、收拾呕吐物等，用实际行动来感动小 A，让他体会到了学校的"温度"。

在进一步的工作中，在小 A 身体状态恢复正常的情况下，多次叫他来谈心谈话，开展深度辅导，并且告知此次事件不仅对他健康带来了不小的伤害，还违反了学校的相关规定，并且给他出示学生手册里的相关条例，做到工作中的每一句话都是有理有据的。最终小 A 从多个层面、多个角度认识到自己行为的不妥之处，进行了自我批评，对自身进行了一次较为充分的剖析，打开了一直困扰自己的心结。因小 A 仍存在反复的可能性，也为了照顾他的心理状态，此次以安抚为主、警示为辅，在保证他情绪稳定的前提下严肃地告知相关的条例政策，但没有给予书面的处理，让他体会到学校的纪律是不可触碰的底线，如果有下次就会按照相关规定条例处理，传达了学校对"温度"的定位和态度。

四、总结反思

实践是检验真理的唯一标准。经过这次事件，本人无论在学生突发事件的处理方面，还是在平时管理学生方面都有了不同程度的学习和进步。以下是处理此次事件后的思考和总结。

1. 此次事件得以快速顺利完结，很大程度上是因为平日里与学生建立了良好的师生关系。因为学生的信任和配合，才能使学生成功地脱离危险，并且在之后的引导工作中起到了关键作用。因此，对学生定期开展谈心谈话是辅导员工作中的重点。能真正地认识学生、成为学生的知心人和引路人需要平时通过谈心谈话来实现。

2. 遇到危机事件时，第一时间的研判尤为重要。为事件定性，寻求相关部门的协助配合，需要辅导员在第一时间有清晰的思路，并且第一时间将事件关键信息报送相关领导。

3. 如果学生有生命危险，第一时间报警或呼叫救护车。在事情进一步恶化之前将专业的工作人员通知到位，并且告知家长。

4. 在与家长沟通时，辅导员需要头脑清晰，将事情的前后逻辑捋清楚，并且告知家长目前为止学校为学生所做的工作，让家长以最快的速度来到现场。

5. 此次事情发生后，辅导员对本专业各年级学生进行了调研，发现每个年级的学生都有不同程度的学业压力和疏解挫败感：大学一年级多出现适应问题，二年级和三年级以学业压力为主，四年级为对未来的不确定性和迷茫等。针对以上问题，首先需要分年级、分群体进行团体以及个人辅导，及时关注学生群体发生的变化，设立重点关注学生一人一档、一人一策机制，做好保障工作。培养得力的班级助理，在辅导员关注不到的地方能够随时获取学生的状态。积极联系学生家长，尽量在出现问题前就跟家长进行沟通，以免真正出现问题时，浪费许多时间建立关系，精准实现三全育人和"温度"育人。

大学生心理问题的识别与干预

城市轨道交通与物流学院　乌力汗

一、案例简介

▇ 案例来源：小王，大二，女生。

基本情况：小王高考成绩较高，入学以来平时上课认真听讲，学分绩点高，专业排名名列前茅。任课老师对她的评价也都是乖巧、认真、聪明、成绩好，逻辑思维缜密，表达能力很强。她入校以来的困惑是对北方气候的不适应，饮食方面的不习惯。她的家庭关系和睦，但是从小父母在外打工，不在身边，她跟着爷爷奶奶长大，平时比较独立，主观性强，人际交往中戒备心较强，但正常人际交往无障碍，平时也无异常行为。本学期初她自觉情绪低落，失眠，曾有自杀想法，后到心理中心咨询，经建议到专科医院诊断并住院治疗后返校。

二、案例分析

（一）问题分析

小王就医被诊断为抑郁症并开始服药后，经过学院老师和同学的关怀与疏导，她也慢慢敞开心扉积极主动地向老师寻求帮助。但在复查时医生明确建议住院治疗。她表示拒绝，医生随即联系辅导员告知需24小时监护，以防出现严重后果。小王拒绝住院治疗，也强烈抗拒联系其家长。经多次沟通征得她同意，告知家长相关情况。家长以工作抽不开身、孩子不让来等缘由委托辅导员办理其住院事宜。

（二）对策分析

1. 深度辅导，及时识别，快速响应。

辅导员在得知学生心理问题情况后快速响应，上报学院，联系心理中心、告知家长、与小王舍友一起陪伴并予以援助，让小王感受到关爱与温暖。通过检查、复查、就医、住院、出院、休养、返校过程中老师与同学的帮助与陪伴，小王也逐渐敞开心扉，主动积极配合治疗，与老师和同学建立起信任关系，通过系统的治疗和恢复，情绪也随之缓和稳定，较快地适应和融入了正常的校园生活。

随着心理问题学生人数的逐年增加，学院始终把学生心理健康教育工作作为落实立德树人根本任务的重要内容，多措并举加强学生的心理健康教育工作，不断完善学生心理健康教育制度建设。除了校级心理健康普查工作之外，建立院级、班级、心理委员"三级网络"预警机制，不断拓宽深度辅导工作的广度和深度，做到日常工作中学生心理普查、心理危机排查、重点时期"三类"排查，加强重点学生深度辅导建档机制，强化与心理中心、班主任、任课老师、家长的长效联动机制，保障心理育人工作全方位、全过程、全范围、有重点、有温度顺利开展。

2. 掌握实情，积极应对，有效调整。

从识别到干预的过程中，学院快速形成了上下配合、积极应对的工作模式，并及时根据当时情况进行灵活调整。辅导员与班主任、家长、同学、舍友、医生多方反复沟通了解掌握小王的情况，包括全面掌握小王家庭成长环境、学习生活、人际关系等多方面情况；积极应对各种困难，重点围绕小王生命安全和情绪稳定进行保障，及时请示汇报所掌握的情况及进展和遇到的困难，在校、院领导和心理中心老师的指导下，在与家长的反复沟通以及合力干预下，小王逐步听从医嘱住院积极配合治疗，家长到医院与主治大夫面对面沟通。考虑到小王独立且主观性较强的性格，积极调整谈心谈话技巧及应对策略，让家长和小王正视病情，重视医嘱，积极治疗。

心理健康问题在大学生群体中愈发常见，问题成因往往涉及学生家庭环境、学习生活、阶段成长、人际关系等多方面因素。辅导员应坚持解决思想问题和解决实际问题相结合，通过谈心谈话、建立信任等方式，全面掌握学生情况的同时，积极鼓励学生进行治疗，持续开展点对点帮扶，确保心理帮扶取得实效。

3. 家校联动，共护健康，给予温度。

得知小王的情况后，辅导员、班主任、同学第一时间关心关注她的情况，给予陪伴和关怀，同时及时请心理中心的老师进行心理疏导。在住院治疗期间，老师和同学多次探望，家长也尽量抽时间打电话或视频聊天与其沟通。大家时常与小王交流她感兴趣的学习、美食、摄影、职业生涯规划等，让她重获希望。老师也尽可能在生活细节上给予温暖，帮助她填补了部分亲情空缺，以此建立了信任稳固的师生关系。出院返校后，小王病情逐渐稳定，性格变得开朗，期末学习成绩也名列前茅。

心理健康问题学生群体，往往需要更多的陪伴和关注，需做到多方合力共同守护学生健康。学院建立学生骨干—心理委员—宿舍心理联络员多方联动的朋辈助人网格化体系，从宿舍到班级再到学院，围绕学生经常活动的场所和接触的对象，多点布局、多方接触，提高了朋辈心理助人的可能性。规范和重视心理委员、宿舍心理联络员的培训，尊重学生的个人隐私和个性特点，选拔合适的人选，定期开展线上系列培训和线下交流，共同提升学生朋辈助人能力。同时，学院也利用心理文化节等多种途径，组织心理兴趣小组，组织学生参与各类心理健康教育实践活动，成为学生心理健康宣传教育的使者，拓宽了朋辈助人的方式和方法。

三、教育过程

（一）发现问题

高校学生群体有其独特性和特殊性，比如有对新的地域环境、气候变化的习惯问题，对新的学习环境与任务的适应问题，对人际关系处理的矛盾问题，等等。大学阶段是一个学生从青春期向成年期转变的重要时期，是个体发展、稳定性格的关键时期。辅导员在重视心理健康教育的过程中，尽早发现问题、尽快进行干预是解决问题的前提。可以避免或减轻学生由种种心理压力而造成的心理应激、心理危机或心理障碍，积极引导学生以乐观、积极的心理状态去适应当下的学习环境和人际关系，防止一般心理问题发展成为严重心理问题。这个案例中，小王对于所处周围环境，对于他人和自己都有较高的要求，因家庭环境和过往交友遇到背叛等因素对身边人很难有信任感，遇到问题总是想独立解决，慢慢累积情绪最终导致无法自我控制的结果。辅导员在遇到疑似有心理问题的学生时，要有高度的敏感性，并保持思路清晰，从鉴别心理问题的 5 条标准入手，逐一排查，同时要观察学生平时学习生活和谈话中的状态，包括情绪、思维、动作等，确定学生心理问题的严重程度，从而选择合理的处理方式。

（二）解决问题

深度辅导是辅导员工作中一项重要且应用最普遍的工作方法。通过深度辅导，辅导员以谈心谈话的方式了解学生，掌握学生实际情况，不仅可以增强师生之间的情感与信任，更是确保思想政治工作与心理普查工作落到实处的一个重要而有效的手段。以谈心谈话为基础，建立起师生之间的信任关系，这是一种有温度的纽带。通过深度辅导，辅导员与学生深入地谈心谈话，进一步了解、引导和鼓励学生，可以有效地摸排学生各方面的情况，更为心理健康教育的顺利开展打下良好的基础。

在了解学生、建立信任的基础上，充分发挥班级骨干、朋辈群体的作用。这种朋辈助人力量不仅可以积极关注到每个学生的心理健康状态，而且是一种有效的互助心理治疗，同时也是一种有效的教育活动。另外，构建社会支持系统。家长、辅导员、班主任，或其他成员可以对周围需要心理帮助的同学和朋友给予心理疏导、安慰和支持，让学生在轻松、信任的氛围中敞开心扉，寻找解决心理困惑的有效途径和办法。

如果每个学生在遇到心理问题时都能够获得朋辈群体或社会支持系统的帮助，那将有助于促进学生积极、乐观的健康心态的形成，从而构建一个以学生为主体、以学校为主导，师生家长全员联动的心理健康教育培养体系。

心理辅导是辅导员对学生开展常态化心理帮扶与日常关心关照的重要途径，辅导员要不断提高对心理辅导重要性的认识，不断提升心理辅导技巧和能力素养。通过这个案例可知，心理干预和辅导的对象不仅仅是小王，也包括其父母及身边的同学。另外，应通过多方位宣传，组织开展各类学生活动，积极预防大学生的心理问题和突发情况，同时也提高学生心理健康的自我维护能力。

四、总结反思

小王的案例有其特殊性，但对辅导员就大学生心理问题的识别和干预工作有一些普遍规律可以借鉴。

1. 在辅导员日常思想政治教育工作中，不断加强重视心理健康教育工作，要保持细腻、敏感的识别判断能力，将学生日常管理教育和心理健康教育相结合，形成有效合力全面掌握学生情况。辅导员是一束光，当学生处于低谷时，给予学生温暖、光明、希望与安全感。只有当辅导员走进学生中，日常关心，给予温暖，对于学生心理问题的识别才能做到及时发现、尽早应对。小王及其父母从认识病情到接纳和配合系统治疗的过程中，小王与父母及亲人之间的信任、小王与老师和同学之间建立的感情，是学生重新建立信心和重获希望的关键。同时，在出院后的休养和返校学习阶段，陪伴、帮助、关爱也是必要的，应当给予学生充分的关心和引导，确保学生能够顺利度过过渡期。这期间，如果没有持续增进新的信任连接填补内心空白的话，学生可能重新迷失目标乃至陷入新的心理危机。因此，除了识别与干预，心理辅导的过程也不仅仅局限在当下心理问题的解决，对于后续的学生心理、情绪、身体各方面的改变或变化，也需要足够的重视。

2. 通过有效的沟通交流，和学生及其家长达成彼此信任的关系，从而及时准确全面地了解掌握学生的情况。在谈心谈话的过程中，要给予温暖，尊重学生，设身处地地理解学生所面临的身体和心理情况，积极地关注学生，给予充分的包容和耐心。增强学生的信任感和安全感，激发其倾诉的勇气，给其以积极暗示。认真倾听、耐心鼓励，使学生产生亲和感，从而更愿意打开自己的心扉。

3. 对于学生的认知表现，要有效、准确地识别其中的真实部分、扭曲部分和错误部分。在把握了解学生的全面信息的基础上，对于学生所表现的行为认知有准确把握和甄别。否则后续的心理干预和辅导就会出现错误的应对趋势，难以取得效果，甚至会影响应急问题的处理进展。在这个案例中，辅导员初步了解了小王及其家长的错误看法后，并未强迫小王甚至纠正小王，而是与小王父母进行了多次深度的交流，建议听从医嘱，到京与主治大夫面对面沟通，面对面与小王交流，帮助小王及其家长更加明晰地认识到心理健康的干预与疏导工作不是一蹴而就的，需要长期陪伴跟进，才能引导小王逐渐康复。

通过这个案例，积极总结和探索与学生谈心谈话的有效方式方法，不断思考如何更加准确、更加有效地识别、处理学生的心理问题，帮助疏导有心理问题的学生，做到及早识别、尽早干预、及时响应，同时预防由心理问题导致的极端事件的发生。

抑郁综合型大学生心理问题的识别与辅导

应用科技学院　王伟超

一、案例简介

📧 案例来源：小王，专升本男生。

基本情况：小王自入学以来，多次自己去医院看心理医生，同时也积极地去北京联合大学的心理咨询室与心理老师进行沟通。但是在学校心理中心的反馈中得知这个学生并没有袒露自己内心的想法。当被老师问及有没有轻生的想法时，这个学生的回答是肯定的，包括后来看他在医院的诊断单，该学生属于重度抑郁。情况很复杂，所以这个学生成为我重点关注的学生。经过多次的谈心谈话以及与家长深入沟通，建立了良好的关系，最终这个学生找到了自己的人生价值和方向，从而稳定了情绪。

二、案例分析

（一）问题分析

接到学校心理中心的反馈以后，我第一时间将小王叫来，进行谈心谈话。因为我不是专业的医生，所以我的想法是用爱育人，让他能够在我这里感受到温暖，从而能够敞开心扉。经过和他本人以及他母亲的沟通以后，我总结了使小王患病的几个原因。

1. 家庭关系。

家庭关系是每个家庭成员相互间的经济、情感、文化的联系。和睦的家庭，给孩子的影响都是正能量的。这样的家庭培养的大学生的心态更阳光、更健康，遇到问题和困难都能积极地面对。特殊家庭，比如父母离异或者父母外出打工导致孩子教育缺失，还有父母经常闹矛盾的家庭，这样的家庭对大学生产生的多是消极影响，他们的内心是脆弱的、孤独的，遇到困难容易产生消极心理。

经过我和小王的沟通，我了解到他是单亲家庭长大的，母亲外出打工，对于孩子的关心是不够的，导致他情绪低落时第一时间不是寻求母亲的帮助而是求助医院，这种由原生家庭导致的性格内向、内心脆弱在大学生中很常见。

2. 网聊被骗。

随着互联网的普及，网络诈骗成为一大社会问题，特别是在大学生群体中尤为突出。由于大学生对网络环境的高度依赖以及对网络安全认识的不足，使得他们成为诈骗分子的主要目标。

小王的情况是综合因素导致的，既涉及金钱诈骗，同时又是情感欺骗。由于小王平时内向，又是一个"技术宅"，所以将很多的时间都用在网上。很多大学生选择通过网络来寻找爱情和伴侣。网恋有着方便、快捷、多样的优点，可以让两个陌生人迅速热络起来，碰撞出爱情的火花。但是，网恋也有着不可忽视的缺点和风险，网恋过程可能是一场精心设计的骗局。小王就是通过 QQ 认识了一个"女孩"，两人由于有共同的话题，所以聊得很投入，然后确立了恋爱关系。这个"女孩"在获得了小王的感情和信任后，就不断地以各种理由向小王索要钱财，并且不断地增加数额。最终小王被骗了 2 万多元，这些钱对于一个大学生来说已经是一笔巨款了，同样这个事情也是压倒他的最后一根稻草。小王的家庭不算富裕，母亲在外地工作。因为这件事情，他不敢和母亲说，导致他那段时间都快没有钱吃饭了。开学以后他和我说想在学校找一份勤工俭学的工作，这时候我就开始关注他。后来他因为被骗心理压力很大，也就是这个时候他咨询了学校心理中心，还去了其他医院，并且表达了自己有自杀倾向。所以知道这个事情以后，我和他单独谈话，最终得知了上述的原因。因为网聊被骗这件事确实很难说出口，也会让很多人觉得傻，导致小王将这件事一直藏在心底，不敢对别人说。

3. 择业就业目标不清晰。

随着高等教育的普及化和就业市场竞争的加剧，大学生在求职过程中遭遇的心理挑战日益凸显。这些心理问题不仅影响学生的就业决策和职业发展，还可能对其心理健康产生长远的负面影响。因此，全面分析大学生的就业心理问题，并探索有效的应对策略具有重要的现实意义。

小王非常喜欢计算机，也很有天赋，在编程方面有自己的想法，经常自己开发项目，也利用这个赚了一些钱。但是当我问他未来想就业还是考研时，他想了想说不知道，可能工作一年攒点钱再去读研；我问他想读什么学校，他说想读国外的研究生，但是就怕雅思过不去。关于抑郁的学生，一个最明显的现象就是担忧未来，还没发生就恐惧未来，他就是这样的性格。再者他对未来是迷茫的，没有目标，这也是抑郁最容易发生的原因。一个人一旦没有奋斗目标，内心就会空虚，对这个世界没有兴趣，也就没有动力往前走，不断反复地想之前的事情，想自己为什么变成这样，不断陷入后悔中。

（二）对策分析

可以看到小王的问题是综合性的，导致他产生抑郁情绪的原因大概有 3 种，即原生家庭、网聊被骗、人生迷茫。作为辅导员，我们的角色定位要准确，我们是学生成长路上的知心朋友，前进路上的引路人，我们要通过我们自身的人生经验，以谈心谈话等方式让学生能够感受到我们的温暖，从而让学生对我们产生信任，这样才能巩固好关系，在后续的交流中才能更加准确地掌握学生的思想动态。当然这种抑郁型学生，我们也要同时和父母取得联系，这既是法律要求，也是本着对学生负责的态度，要通过家校协同，让学生能够感受到温暖，从而慢慢恢复。

三、教育过程

发现问题是解决问题的前提，这个学生的问题是自己通过心理咨询暴露出来的，这也是典型的一类学生。一开始不相信老师，什么事情都不愿意告诉老师，进而选择医院和心理咨询中心。发现小王抑郁后，我及时和他的母亲取得联系，果然他母亲不知道他的情绪状态，也不了解他现在因为被骗，身上没钱吃饭，加上小王本身情感被骗，让他在自己痛苦的时候没有得到家长的关爱，这样就直接影响他的状态。

（一）建立家长联动机制，共同呵护孩子的心灵

与家长建立有效的沟通渠道是开展家校联动的基础。辅导员可以通过电话、短信、邮件等方式与家长保持联系，及时沟通学生的心理状况和学习表现。所以我第一时间出于保护学生的想法，及时从系统中调取了小王父母的电话，给他母亲打完电话，我得知他家是单亲家庭，于是对他的性格形成也有了一定的把握。和他母亲沟通后，我发现，其实他母亲给他的零花钱还是比较充足的，因为小王经常用服务器，买各种硬盘，都需要挺多钱。但是他母亲对他网聊的事情并不知情。我也和他母亲强调，一定不要责怪孩子，要好好地说，这种网聊被诈骗，可能是因为家庭的原因，导致孩子缺乏安全感，所以养成了孤僻的性格，就更容易将自己的情绪宣泄在网上。此时家长更应该去关心呵护孩子，2万多元虽然说多不多，说少不少，但是就只能当个教训。要时刻关注孩子的动态，一定要陪孩子去看医生，做到全程陪伴。后来小王母亲和我经常沟通，也积极地带小王去治疗。

（二）建立信任关系，提供心理辅导

关键是要发挥辅导员深度辅导的作用，用耐心换取信任，让学生能够敞开心扉。我第一次接到学校心理中心的电话以后，就把他叫到了我的办公室开始聊天。首先我以他情感被骗为入口，因为这涉及两个方面：一方面是情感，另一方面是金钱。我首先和他说了我自己的事，让

他能够从我的故事中去感受。我从第一个单位离职时赔了很多钱，可能挣的还没赔的多，遭受了很大的经济损失。但是人要活着，要向前看。我和他说，每个人都会经历很多事，会经历很多挫折，就像我从来没想到毕业因为工作的事情会让自己这么痛苦，但还是要好好活着。我和他说，你现在碰到的这些事，对你来说未尝不是好事，因为你现在还年轻，而且 2 万多元也不是很大一笔钱，如果等你以后毕业了，有工作，有积蓄，到时候再被骗可能损失更大，这回就当一个教训。他听完以后，释怀了很多，当然这不是一蹴而就的，然后我帮他在学院找了一份勤工俭学的工作，可以在一定程度上弥补一下生活费。后来每周我都找他谈一次话，时间长短都有，就是让他能够感受到我在陪伴他，后来他大学英语四级和六级都高分通过，我为了鼓励他，请他吃了一顿饭。再后来他有时候会来我的办公室问我有什么需要帮助的，我们也成了好朋友。

（三）提供就业指导，指明前进方向

当一个人没有了前进的目标，就很容易迷茫，从而出现心理问题。对于小王来说也是一样。关于他的未来，我多次和他探讨，建立在他本人的兴趣上。他想出国留学，我觉得这是一件很好的事情，起码自己有了目标。我又问他，如果出国的话，自己的家庭能不能负担得起。他说可以负担，他可以先在国内工作一年再读研，顺便攒点钱。我说这很好啊，现在很多人都是先工作攒钱，然后去国外读研。但是出国读研的前提是要通过雅思，所以我建议他好好学习。他本身英语底子很好，努努力一次就过了。后来他自己在毕业的时候拿到了国外大学的很多录取通知，看着他慢慢在变好，我的心里也感到非常欣慰。

四、总结反思

在这个案例中，小王在读大学的过程中，因为原生家庭、情感受骗、财产受骗、目标不清晰等原因导致抑郁，但是他本人属于积极自救类型，对于这种学生，我们要善于发现，同时也要善于引导。

（一）培养骨干队伍，强化心理健康机制

辅导员要重视学生心理骨干队伍建设，应组建一支由心理委员、宿舍心理联络员、党员、班团干部为核心的心理骨干队伍，定期开展常见心理问题识别和危机预防培训，增强朋辈群体识别心理问题及心理危机的能力；指导朋辈队伍结合班级、宿舍文化，开展个性化心理健康教育活动，引导学生通过自我教育、自我管理、自我服务，化解成长困惑，形成不断提升心理素质的自觉追求。

（二）建立动态档案，做好心理健康记录

辅导员在详细建档的基础上，针对心理问题的特点和轻重程度进行分类标注，实施常态管理、动态调整。对于存在重大心理危机，具有严重现实困难，精神状态或者行为、思维方式表现明显异常，有高度自伤或他伤风险的学生，及时上报学校心理中心。面对存在情绪困扰，有明显的适应不良，但尚能正常学习与生活，也能参加平时的班级活动，没有明显自伤或他伤和精神疾病风险的学生，要记录在册。

（三）实施精准帮扶计划，做好心理健康救援员

针对存在不同心理健康状况的学生，提供个性化的支持和帮助措施，确保他们能够获得及时有效的帮助。对于存在重大心理危机的学生，辅导员应立即上报并进行紧急危机干预，与家长紧密合作，确保学生得到及时有效的心理支持和医疗救助。辅导员需持续关注学生的恢复情况，直到学生情绪平稳，思维和行为恢复常态，能开始正常的生活和学习等。

未来，在日常工作中，高校辅导员应继续以细致入微的观察、耐心倾听的态度，为学生提供及时的心理支持和引导，不断探索和创新心理健康教育的方式方法，要以爱育爱，确保每一位学生都能在这个温暖的季节里，感受到心灵的滋润和成长的力量。

用"温度"铸"心晴"

——辅导员工作案例

商务学院 姜永波

一、案例简介

▊ **案例来源：小陈，金融学专业大四男生。**

基本情况：小陈自入学以来，几度与宿舍同学发生争执，后办理退宿转为走读学生。小陈间歇性有行为失控现象发生，如大声吼叫、摔砸物品、地上打滚等，和教师沟通时会大声喘息，狂喝水"压惊"，平复心情。截至大三上学期，小陈累计挂科十几门，有延迟毕业风险，亲子关系紧张。大三下学期开始，小陈表现出了明显的抑郁症状，如情绪低落、兴趣丧失、睡眠障碍等。

经与历任辅导员、班主任了解，与小陈本人谈心谈话，与家长沟通交涉，知晓小陈及其家庭的基本情况：家庭背景十分特殊，一家三口均有不同程度的精神类疾病，父亲最为严重，已基本丧失正常的社会交往能力，母亲长期服用精神类药物，小陈本人患有抑郁症。

最初和小陈母亲沟通时发现，小陈母亲一直回避他有"精神类疾病"话题，不认可他有异常，不同意带他去专科医院检测，后承认高中时期他就医过，也服用过精神类药物，但服用一段时间后母亲和小陈本人都认为没有用，自行停药。自大四开始，重修科目积压在一起，小陈精神压力较大，和父母经常发生争吵，在和我沟通中经常咒骂父母，认为自己陷入困境都是父母造成的。经常对任课教师发难，尤其指责挂科科目教师作业安排不合理、小组分工有问题，指责同学孤立、排挤自己，不帮助自己。后期发展为"警告"老师让他挂科，他会"采取行动"。家长束手无策，经常打电话和我联系，沟通小陈在校学习任务和进度，请求帮助安抚他。

二、案例分析

（一）问题分析

1. 家庭环境影响。

小陈的家庭环境对他的心理健康产生了重要影响。家庭成员普遍存在心理疾病，家庭氛围较为压抑，缺乏有效的沟通和支持。这使得小陈在成长过程中缺乏安全感，容易产生焦虑和抑郁情绪。

在和小陈母亲的沟通中发现，母亲对于小陈的学习状态以及情绪控制很不满意。母亲认为小陈不能正常地与同学沟通和交流，只会一味地抱怨和咒骂，从不认为自己有不足之处；在遇到几件事情扎堆需要处理的时候，情绪会变得暴躁，失去理性思考的能力，一味地躲避。但是，母亲从来没有考虑过小陈是不是因为心理疾病引起的行为异常，只是单方面认为小陈不成熟，需要多指导、多引导。

2. 自我认知与应对能力。

小陈对自己的心理状况缺乏清晰的认识，也没有掌握有效的应对方法。他试图通过逃避现实、自我封闭等方式来缓解压力，但这反而加剧了他的心理问题。

通过和小陈沟通，我发现，他认为自入学后大家都不愿意和他沟通交流，自己一直受到排挤。他和家长沟通不畅，认为家长不尊重自己的想法，单独和父亲在家时总会争吵，以至自己无法在家学习或者做作业。后面因为骑电动车出行时被追尾，他在医院住了一段时间。

通过和部分教师沟通，我发现，小陈总会以自身有心理问题或者以出过车祸为由要求任课教师减少作业量或难度，要求单独辅导自己却又不主动找老师问问题。

通过和小陈的同学及原舍友谈话，我发现，小陈在完成小组作业时既不主动和小组成员沟通，也不按时完成小组分配的任务，导致小组其他成员在完成本小组任务时，还要分担小陈的任务。大三阶段的专业课数量开始大量增加，有时需要处理不同科目的小组作业，时间紧、任务重，如果没有同伴的支持和帮助，"单兵作战"，作业质量定会大打折扣，成绩也会大受影响。

（二）对策分析

原生家庭有问题导致学生出现心理问题的情况，往往都很相似。如何帮助小陈？首先要转变其不正确的认知，同时还要对其家长的一些错误认知和沟通方式予以纠正。

在与小陈的沟通中我发现，安静地听他倾诉、谩骂、发泄，过后他的情绪会缓和下来，会轻声道歉，离校返家的时候会礼貌告别。所以，我抓住每次小陈来校的机会和他谈话，有时是他来学院找其他部门咨询问题，但是没有得到满意的结果；有时是为了确定某个规定特意跑来找我；有时是和家里吵架，来学校找人倾诉或宣泄情绪……但是，每一次，按照总结的沟通经验，我都能让他在离校时心平气和。

我主动和小陈母亲联系，在告知小陈当下阶段学习任务的同时，也叮嘱其注意和孩子的沟通方法及用语，不是"谁大声谁有理"，多从孩子的角度出发考虑问题，同时也再三建议，应该带孩子去专科医院排查是否有心理疾病。

三、教育过程

（一）建立信任关系

首先，我与小陈建立起一种信任和安全的关系。通过倾听他的心声，理解他的困境，让他感受到被关心和支持的温暖。这为他后续的心理治疗创造了良好的条件。小陈每次到校，除正常咨询或办理事务外，基本上都会找我谈心1小时以上，既有对学校政策的咨询和自己的解读，也有对教师作业布置、同学不热心帮他等的控诉，再有就是对家人不理解自己的不满。

小陈一开始咨询我问题的时候，其实表述的逻辑很乱，有时几件事情放在一起讲，没有主次，抓不到重点，我也听不懂他到底需要我帮他什么，随后就是他发脾气怪叫、狂喝水……稍有平复后，我会带着他从头捋一遍他想咨询的问题点，一点点地辨别和分析，最后提出一个解决办法，或者约定好时间给他回复。"事事有反馈，件件有落实"，信任关系日渐牢固。

在最后一个学期，小陈面临重修、论文、大学英语四级考试、就业及家庭等多方面的压力，远远超出了我认为的他所能承受的限度。我利用每一次他主动来校的机会，帮他梳理每个毕业环节的时间段，以及必要的准备，并联系相关老师、同学，给予相应的帮助或鼓励。截至离校，他所有的重修科目已通过，毕业论文也较为顺利地通过。8月份，小陈联系我分享了他找工作和查询到大学英语四级口语"成绩良好"的消息，进入"双证"领取的等待阶段。他说话轻松、带有兴奋，身心状态较之前明显有提升。

（二）提供心理支持

我运用所讲授的"大学生心理素质教育"课程中的心理学知识，为小陈提供较为专业的心理支持。我们共同探讨了他的情绪困扰，通过实际校园生活中他经历的一些"不顺心"，帮助他认识到"心理异常"的存在及其影响。同时，我引导他学会积极应对负面情绪，如采用深呼吸、运动等方法。

（三）家庭干预与沟通

针对小陈的家庭环境问题，我积极与其家人取得联系，推动家庭干预措施的实施。在学生状态差的时候，或有明显心理疾病症状的时候，引导家长去专科医院寻求专业的帮助和治疗；通过一些校园重要的时间节点，如期中、期末考试，大学英语四、六级考试（口试），论文开题、答辩、通过后等，和家长深入沟通，共同探讨如何在这些节点和孩子沟通，如何能够有效沟通，以此增进家庭成员间的理解，改善家庭氛围。此外，我还鼓励家长关注孩子的心理健康，提供必要的支持和陪伴。

（四）链接专业资源

为了更有效地帮助小陈，我积极链接校内外的心理资源。一方面，我建议他参加学校的心理咨询活动，由经验丰富的心理咨询师对他进行个体治疗；另一方面，我推荐他前往专科医院，如安定医院，排查自己是否有心理疾病。2023 年底的寒假，小陈去医院，确定为抑郁状态，并开始服药，家长终于也意识到自己的孩子"有些问题"。

截至 2024 年毕业季，经过辅导和治疗，小陈的抑郁症状得到了明显的改善。他开始主动寻求帮助，积极找工作、找实习，努力与同学建立良好关系，还参加了 2024 年 6 月的大学英语四级口语考试。同时，他的家庭环境也得到了一定改善，家人间的沟通较之前频繁和有效。如今，小陈即将取得毕业证和学位证，重拾了对生活的信心和热情，正在努力找寻适合自己的工作和生活方式。

四、总结反思

习近平主席在 2024 年新年贺词中指出："我们的目标很宏伟，也很朴素，归根到底就是让老百姓过上更好的日子。孩子的抚养教育，年轻人的就业成才，老年人的就医养老，是家事也是国事，大家要共同努力，把这些事办好。现在，社会节奏很快，大家都很忙碌，工作生活压力都很大。我们要营造温暖和谐的社会氛围，拓展包容活跃的创新空间，创造便利舒适的生活条件，让大家心情愉快、人生出彩、梦想成真。"

通过这个案例，我更加深刻地认识到家庭环境对学生心理健康的重要影响，认识到心理健康对学生有质量的生活的必要和重要。当今时代，快节奏的工作和生活方式，以及在高科技加持下的人与人面对面沟通的减少，人们普遍感觉到压力很大。线上交流的增多并没有减少人们的压力或负面情绪，尤其对于学生群体，倾向于躲在屏幕后面发表观点、吐槽人生、倾诉不满，却鲜有学生能够面对面地表达，在不和谐的原生家庭情况更是如此，甚至更甚。抑郁症、精神分裂、双相情感障碍等反而很"正常"了。

大学四年，是青年学生心智走向成熟、"三观"基本定型的重要阶段，学生四年的大学生活关系到能否给未来的生活注入正能量，是学生走向社会的重要阶段。在未来的工作中，我将更加注重对学生家庭背景的深入了解，及时发现并干预潜在的心理问题；关注校园群体中如何有效地开展"面对面"活动。同时，我也将继续提升自己的心理学知识和技能水平，为学生提供更专业、更有效的心理支持服务。我相信，只要我们用心关爱每一位学生，帮助他们走出困境、重拾信心，就一定能培养出更加健康、更加优秀的下一代。

通经回纬

——基于"三全育人"理念的全学程就业规划案例

生物化学工程学院　徐睿凝

一、案例简介

案例来源：食品科学与工程专业大一新生。

基本情况：近年来，食品类专业学生普遍存在"就业慢"的问题，在对食品类专业学生进行深度辅导的过程中，相当一部分学生对于就业问题的认知程度不够。大学生不能等到大四才考虑就业问题，而是应该将就业问题的解决贯穿整个大学阶段。小王是食品类专业大一新生，在入学后的谈心谈话中，得知这位学生患有遗传性慢性疾病，平时饮食较为局限，性格开朗，做事稍显急躁。职业规划大赛中，小王找到辅导员作为他的指导教师，在此过程，辅导员了解到该生一直关注某一慢性病群体的生活质量和饮食情况，想要通过所学知识改变这个群体面临的饮食局限问题。由此，辅导员根据现实情况，引导其树立正确择业观、就业观，通过培养方案、就业指导课程、专业课程逐步明确专业内容和就业方向。基于小王对比赛规则、文书撰写、资料准备的需求，通过第二课堂的方式对参赛选手进行统一培训，并根据小王现实情况辅导其修改比赛材料，最后小王获得校级铜奖。小王还在大一第二学期的心理课"给重要的人写一封信"的环节中写信给辅导员，表示自己通过这一次比赛，树立了对待学业以及生活中任何事情都端正态度的观念，更加明晰了今后的学业发展和职业规划道路。

二、案例分析

我作为生物化学工程学院"食品质量与安全"与"食品科学与工程"两个专业四个年级的辅导员，工作方面的突出优势在于逐年掌握学生入学与毕业就业相关事宜，能够将最新就业形势政策熔铸于学生思政教育当中，掌握学生学情、学风、就业与思想情况，不断更新针对在校生的培育方法，实现立德树人的根本教育目标，精细化工作，帮助学生实现高质量就业。

（一）问题所在

近年来，根据对食品类专业学生的就业情况进行分析，主要发现存在以下几个问题。

1. 学生"缓就业"、"慢就业"以及"稳就业"的情况增多。一方面是因为他们就业态度不端正，尽管目前已开设了一系列就业专题的选修课，可是部分处于非毕业年级的学生往往对此并不重视，抱着"船到桥头自然直""到时候再说""答辩完（毕业后）再说"的心态，而等到大四学年，当毕业论文、实习以及求职的压力一起袭来时，才草草制作简历，在面试中临场发挥，难以在求职中充分展现自身优势。另一方面则是因为他们对招聘市场的就业岗位不够了解，就业规划不明晰，在这种情况下选择考研考公考编的人数增多，但通过率不高。

2. 学生课程多，实验较多，学程长，求职晚，常常错过企业秋招等黄金求职时间。

3. 根据课程结构和工作习惯，食品类专业学生普遍动手能力强，但与人沟通的能力以及表现自身优势的能力还有待加强，一些毕业生虽然掌握专业知识和技能，但在简历设计、面试技巧、求职心理等方面准备不足，求职成功率低。

4. 2022级、2023级部分学生入校前在高中阶段选科时，没有学习过物理、化学和生物，因此面对大学阶段严谨的学习要求和专业要求，虽主观上努力尽力，但仍有吃力费力的问题，学生基础参差不齐，挂科多，直接影响到学生评奖评优以及入团入党。目前2024年招生条件中已对高中选科做出限定。

（二）解决思路

1. 教育理念：弘扬正确就业观念，培养担当意识。

（1）加强学生职业理想教育，就业观涵盖学生了解就业、选择职业、成功入职的所有思维过程，教师在帮助学生进行就业观塑造的过程中，融汇了自我认知、职业认知、就业行动几个方面的知识体系、行为指导和具体的就业政策。

（2）要帮助学生厘清就业态势，辅正"一步到位"或者盲从"随大流"的就业思路，制订合理预期的就业目标。比如，有些学生有从众性、迷茫感，盲目将考研作为延迟就业的方式，其实对考研并无意愿，这就容易导致备考动力不足，考研成功概率低。还有些学生缺乏成年人独立思考的主体意识，听取父母或亲朋的建议准备考公考编，实际上对报考资质和岗位缺乏认识，选岗时迷茫疑惑，综合能力不足以应对结构性较强的公务员或事业编考试。这些目标对于学生来说，就是无效的就业目标。

（3）帮助学生识别自身优势与劣势，让学生深刻体会科学技术对食品行业发展的强大助推力，强化对本专业的认同，树立就业理想。

2. 教育思路：创新思政育人模式，打造协同育人机制。

作为涉农专业、知农爱农新型人才培养的摇篮和阵地，食品类专业肩负为国育人、为党育才的使命，通过就业育人，可以引导毕业生成为未来参与和推动乡村振兴发展的主力军。

通过跨学科视角，以中华优秀传统文化、革命文化和社会主义先进文化为力量根基，以社团活动、第二课堂、竞赛比赛为载体，让"树立大农业观、大食物观"深入学生心里，让学生在思政教育和专业教育的融合下，加强社会责任意识，以服务祖国为荣、基层就业为荣的校园氛围，引导学生积极响应国家和社会发展需求，主动到基层建功立业，投身乡村振兴、入伍卫国等事业中。

3. 教育手段：完善课程体系建设，追求立德树人目标。

专业学习能够帮助学生了解行业、了解岗位、了解用人单位。心理健康课、职业生涯规划课程能够为学生各学段"把脉"，发现学生就业误区，及时辅正。在学生就业的关键阶段，有时会产生就业压力和学业压力，一方面，职业生涯规划类课程能够帮助学生接触就业现实，从"确定性"的角度减轻心理负担；另一方面，心理健康也是社会化进程中的重要条件。

此外，需要丰富教育模式，将专业教育与素质教育和人文教育进行融合，从而实现立德树人的根本教育目标。比如授课过程中，采用多种教学方式，避免填鸭式的知识输出；灵活运用榜样力量、模范宣传等方式，扩大教育的广度和深度。鼓励学生在各学段积极参与就业创业、职业规划比赛，让学生通过比赛对自己未来的职业规划严肃思考，逐步培养起将就业规划融入日常学习生活的习惯。通过文字输出的方式更加明晰自己的职业选择，在学习和生活中有的放矢地进行学习。

三、教育过程

（一）根据经验积累，通过主题活动进行直接教育

学工办每年都会在毕业生毕业的关键节点进行就业政策与就业事务的宣讲工作，建立"一人一册""一人一策"的工作方法，将就业创业相关的关键时间节点和核心概念讲述给学生。同时在学生求职的黄金期广泛搜集学生的就业意愿、岗位选择、就业地点，提供学业帮扶、就业岗位推荐、就业指导、简历及面试指导等具体帮扶措施，复盘学生求职不成功的原因，完善就业资料库，建立工作机制。

（二）根据现实情况，通过"纵横捭阖"进行互补教育

自 2009 年开始，生物化学工程学院作为北京联合大学的试点学院

推行本科生导师制，这一制度逐渐成为特色明显、内容完整、机制清晰的育人模式。学院同步建设纵向班、横向班双重组织形式，联动辅导员、导师，这是学院践行"三全育人"思想的联大实践。因此，在思政工作的过程中，导师制是贯彻"三全育人"指导思想的有力抓手。一方面，本科生能够在本科求学阶段接触行业内知名专家、学者，增强了学生与专业教师之间的互动性，拉近了教育的距离；另一方面，横向班与纵向班的管理方式，加强了教育的抓手，能够在教育环节实现优势互补、个性化培养的教育目标。

（三）面对共性问题，通过第二课堂进行补充教育

通过就业指导课程的摸排、指导职业规划大赛，辅导员发现工科专业的学生普遍逻辑思维较好，但文书撰写能力有待提升，尤其是简历制作、文书撰写、面试技巧等方面。基于此，结合第二课堂的教育方式，辅导员借助 2023 年的职业规划大赛做出了补充教育的尝试。针对全体参赛选手进行了文书撰写、面试技巧以及简历设计培训，增强学生写作的逻辑性和结构性，更加全面地表现自身优势。

以全国职业规划大赛、创新创业大赛、诚信演讲比赛以及各类专业竞赛为契机，以赛促学、以赛促练，将培养就业能力纳入智育的范畴，坚持五育并举，共同育人。

（四）发现个体问题，通过谈心谈话进行针对教育

谈心谈话是辅导员的重要工作方法，也是教育温度之集中体现。一方面，辅导员通过这个环节收集学生发展诉求，不断总结凝练工作法；另一方面，谈心谈话能够实现时效性和实效性的反馈机制，在提高学生应聘竞争力、促就业的语境下，深度辅导的内容更多地表现在对面试技巧和面试礼仪的辅导中，这不仅需要教师不断更新相关知识，还意味着与学生建立深厚的关系，让学生有信任感，才会在人生重大抉择中主动向教师寻求帮助，从而达到事半功倍的效果。

做工作既要进行分类统筹，又要进行个性化的深度辅导；既要实现

全面覆盖的"有教无类"，又要讲究方式方法进行"因材施教"。如重点关注学生、家庭困难生、学生干部等，这种分类能够细化工作方向，为学生提供精准服务。

四、总结反思

随着社会的快速发展和高等教育规模的不断扩大，高校毕业生就业问题日益突出。如何引导和帮助学生实现高质量就业是当前教育工作的一大挑战。就业不是唯一检验教育成功与否的标准，而是帮助学生实现自身价值、达成职业理想的起始点。2024年3月18日，习近平总书记在湖南考察时强调："学校要立德树人，教师要当好大先生，不仅要注重提高学生知识文化素养，更要上好思政课，教育引导学生明德知耻，树牢社会主义核心价值观，立报国强国大志向，努力成为堪当强国建设、民族复兴大任的栋梁之材。"对于我们辅导员来说，在培养学生实现就业目标的过程中，既要秉持较高的政治站位，又要钻研培养方式，提高育人成效，将先进思想与科学教育理念融入落地切实的工作细节中，让学生成长为让党放心、爱国奉献、担当民族复兴重任的时代新人。需要将职业发展教育融入日常管理、深度访谈、就业创业比赛等环节中；制定"一人一册""一人一策"的辅导方法，因材施教；借助联大应用型、城市型学校定位的优势特点，作为思政教师队伍的一员，我们应将"学以致用"的校训贯穿本科人才培养的始终，同时将事务性工作灵活转化为工作方法，发挥组织势能，通过集体的教育力量实现知识共享，连接知识性学习的经线与社会化的纬线，将立德树人的目标通经回纬地贯穿学生大学四年的成长成才全过程。

应用型大学商科学生就业指导工作

商务学院　辛俊卿

一、案例简介

■ 案例来源：商务学院 2024 届毕业生。

基本情况：朱同学，商务学院国际经济与贸易专业毕业生。大一经全校选拔进入校级实验班开启本科学习生活。走读生，性格孤僻，四年与班级同学交流甚少；据学生反映，在完成小组作业的时候，常常被孤立；学习基础较好，方法得当，成绩优异，曾作为交换生在北京科技大学进行交流学习，毕业报考中国人民大学硕士研究生，距离学校分数线差 4 分，自己和家长对未来有较高预期。

二、案例分析

（一）问题所在

大学生在就业过程中会遇到各种困难和挑战，随着毕业生数量的增加，就业市场竞争也变得异常激烈。想要顺利就业，就需要毕业生不断提升个人技能，增加实习经验，建立良好的职业网络。实际工作过程中，有部分学生职业规划不明确导致就业方向模糊。案例中的该生考研失利后，对后期目标确定就十分迷茫。3 月中旬开始求职，在求职过程中，投简历后迟迟无果；接到面试通知后，不知如何准备；收到银行的录用通知后，犹豫不决，不知究竟是按照父母意愿出国留学，还是到银行就业，还是回家专心复习进行考研二战？

（二）问题解决

对于朱同学的就业指导，前期还是主要以班主任、辅导员做工作为主。3月中旬，朱同学因网络问题加了我的微信，自此开始了为期三个月的交流指导。当时朱同学的状态是刚刚开始找工作，且朱同学觉得自己学习能力强，还是更倾向于继续准备考研。在交流过程中，我能做到有问必答，有忙必帮，逐步建立信任关系，跟进就业进展。

6月底朱同学签约中国银行，决定一边在银行工作，一边复习考研，如不能考取全日制硕士研究生，可选择申请攻读在职硕士研究生。

三、教育过程

交流初始，我首先肯定了朱同学的学习能力，与他细致分析了当前的就业形势及其客观存在的不利条件，希望他能全面分析，投简历试试，毕竟未来是要面对社会、融入工作的。

朱同学确实采纳了我的建议，开始找工作。简历投出去一周未能接到任何形式的反馈，我详细了解他所投的几家公司情况，做好情绪疏导，耐心等待，同时，也提醒他需要加大力度，广泛撒网。几番沟通，我明确了他的目标领域及企业。他不太想从事与专业相关的贸易工作，想尝试银行工作。目标明确后，我指导他分析春季银行招聘信息，修改简历，更精准地贴合银行岗位要求，内推杭州银行、宁波银行等。在收到杭州银行的面试通知后，我详细指导了他面试前的准备工作和注意事项，推荐已应聘银行的毕业生与之交流，取得朋辈的面试成功经验。拿到宁波银行的录用通知后，他既兴奋又有些犹豫，毕竟突破了自我限制的思维，获得了第一份录用通知。经与家长商量，他决定再尝试四大银行。随后，他又投了中国银行、中国建设银行、中国农业银行、北京银行等多个银行，很幸运的是这几个银行也给了他面试机会。这次，就银行面试的常见问题及面试的形式，我们进行了详细交流。模拟了自我介绍，强调在结构化的群面中突破自己的弱项，把研究生毕业时在中国建设银行面试成功的校友康同学分享的面试视频给他，请他观看学习，面试前在家强化练习，提振信心，勇于表达。

5月31日，他接到中国银行的体检通知后，犹豫不决，不知道应不应该去。一方面抗拒父母对他出国的期待，另一方面内心纠结是继续考研还是工作。在祝贺他突破自己的同时，我提出了一些自己的想法与建议，也举了身边学生的例子，开导他跟随自己的内心来决定。几天后，他告诉我选择边工作边准备考研："这样可能会辛苦一些，但是心理压力会少些，也能增加一些工作经验。如果考研成功，也有助于未来的职业规划！"他决定参加中国银行的体检。

6月21日，他通过中国银行体检，接到签约的消息。

6月26日，他交来与中国银行签订的三方协议。

就此朱同学的一对一就业指导暂告一段落，后期还会持续关注。随后我对这个案例进行了思考。

高校毕业生的就业率和就业质量是衡量高校教育质量的重要指标之一。对于毕业生而言，顺利就业是实现个人职业规划和经济独立的重要一步，也有助于个人潜能的发挥和职业成长。北京联合大学始终将学生的就业放在首位，开设了"职业规划与就业指导"课程，加强对学生就业全过程的指导，提供个性化的职业规划服务，努力帮助学生明确自己的职业方向，提高求职技能，增强就业竞争力，分级分层分类开展了具体细致的就业引导和指导工作。

（一）学院层面

1. 讲清形势，精准把握就业工作重要时间节点。

学院坚持召开毕业生就业工作总结暨启动会，给毕业班班主任、辅导员分析就业形势，总结前一年就业工作中的经验和教训，切实增强责任感和紧迫感。制订《毕业生就业工作推进具体实施方案》，明确不同时间节点的就业工作重点，在就业工作过程中有计划地稳步推进。

要求班主任、辅导员及时更新每位毕业生的就业去向，建立就业工作台账。在指导学生就业过程中，班主任、辅导员实施"一生一策"，一对一分析形势，把握节奏和方法，及时纠偏学生不切实际的想法，比如对工资期望值过高、不愿接受考研调剂等。

2. 拓展资源，加强校企合作，提高岗位适配性。

学院坚持"院—系—专业—辅导员—班主任"就业工作模式，院领导带头访企拓岗，教师党支部发挥党建引领作用，持续开展走进"500强"活动，多种方式加强与企业的合作，建立广泛的就业渠道。通过与企业合作，了解市场需求，及时调整专业设计和课程安排。学院还定期召开校友企业座谈会，发挥校友作用，为学生提供更多的实习和就业机会，帮助学生积累实际工作经验，提高就业质量。

学院充分调动全院教师及管理人员为毕业生推荐岗位，在就业工作群发布岗位推荐信息。班主任、辅导员根据岗位要求，结合每个毕业生的优势和特点，定向推荐岗位，持续关注进展。

3. 精心指导，提升就业核心竞争力。

简历是学生求职的"敲门砖"。学院以"就业诊所"为平台，为毕业生提供就业政策咨询、简历修改、面试指导等服务；教师党支部开展"我为毕业生改简历"主题活动，动员专业教师全体参与。学院领导也亲自给学生改简历，帮助学生成功就业。

坚持以赛代练。以参加学校"职业规划大赛"为契机，积极动员班主任、辅导员、专业教师指导学生参赛，提升职业生涯规划能力和就业能力。

实施分类分层精准帮扶。针对考研、出国的毕业生，帮助其分析报考学校和自身优势，选择与自己能力相匹配的学校；考研成绩公布后，鼓励考研失利的学生改变策略，抓住春招机会积极求职；考研复试、调剂环节，老师们一边传授面试经验，一边发动自己的专业资源，助力学生考研成功。针对学业困难、有心理问题的毕业生，班主任、辅导员联合教务办、心理中心、家长，帮助学生明确目标，疏导情绪，给予切合实际的建议。

4. 发挥榜样示范作用，形成良好就业互助氛围。

学院通过微信公众号推送招聘信息、就业政策等相关内容，定期发布就业先锋榜样故事。就业榜样的成功经历可以激励学生，朋辈间也互相提供可借鉴的职业路径和职业发展模式，通过分享自己的就业经验、面试技巧及行业知识等，帮助其他求职者更好地了解就业市场和专业前沿就业信息。看到与自己学习背景相似的人取得成功，也可以增强其他求职者的信心，鼓励他们积极面对就业挑战，形成良好的就业互助氛围。

（二）辅导员层面

1. 勤于思考，努力提升业务水平。就业工作政策性强，辅导员应自觉学习高校学生就业最新政策，参加就业工作相关培训，关注就业微信公众号，遇到困难积极向上级负责老师请教，不断拓宽工作思路，创新工作模式。面对学生，不厌其烦地向他们宣传国家、社会、学校的就业政策、就业信息、就业程序等，引导学生树立正确的就业观。

2. 分类指导，推动工作科学发展。辅导员与学生朝夕相处，对学生的学习情况、家庭背景、个性特点、求职意愿、社会实践、专业实习等基本情况较为熟悉，这对辅导员有条不紊开展就业工作提供了极大帮助。辅导员可以从大一开始对学生进行职业生涯规划的辅导，逐渐帮助学生确立学习和职业目标，大四针对学生求职简历逐一修改，不定期进行就业深度辅导，及时了解学生具体思想动态和就业进展，推动就业工作科学发展。

3. 齐心协力，确保工作全员覆盖。高校毕业生就业工作千头万绪、任务繁重，涉及毕业生、家长、班主任、用人单位等，需要多方合作，齐心协力才能把就业工作做好。就业工作开展过程中，辅导员需要与班主任保持密切联系，针对个别就业困难学生商量对策，及时跟进，确保工作效果。同时，对于就业不积极的学生，保持与家长的"热线"联系，向家长解读就业相关政策，充分发挥家长在学生就业过程中的作用。就业工作是一个系统工程，只有得到各方理解和支持与配合，才能保证就业工作有条不紊开展。

四、总结反思

近几年高校本科毕业生的数量持续增长，2024届高校毕业生规模达到1179万人，毕业生数量的增加既反映了高等教育的普及化和大众化趋势，也意味着就业市场的竞争将变得更加激烈。新冠疫情后，国际国内经济形势受到多方面的影响，金融、咨询和房地产等行业受到较大冲击。经济下行导致企业频频裁员，招聘岗位减少，特别是与本科生相对的初级职位的招聘，直接影响商学院学生的就业机会。企业在经济压力下也会调整薪酬水平，毕业生可能面临起薪降低或薪酬增长放缓的情况，晋升机会也会减少，学生就业预期不能根据就业市场变化迅速调整，给高校就业工作带来前所未有的挑战。面对严峻的就业形势，学生需要提前规划，积极准备，利用各种资源和机会来提升自己的就业竞争力。同时，保持灵活和开放的心态，适应市场的变化，寻找适合自己的职业发展路径。

（一）帮助学生树立正确就业观、择业观

在四年本科教育的过程中，始终将先就业再择业的理念输送给学生，促进学生形成合理就业观。学生在面临就业之时往往最先关注当下收入，有个别学生会关注企业对于人才培养和生涯规划方面的问题。对于只关注当下而不担心发展的学生，要在过程教育中引发共鸣，唤起学生在职业发展中做长远规划。只有树立长远规划，形成合理的职业观，才能在职业发展过程中保持理性选择。因此，引导学生就业务实、审时度势，不断更新择业观念。不仅如此，还要鼓励学生不忘求学初心，树立为社会做贡献、服务人民的崇高信念，进一步实现个人价值。

（二）充分发挥专业实习优势，指导学生提早做好选择

各专业在培养方案中均有社会实践、行业调查或毕业实习等教学环节，这些均有助于学生了解行业动态和职业发展前沿，对于未来就业环境与社会职业的实际情况有所认知，大大减少未来职业选择的不确定性。学生有了清晰明确的就业目标，随后采取有效行动来实现这些目标的可能性就大大提高了。

（三）提升职业素养，增强竞争意识

在就业竞争日趋激烈的大背景下，要引导教育学生尊重职业环境，遵守职场规则，树立竞争意识，提升职业所需要的秩序意识、合作意识和尊重意识等，在良性竞争中寻找适合自己发展的岗位。与此同时，智商与情商共同进步，增强人际交往能力，学习沟通技巧。学会正确处理人际关系，懂得在与人相处中慢慢磨平棱角但又不失个性，懂得学习他人优点、规避个人不足。不以物喜，不以己悲，坚持平等交往、尊重他人、互助互利的原则，努力使自己成为高情商、受欢迎的未来职场人。

通过上述案例分析，旨在新时期全员、全过程、全方位育人导向下，面对当前就业形势，帮助大学生更好适应时代用人需求，增强自主意识、竞争意识，助力实现大学生在社会职业生活中实现个人价值。

基于团体辅导和个体辅导做好毕业生就业指导与帮扶工作

应用文理学院 刘守合

一、案例简介

📼 案例来源：应用文理学院毕业班全体学生。

基本情况：应用文理学院本科和研究生毕业生规模较大，每年都在500人以上，且以文科类专业为主体，本科毕业生中选择考研的比例保持较高的水平（40%左右），而实际考研录取率只有6%左右，考研二战的学生较多；另外有大量的学生尤其是研究生倾向于优先考公考编，甚至非体制内工作不予考虑，考公考编二战的人数逐年增加；大部分学生对就业政策不甚了解，以至于存在认识误区，缓就业、慢就业、不就业现象日益突出。

二、案例分析

就业创业工作是大学教育的最后一个重要环节，关系到国计民生，关系到学生的长远发展和切身利益，是党和国家、社会、学校重点关注的一个领域，具有一定的独立性，并在一定程度上反映了整个教育过程的质量和效果。习近平总书记强调："就业是最大的民生工程、民心工程、根基工程，是社会稳定的重要保障，必须抓紧抓实抓好。"

受社会大环境和学生自身及家庭意愿影响，加之经济形势的不理想，各类企业用工需求有所减少，相较于经济高速发展阶段企业招工的旺盛需求，经济中高速发展阶段企业到校招聘的岗位数量和质量均有一定的下降，使得就业竞争压力增大，毕业生获得心仪工作机会减少，追求升学和体制内稳定工作的人数日益增多，提高了就业工作难度。

部分学生对自身的职业定位和就业择业目标不甚清晰，存在眼高手低现象，找工作希望一步到位，不愿加班、收入期待值高等现象较为普遍，同时在校期间走出校门参加企业实习少，缺乏真实工作经历和求职就业技能技巧，自身定位与企业需求有错位。

部分学生对就业政策存在认识误区，对于应届生身份过于看重和执着，盲目相信网络上的不实传言，宁愿不就业也要保留应届生身份，也无形中增大了就业工作难度。

多数学生为独生子女，其家长对于学生尽快就业没有紧迫性需求，无条件支持学生继续考研考公考编二战，增加了家校协同推进就业工作的难度。

这些因素综合起来，产生连锁反应，严重影响了学院的就业速度和质量，尤其是造成签约率逐年下滑，与学院提升教育教学质量的努力背道而驰，产生错配。

三、教育过程

学院对就业创业工作给予充分重视，将其作为"三全育人"的重要组成部分。作为学院就业创业工作责任部门，学生工作办公室制订了就业工作的职责分工、责任制等，在毕业班全覆盖开展就业团体辅导和个体辅导，初步形成了较为顺畅的工作体系和机制，不断推进就业创业工作。

（一）建立完善五级就业工作责任体系和"一把手"工程

学院将"一把手"工程及"四到位"、"四化"落实到位，专门出台相关文件予以规范落实，制定《应届毕业生就业工作意见》，明确就业工作目标和职责分工，完善"院处系专班"五级就业工作责任体系，落实"一把手"工程，拟定了具体工作措施，并通过学院党委会、就业工作推进会、就业工作例会等形式，将就业质量和就业安全作为重中之重，积极稳妥推进就业工作。

落实五级就业工作责任体系的关键是抓实抓细，督促各级责任主体承担起本级的责任。更加明确"一把手"负责制，每一级责任主体的"一把手"切实负起主责，尤其是第五级就业工作责任体系中的毕业班班主任和辅导员，分别作为最后一级就业责任主体的第一责任人和第二责任人，身处就业第一线，直接面向毕业生，在班主任或辅导员发生变动时需及时补位，避免责任落空。

学院制订了就业工作目标，并加以分解，在工作中以目标为导向，关注与目标的差距，通过就业周报、日报等形式督促各系及毕业班完成就业工作目标。学院用文件的形式明确了就业过程奖励和最终奖励方案，激发师生对就业工作的投入。

（二）加强职业发展和就业指导课程体系建设

在新版人才培养方案已经定型的情况下，充分挖掘、统合现有课程体系在学生就业创业能力培养上的潜力，以学生职业发展和就业创业能力培养为主线，统筹考虑专业导论、职业发展与就业指导、创新创业基础、毕业实习的教学内容衔接，统筹师资力量，建设一支学专融合的课程团队，与求职技能系列专题讲座、职业规划学科竞赛、一对一求职辅导等课外活动相互呼应，形成体系化、全覆盖的生涯发展和就业创业能力培养体系。

（三）团体辅导和个体辅导相结合，深入开展就业指导和服务

在职业发展与就业指导课的基础上，为学生长远利益考虑，真心为学生好，优先保证学生就业安全，通过就业政策培训会等形式对学生进行团队就业指导，讲解就业政策，为毕业生答疑解惑。建立就业工作微信群，及时推送就业信息，解答学生就业困惑，建立就业工作例会和系处联动机制；开展访企拓岗，与社会用人单位保持紧密联系，为学生提供精准就业岗位信息；针对学生考研、考公、企业就业等不同需求，开展相关专题培训和指导，完善就业团队指导和服务体系。建立就业台

账，重点对就业困难学生进行情况摸排和一对一精准帮扶，积极主动为学生提供贴心服务，为外地学生邮寄就业材料提供便利等。

1.开展就业政策培训辅导。

学院加大了就业政策宣传教育力度和相关培训辅导覆盖面，力争覆盖到全体学生。就业中心与各系紧密合作，积极制造、利用系会、班会等各种机会向学生宣讲就业政策，保障学生权益不受损，消除学生误解和疑虑，尤其是分专业对学生进行专门的就业政策和流程培训辅导，让所有学生了解就业政策。同时利用微信等新媒体手段与学生保持紧密联系，随时解答学生疑问，帮助学生及时获取就业政策相关信息，指导学生避开就业陷阱和误区。

小 A 毕业当年考公失败，决心二战，在是否保留应届生身份的问题上咨询就业中心。就业中心为其做了详尽的讲解，分析了保留应届生身份的利弊得失，最终小 A 决定一边工作一边备考，在京以劳务派遣制方式进入某法院工作，毕业后立即签订了劳动合同，交了社保，工作两年后，成功以两年基层工作经验考上了国家某部公务员。在入职前，就业中心为其提供了毕业时提交的劳动合同的第三方证明，助其顺利通过政审入职。

2.加强对学生就业技能的培训和指导。

针对学生就业技能缺乏的现状，就业中心和辅导员主动为学生提供适用的系列就业技能类培训辅导，校内外师资结合，相互取长补短，广泛动员学生积极参加，为学生提供有实效的培训机会，努力提升学生的就业意识和技能。建设了学生发展辅导中心，在简历修改、求职面试、职场适应等方面，为学生提供一对一专业化答疑辅导；针对每个班、每位学生的具体情况精准施策、因人施策，为学生量身定制就业方案。

小 B 性格比较内向，不善于表达，在求职过程中屡屡面试失败，对自己也越来越没有信心。其在参加了学院的面试指导讲座辅导以后，虽然获得了一些面试的知识和技能，但仍感到力不从心，不知如何克服面试时的紧张和局促。辅导员对其进行了一对一面试辅导，详细介绍了本专业的发展历史和优势，帮助其修改提炼了自我介绍，并安排其参加了学院的模拟面试指导，反复练习相关环节。小 B 的信心得到很大提升，为后来顺利通过某事业单位面试奠定了基础。

3. 引入社会力量，开展考研考公考编专题培训辅导。

针对学生考研考公人数日益增多，但成功率比较低的情况，引入了社会力量，开设考研考公系列辅导讲座，结合形势分析，讲解相关政策、趋势和应对策略，以及开办考研专题辅导班和考公专题辅导班，免费发放辅导教材和材料，为学生考研考公考编提供全方位助力和支持。

小 C 家庭条件一般，家长和本人都希望能考公进入体制内工作，但经济实力不足以支持小 C 参加社会培训机构的考公辅导班。在得知学院为学生开办了免费的考公辅导班后，其和朋友一起报名参加，在基础班和冲刺班坚持全程积极听课，最后双双考上家乡的税务系统公务员。

四、总结反思

（一）克服就业相关政策辅导培训还存在的不足之处

1. 克服面向学生的教育宣传存在的不足。学院就业政策教育宣传工作做得还不够细，覆盖面还不够全，客观上造成不少学生对就业政策存在误区。比如有不少准备二战考研、考公、考编的学生，对"应届生"概念认识不清，不认同或不愿意边工作边备考，造成就业工作难度加大，客观上加剧了"缓就业""慢就业"现象，甚至"不就业"。需要在强化学校就业老师与学生的情感联结的基础上，将就业政策讲深、讲透，使学生能够了解到精准的就业政策，而不是来自网络上的道听途说。

2. 克服就业政策执行人员经验上的不足。学院以班主任和辅导员为基层主辅线，构建了就业工作体系和工作机制，但是经验丰富的就业工作人员流动性大，从事就业工作的新人多，具有多年就业工作经验的班主任和辅导员占比低，尤其是班主任就业经验和就业政策积累不够，在指导学生就业上存在盲区。教育者要先受教育，才能更好地服务受教育者。通过组织内部经验交流、业务培训，以及请行业专家入校指导的方式，来克服由于经验不足造成的困扰。

（二）弥补学生就业意识的欠缺

学生的就业创业信息接收碎片化且消化率不高，根据学院的问卷调查，仍有约 40% 的学生在进入大四毕业学年之前对就业无感，不清楚自己的职业定位和目标，不能积极主动，也不知道如何去了解就业市场，并且缺乏就业技能。另外，学院学科专业较多，就业主要面向行业领域差别较大，客观上造成就业进度差异大。各班就业困难学生情况复杂，需要同时面对、解决学业困难、心理问题、专心备考、就业能力差、家庭阻力等个性化问题。这些都需要差异化个性辅导，而且不能从毕业年级才开始培养学生的就业意识，学生一入学就要接受职业发展规划的训练，逐步明晰自己的职业定位和努力方向。

（三）扎实落实五级就业工作责任体系

学院梳理完善了五级就业工作责任体系，也在就业工作中发挥了积极作用，对学院完成预定就业目标起到了根本保障，但在具体落实过程中还不够扎实到位，各级责任主体的"一把手"担主责意识还需要加强，与学生的情感交流也要加强，避免一味说教，引起学生反感。需要责任落实到人，保证就业帮扶不断线，及时发现、解决学生就业过程中遇到的实际困难，并通过分析学生情绪波动原因，做好心理疏导。

（四）系统化建设就业创业课程体系

学院开设了"职业发展和就业指导"课程，以及创新创业基础课程，但课时分散，没有做统一的规划设计，不成体系，加上师资力量不足，创新创业基础课程基本上完全依赖学生学习网课，对学生的就业创业意识和能力培养没有形成合力，学生就业创业意识比较淡薄、就业创业能力不足，对就业工作的促进效果不显著，主观上助推了"缓就业""慢就业""不就业"的趋势。系统化建设就业创业课程体系就是要打破教学部门与学工部门的隔阂，摒弃专业教育与职业发展教育各成体系、互不干涉的状态，而是将"职业发展和就业指导"课程与创新创业基础课程、专业导论、毕业实习等统筹考虑，达到协调配合、协同育人的效果。

（五）提升访企拓岗工作效果

各专业都做了一定数量的访企拓岗，与社会用人单位建立了联系，但真实效果不够明显，真正进入相关用人单位就业的学生不成规模。挖掘岗位需求信息，开展侧重拓岗的访企，是未来工作的重点。

就业指导不是一项单一的任务，而是一项系统工作。只有将就业指导融入专业教育始末，打造全过程就业指导服务体系，从专业认知、自我探索、求职技能、职业体验、职场适应等维度精准开展就业指导与咨询服务，才能适应学生的需求，适应专业发展的需求，适应社会对人才的需求。

加强深度辅导　促进学生就业

城市轨道交通与物流学院　冷冰

一、案例简介

案例来源：毕业生小凡（化名），电气工程及其自动化专业。

个人情况如下。

1. 家住北京市郊区，学生在校住宿。

2. 家庭情况：父母离异。

3. 大学期间成绩较差，对本专业不感兴趣。

4. 在校期间无违纪现象。

5. 性格坚毅，特立独行。

二、案例分析

小凡临近毕业一个月前仍旧没有开始找工作，我找到小凡询问其不找工作的原因，他回答道："我这样的谁要我？"问其想找什么样的工作，回答："不想找与专业相关的。"我为其推荐销售、文秘之类的工作，回答："那破玩意儿谁干啊？"

针对小凡的实际情况，我进行了深入的了解和分析。在就业前期，小凡没有正确地、全面地认识自己，求职意向不明确，但就业期望值却很高，对工作条件和薪酬水平要求都比较高。由于他学习成绩不佳，对自己的专业认同感不强，所以担心自己在专业领域缺乏竞争力，但又不愿意找跟专业不相关的销售、文秘之类的工作。看到别的同学都找到工作，自己心里着急却不主动去找工作，属于严重眼高手低。主要原因还是在于他不能正确面对自我、缺乏主动出击的勇气，由于成绩不佳便自暴自弃，在择业时总是害怕被用人单位嫌弃。于是，小凡对于用人单位的招聘总是躲躲闪闪，显得没有勇气和信心。

小凡由于不能正确认识自我、缺乏指导、社会经验不足，在就业及整个职业生涯的规划和实施中出现了以下几个问题。

1. 在就业前期，小凡对自己没有正确的、全面的认识，求职意向不明确，就业期望很高，对工作条件和薪酬水平要求都比较高，产生盲目的自傲心理，结果造成了高不成，低不就的状态。当看到别的同学签订的单位比自己的预期差的时候，表现为嗤之以鼻。

2. 小凡属于学习成绩不佳的毕业生，而且对自己的专业认同感不强，担心自己的专业缺乏竞争力。在择业时想选择好的单位又害怕不被录用而选择逃避。

3. 对社会的认识不充分。在对待自主择业的问题上，小凡缺乏最基本的职业常识，对职业素质和职业道德的了解不够深刻，在激烈的社会竞争中没有竞争力，没有正确的应对措施，只是把大把时间用在恐慌、迷茫、无奈、无助上。

4. 家庭的变故也让小凡变得敏感和不自信，会以咄咄逼人的方式封闭自己，对待老师的关心开始也是表现得敬而远之。

5. 求职、就业准备工作不足，缺乏应对现实的心理准备和必要的面试技巧，心理承受能力相对较弱。看到别的同学都找到工作，产生严重的自卑心理，自己茫然失措，甚至悲观失望，产生了破罐子破摔的偏激行为。

三、教育过程

我曾多次跟小凡进行深度交谈，帮助小凡详细分析自身情况，首先提高了他的职业危机感，增强了他的职业规划意识，与他一起制订了详细的就业执行计划。把小凡大学期间所做的事情，一点一点地回忆，一条一条地梳理，通过指导，帮助小凡进行正确、客观的自我评价，再帮小凡根据自身条件分析目标企业，确定几个求职岗位，有针对性地撰写简历，运用心理量表和深度访谈等方式，帮助小凡缓解紧张焦虑的情绪。帮助小凡树立自信心，消除求职就业过程中的迷茫、恐惧和自卑。提醒小凡在求职择业过程中，要做到逆境不气馁，顺境不骄傲，面对现实，勤于思考，积极进取，百折不挠，帮助小凡树立健康的求职就业心理。与小凡进行多次模拟面试练习，进行面试技巧、面试注意事项的辅导。帮助小凡全面了解与掌握就业政策和形势，提醒其转变就业观念，正确面对自己的优缺点，找准自己的求职、就业方向及定位。后来小凡有针对性地进行准备，摒弃了自己在职业决策方面的不合理想法，变消极为积极，能够自信地去面对竞争，迎接挑战，最终找到了自己理想的职业。

结合现实案例和以上原因，我在工作中采取以下几个教育策略。

（一）教育方案的理念

1. 帮助学生进行正确、客观的自我评价，力求找准自己的求职、就业方向及定位。

2. 培养学生树立正确的求职就业心理，消除求职就业过程中的迷茫、自卑、恐惧等心理。在求职择业过程中，要做到逆境不气馁、顺境不骄傲，面对现实，勤于思考，积极进取，百折不挠。帮助其全面认识与理解政策和就业形势，转变就业观念，树立正确的择业观。

3. 协助学生做好求职就业准备工作，掌握正确的面试方法等求职择业技巧，提高求职成功率。

（二）教育的方法、过程

1. 运用科学的职业生涯理论和系统测试帮助小凡找准就业方向及职业定位。

2. 帮助小凡克服自卑心理。小凡在几次求职受挫的过程中出现了两种极端的心理：求职前期好高骛远的心理，以及求职失败后极度的自卑心理。为了消除小凡这种心理障碍，找准职业定位，我主要从以下几个方面进行教育。

（1）与小凡一起查找研究"百家著名企业用人标准研究"用人要素统计表，充分挖掘小凡身上具备的优秀特质，如诚信度、忠诚度、团队合作、创新、对新知识学习领悟能力等综合素质。

（2）提升小凡的自信心，鼓励其保持积极的就业择业态度，勇于接受挑战，这才是成功求职的重要因素。不要多虑自己在校学习成绩欠佳、家庭条件不好等问题。

（3）引导小凡转变就业观念——先就业后择业，求职择业不可能再像过去那样追求一步到位，当前的就业形势越来越严峻，毕业生数量已经达到1179万，用人单位招聘要求越来越高。如果斤斤计较眼前的职业岗位是否理想，关注工资水平及地理位置等，就会失去许多起步的机会。要根据市场实际情况更新观念，可以选择先就业，在工作过程中积累工作经验，提升自身价值，为以后找到理想的工作奠定基础。有工作基础和经验后再择业。

（4）积极为小凡介绍与电气专业相契合的工作。帮助小凡逐条分析筛选合适的招聘信息。

（5）大力引导小凡关注私营企业，同时也分析国有企业在个人待遇、工作强度、人事关系、培训等方面的不同。最终小凡经过认真思考还是选定国有企业为其就业主要方向。

3. 帮助小凡做好就业准备。通过校园网、校内专场招聘会、网络等多种渠道获得招聘信息，筛选出符合小凡要求的招聘信息，进行有针对性的准备。

（1）对小凡的特点，着重强调诚信应聘的重要性，实事求是地将自己的优缺点真实地告知招聘企业，不讲假、大、空的话。

（2）小凡说话方式比较直接，容易让对方产生误解，在特定的环境下，用模拟举例子的方式对其有针对性地进行训练，慢慢让小凡放下伪装、礼貌待人。

（3）逐字逐句帮小凡改好求职简历。强调简历要有针对性、突出重点、目标明确、文字顺畅、字迹工整。针对不同的企业要有不同的简历，不能一张简历走天下；同时教小凡如何"从零到一"写简历。

（4）针对不同企业做好面试应对措施。帮助小凡准备一分钟、三分钟、五分钟的自我介绍。讲解面试注意事项，对各种面试的类型进行分析，寻找各类面试的破题技巧，与小凡进行"一对一"的模拟面试训练。每次小凡面试回来后都帮他总结分析，查漏补缺，同时帮助小凡调整心态，增强信心。让小凡不要关注面试的结果而是注重每次面试的过程，把每一次面试都当作一次学习提升。

（三）教育辅导的效果

1.通过教育辅导，小凡进行了比较客观的自我评价，清楚了自己的性格特点、兴趣取向、能力优势、个人的价值观，并且通过咨询，基本了解了职业生涯、职业规划的基本方法和规律，明确了发展方向和各阶段的目标。

2.小凡消除了就业初期的迷茫状态，建立了正确的就业观，摒弃了自己在职业决策方面的不合理想法，变消极为积极，能够自信地去面对竞争、迎接挑战。

3.通过有针对性的准备，并且经过努力，小凡通过了层层面试关，最终被一家国有控股公司录用。

四、总结反思

工作后小凡回来看望老师，非常感谢辅导员对他的辅导和帮助，称如果没有辅导员对他的关心、包容和指导，自己根本不可能去国企工作，甚至都不能正常毕业。工作后要学习的东西很多，自己一定牢记辅导员的鼓励和教导，也一定会更努力成为一个更好的自己，回报老师、回报社会。

通过小凡的案例，我更清楚地认识到辅导员对学生关心关爱的重要性。通过个人的努力真的可以改变学生的一生，可以成为学生心中的一束光、一盏灯，使学生有面对风险的勇气和自信，在未来的人生道路上披荆斩棘，所向披靡。

这个案例也反映出了一些问题：高校毕业生普遍缺乏系统的职业规划指导。我校虽然在大一、大二开设职业生涯规划课程，但是学生未能认识到职业生涯规划的重要性，课上信息量小、学生实践少等情况，导致反馈效果不是很好。只是到了大四要找工作了，才临阵抱佛脚，期望就业指导课能成为毕业生职业生涯的指路明灯。

高校毕业生就业普遍存在以下几个心理问题。

1. 缺乏信心。毕业生在求职过程中缺乏勇气，不敢面对激烈竞争，觉得事事不如别人，导致不能正常发挥自己的能力，求职处处碰壁。

2. 过于自负。在高中以优异的成绩进入大学，经过大学的学习和锻炼，觉得自己是天之骄子，自命不凡，不能正确地给自己定位，觉得一般的企业都看不上眼，结果最后落个高不成，低不就的尴尬状态。

3. 就业方向迷茫。目前是市场经济时代，可以选择的企业有很多，私营、外企、合资、国企，眼花缭乱，毕业生不知道自己到底适合什么样的企业，什么样的职业，该如何选择。

针对以上问题，从学生入学至毕业，应分阶段、分重点地为学生提供包括职业生涯规划、就业信息指导、求职技巧训练等各方面的指导。除开设必修课之外，就业指导还要渗透到各科教学中。

基于精准帮扶视域下的就业引导和指导工作

管理学院　郭开宇

一、案例简介

■ 案例来源：电子商务系全体本科生。

基本情况：就业是重要的民生问题，管理学院和电子商务系历来重视就业工作，把该项工作作为学生工作的重点和关键。电子商务系学生第一志愿率较低，大部分属于调剂而来，在大学期间，学习主动性较弱，对本专业学习兴趣较低，学习过程较为吃力，成绩较低，在各级各类社团、学生会和团委等组织中担任学生干部比例较低。毕业时，学生补考人数较多，在毕业资格审核过程中，第一次参与毕业资格审核的学生与其他系相比，比值较低，第一批未发放毕业证和学位证人数占到总人数的 30% 左右，严重影响到就业求职。目前电商行业方兴未艾，就业前景较好，但是受社会大环境影响，学生对本专业的就业方向不感兴趣，找工作中存在跟风现象，有相当一部分学生去考公考编考研，但是结果不理想，很多学生准备二战，导致在就业过程中落实率存在一定的难度，就业质量还有待提升。

二、案例分析

（一）探究原因

在就业过程中存在的现象，究其原因主要有以下几点。

1.学生尚未树立正确的就业观。在当今毕业生人数不断攀升、经济增长放缓的背景下，毕业生就业形势异常严峻，需要学生树立正确的就业观。但是目前学生中"慢就业""缓就业"现象普遍，学生对就业不是很迫切，参与各种考公考编考研，一战不行来二战，直到自己觉得满意。还有的毕业生不着急找工作，先享受生活，然后再去找工作，这些都直接导致学生就业意愿不强烈。

2. 自我认知不清晰。毕业生在择业过程中，没有明确的目标，不知道自己能干什么、愿意干什么、喜欢干什么，同时也会有盲目跟风、眼高手低以及"这山望着那山高"等现象，这也是他们在择业过程中，就业难以及满意度和就业质量不高的原因。

3. 择业目标不明确。学生在就业过程中，一方面对自身有了解，另一方面需要对外部环境有所了解，对自己专业所面临的行业发展、企业特点、岗位所需的技能，都应该有清晰的认知。但是目前大学生对应聘的目标企业的规模、岗位设置以及岗位的职责和应聘岗位所需的能力了解不深入，还需进一步加强对就业的外部环境的了解。

4. 家庭因素影响较大。学生在择业过程中，家庭因素起着很大作用，家长自身的阅历以及自身所拥有的经验，对学生会产生很大影响。部分学生的父母在择业过程中对其有要求，但只是要求学生按照父母意见，按照社会目前的标准来帮助学生进行规划，没有帮助学生认真分析其自身和外部环境的匹配度，因此学生很迷茫。

（二）问题解决

1. 开展深度辅导，指明学生就业方向。

（1）通过深度辅导，与学生谈心谈话，了解学生的个人情况，家庭背景，个人的兴趣、性格、能力、价值观等，帮助学生分析自身的优点、缺点和个人专长，给予学生意见和建议，为学生择业做准备。

（2）通过深度辅导，初步帮助学生明确择业过程的具体实施步骤，在与其谈话过程中，鼓励学生多参与社会实践，特别是对毕业生，鼓励他们多实习，在实习过程中逐渐认识自我，明确自身未来方向。

2. 进行精准施策，实施个性化就业指导。

（1）可以通过测评手段，了解学生能力以及相匹配的岗位，给每个学生做画像描摹，提供相应岗位。

（2）指导学生进行就业信息的搜索、筛查并给毕业生提供相关的就业信息，为学生就业提供更多机会。

（3）指导学生进行简历制作和修改，同时利用数智赋能，进行 AI 简历修改和撰写，为面试做准备。

（4）指导学生面试，将面试过程中的礼仪、面试过程中如何回答问题以及面试技巧等分享给学生，做到就业过程中事半功倍。

3. 实行积极引导，明确未来发展方向。

（1）在就业过程中，学生会出现迷茫的情绪，需要对学生进行引导，帮助学生树立正确的就业观、明确自己未来的职业定位，制订详细的个人职业生涯规划，以提高自身就业能力和职业发展能力。

（2）在就业过程中，学生会存在焦虑或者抑郁心理困扰，这就需要对学生进行疏导，缓解其就业压力。

三、教育过程

针对当前严峻的就业形势，需要对学生进行全程化、个性化、全员化、全方位的指导。

（一）在就业指导过程中对学生采取全程化的指导

学生就业工作不是一蹴而就的，而是长期过程中积累的，是贯穿整个大学生涯的。学生入学后要树立规划的意识，大一要专注学业；大二完成大学英语四级考试；大三参与大赛和社会实践；大四要进行实习，多参与面试。通过一系列长期规划，学生树立规划意识，并认真执行，以便在就业中取得较好效果。

在实践中，针对电子商务系学生的特点，从入学开始，就帮助学生树立职业生涯规划意识，一方面通过职业生涯规划课程讲授相关理论，另一方面通过深度辅导方式帮助学生解决实际问题，将职业生涯规划教育贯穿学生整个大学阶段。

（二）在就业指导过程中对学生采取个性化的指导

在学生就业指导过程中，要想取得好的成效，必须深入了解每个学生的情况，有针对性地给予个性化指导。平时要和学生建立广泛联系，多和学生沟通与交流，并且在实际工作中要学会运用大数据技术，对每个学生进行画像分析，建立人才储备库，在用人单位有用人需求时，就能够进行精准推荐，做到人职匹配，达到用人单位和学生的共识度及满意度。

（三）在就业指导过程中对学生采取全员化的指导

管理学院历来重视就业工作，在就业工作中，专业教师、班主任、辅导员与学院行政人员协同育人，共同合作，促进就业工作开展。电子商务系领导班子更是重视，在开展毕业离校教育过程中，领导班子与学生分别谈话，为学生出谋划策，解决学生实际问题；班主任建立台账，将学生分类，细化学生需求；辅导员指导学生面试、简历撰写、进行心理疏导，为学生开展有针对性的就业指导；学生导师为学生做好学业帮扶，提供就业信息，分析形势，实现学专融合；系里很多导师都积极为学生推荐单位，每年通过导师推荐获得职位的都占相当大的比例；教务老师与专业教师、辅导员和班主任相互配合，为学业困难的学生提供最大帮助的同时，为促进就业，共同商讨，将就业和学业相结合，保证就业质量提升。

（四）在就业指导过程中对学生采取全方位指导

1. 全方位就业指导要遵循学生就业规律，分析最新就业形势，充分调动教学、科研、校友等各方面优质就业资源，积极开拓就业渠道，建立就业实习实践基地，为毕业生创造更多实习和就业机会。管理学院电子商务系，以企业人才需求为目标，将企业家引进课堂，讲授专业技能，同时组织各种实习，到用人单位参观实习，提早让学生接触职场，了解社会所需，吸纳更多社会主体参与高校就业指导工作。同时，充分利用校友资源。电子商务系建有校友群，每到就业季，校友都会在群里发布用人信息，系里老师会根据信息推荐相应的学生，通过校友群参与帮扶就业，扩大就业渠道。

2. 在就业形势严峻的情况下，对就业困难学生群体——学困生、心困生、经困生，给予特殊帮扶，进行"一对一"重点帮扶，特别是心困生，要及时摸排，进行疏导和治疗，确保其求职期间身心健康，顺利就业。

全方位就业就是调动一切资源，结合最新的就业政策和就业要求等探索教育教学、实习实践、心理辅导、科研教研、就业资助、线上线下指导等促进就业机制，从而实现高质量就业。

四、总结反思

管理学院电子商务系高度重视就业工作，加强对学生就业的帮扶，积极引导学生就业，同时注重职业生涯规划，做到全员化、全程化、全方位以及个性化的指导方向，力求做到精准指导，取得了阶段性成绩。学生就业工作是电子商务系学生工作的难点和重点，做不好会引发学生的心理、安全稳定等系列问题，因此，在就业工作中，以下三点仍需特别关注。

（一）明确就业工作是个系统工程，要贯穿四年大学生活

就业是民生工程，要从战略高度进行谋划布局；它也是系统工程，需要做好规划。首先，就业是个长期工程，要从学生入学就帮助其树立规划意识，要将职业生涯规划理念贯穿大学四年，要将功夫下在平时，每年都要有计划和安排，并且要注重实施。其次，要树立就业服务理念。在就业工作中，要树立全员参与就业理念，全员将就业服务作为学生工作的头等大事来抓。只有全体教师共同参与到就业中，大家在就业过程中形成共识，达成合力，就业工作才能达到较好效果。

（二）要充分利用新技术，建立精准就业信息化数据库，精准分类

目前，大数据以及信息化建设的不断发展和完善，为就业指导的精准化提供了技术可能。信息化平台可以将学生的学习、生活、工作以及参与志愿活动和参与竞赛等数据统一入库，同时将学生的就业意向单位、目标城市、期望薪资等就业数据录入平台，通过建立起来的平台与用人单位要求相匹配，精准推送给毕业生，满足大学生的个性化就业需求，实现精准就业指导。但是，在实际工作中，就业信息化还需不断加强、不断完善，才能满足新形势下的就业指导工作。

（三）要打造一支业务精、能力强、干劲足的专业化、专家化就业指导队伍

在就业过程中，思想政治教育教师队伍对学生就业起到了至关重要的作用。学生在就业过程中遇到各种问题都愿意问辅导员，这对辅导员就提出很高要求。辅导员要有能力帮助学生认识自我，了解市场趋势，特别是现在 AI 技术出现，辅导员要善于学习，善于使用，利用好大数据和测评软件，对学生进行指导。同时，辅导员要有人才库，要与已毕业的校友联系，掌握大量的校友库，通过已毕业学生毕业后情况，对现在的学生进行指导，为其提供就业信息和就业方向。只有这样，才能促进高质量就业。

总之，当代大学生处于飞速发展的信息化、数字化、智能化的智能物联时代。面对日新月异、充满生机和发展潜力的新时代，如何适应新时代发展的要求，找寻自己的理想职业，积极应对职业生涯中的各种挑战，对于就业工作提出了新的挑战。这就需要思想政治教育工作者不断探索，不断提升大学生职业认知与应对现实职业选择及挑战的能力，确保学生高质量就业。

深度辅导助力毕业生高质量就业

管理学院 孟秀霞

一、案例简介

📖 案例来源：小嵘，来自山西省孝义市，金融学专业毕业生。

基本情况：金融学是我校国家级一流本科专业。求知欲强、竞争意识强、自我发展意识强是该专业学生共性。身在其中的小嵘，更是其中的佼佼者，追求优秀、卓越已成为一种习惯。

他以身作则，以学生党员的标准要求自己，在师生中威信高，口碑好；曾获国家奖学金、一等奖学金、校长特别奖学金；为院学生会重要干部，工作积极主动，思路清晰，实效显著。

该生在即将毕业找工作的关键时刻，心存困惑和疑虑，主要是职业准备问题和职业选择问题，表现为：专业学习的深度和广度都不够；没有确定匹配度较高的行业和岗位；就业地区选择上比较迷茫；家庭因素影响较大。

二、案例分析

（一）学生的优势与特点

1. 学业表现优秀。小嵘在金融学专业中表现出色，获得了多项奖学金，说明其学习能力和专业知识掌握程度较高。

2. 具有组织协调能力。作为院学生会的重要干部，小嵘在工作中展现了良好的领导能力和组织能力，这有助于他在未来的职场中能快速适应环境、胜任工作。

3.具有自我发展意识。小嵘具有强烈的自我发展意识，追求卓越，这将成为他职业发展的动力。

4.拥有社会认可。小嵘热衷学生工作，发挥桥梁纽带作用，在师生中威信高，口碑好，这有助于他在未来的职场中建立良好的人际关系，利于工作的开展。

（二）针对案例中提出的各类问题和挑战列出建议与解决方案

1.针对专业学习与兴趣问题，建议小嵘通过实习、参与研究项目等方式，加深对金融学的理解和实践，以提高专业兴趣。考虑到小嵘对专业性太强的工作有所顾虑，可以探索金融学与其他领域的交叉领域，如金融科技、金融营销等，以找到更适合自己的职业方向。

2.针对职业定位问题，让小嵘进行霍兰德职业兴趣测试和职业能力评估，帮助他找到匹配度较高的岗位。随后通过职业规划辅导，使他明确自己的职业目标和发展路径。

3.针对就业地区选择问题，帮助小嵘对比不同地区的就业环境和发展机会，结合职业规划做出选择。再结合家庭的因素，寻找一个既能满足个人发展又能兼顾家庭的地区。

4.针对家庭因素影响问题，小嵘需要与家人进行深入沟通，表达自己的职业想法和规划，寻求理解和支持。在尊重家庭意见的同时，也要坚持自己的职业选择，找到家庭期望和个人职业规划的平衡点。

综上所述，需要通过自我评估、市场调研、实习体验和职业规划辅导等方式，来解决职业准备和职业选择上的困惑，以实现自己的职业目标。

三、教育过程

通过咨询、沟通，帮助小嵘解决自我认知、环境认识问题，进而帮助小嵘确定职业定位，决策职业选择。

（一）确定就业规划

小嵘首先表示对择业的茫然，对大学生活的总结为"忙，茫，盲"。在忙碌的学习和学生干部工作过程中没有考虑近期的就业规划，不知自己的职业方向是什么，可谓是"茫"。大四面临毕业找工作，对众多招聘信息不知投哪一家，索性盲目海投简历，可谓是"盲"。

综上所述，当务之急是指导其做就业阶段的规划，时间段为毕业前夕的半年时间；通过就业信息和职业素质测评，利用人职匹配理论，锁定一个或几个合适的职业。

第一阶段：11月1日—11月5日，自我职业定位分析，确定一个或几个职业方向（同时关注招聘信息）。

第二阶段：11月8日—11月12日，认真撰写简历，职业针对性要强（同时关注招聘信息）。

第三阶段：11月—次年4月，获取招聘信息，分析用人信息，投简历做到有的放矢。参与用人单位的面试与笔试。

第四阶段：次年5—6月，针对用人单位回馈，在面试和应聘考试中总结经验。最终选择合适的岗位。

要求小嵘必须按日程实施，进入紧张的就业状态，保持高涨的就业积极性和热情，在就业竞争白热化的形势下，确保找到较满意的工作。

（二）确定职业定位

从交谈中小嵘表示不太喜欢金融学专业，原因是感到学习得不够专，深度不够，从目前来看不想从事专业性太强的工作。但从小嵘对招聘信息的关注上来看，他并没有排除专业相关的工作。建议他利用四年所学的专业背景以及超乎寻常的优异成绩，更要有效地利用大学教育、实践获得的超强能力，打开就业大门。另外，小嵘的优势是学习能力较强，历经学生会重要干部和班长的磨砺，具有一定的组织、管理能力，执行力强。基于上述的描述和经历，对小嵘进行了部分职业素质测评，利用的工具是"CETTIC职业素质测评系统",主要对他进行职业人格测验,检测他是否适合做行政和管理工作。测试结论:小嵘具有较明显的组织管理倾向和较强的受挫能力,性格外向,情绪稳定,责任感强。通过学生大学经历和职业素质测评可证明小嵘非常适合做行政管理工作。确立职业定位一:专业相关的行政与管理工作。

分析小嵘的霍兰德职业兴趣测试发现他的测试结果是CEI,匹配的工作是推销员和经济分析家。随后追问他对营销工作的兴趣时,他的回答是非常喜欢,而且利用假期做过营销相关工作,如某考研机构代理,收入不菲。这种成就感大大激发了他对营销工作的兴趣和积极性。问及本人是否因为销售行业的收入决定自己的择业目标时,小嵘表示主要目的还是锻炼自己,积累经验,提高内职业生涯。他对自己所面对的业绩压力和受挫情况都能坦然接受,并在推销过程中体会到了许多乐趣。这点从测试中也可得到证明。确立职业定位二:营销,最好是与金融学专业相关的产品营销。

岗位匹配情况如下。

1.营销:通过自我分析和行业分析,最终梳理出小嵘在性格特质和职业兴趣方面比较倾向于营销。此方向的优势是:有营销的工作经历和经验;对营销工作非常感兴趣,过往营销业绩突出;具备营销行业能力,如沟通能力、受挫能力、组织能力等。

最佳匹配:金融相关的营销工作。

2.专业相关的行政与管理工作:优势是学习能力较强;具有学生会重要干部和班长的任职经历,具有一定的管理能力、执行能力、团队合作能力。因此竞聘行政管理工作有明显优势。

(三)确定就业地区

关于就业地区选择,小嵘倾向于北京,打算在京历练,尝试多个行业,找到定位,长才智、长能力,多方位、多途径提高内职业生涯。但也在考虑父母意见,以及回省就业的各种利好。

经过反复沟通，帮助小嵘客观认真分析其自身和外部环境的匹配度，基于他坚韧不拔的意志，持续学习、勤于思考的习惯，良好的沟通能力及团队合作精神，经过在北京职场的历练，不断开阔眼界，定有别样的人生。小嵘心悦诚服，放下包袱，听从内心，毕业后还是选择"北漂"的生活。

近期就业进展总结：目前已经拿到 2 家公司的邀请。简历呈现的优秀深深吸引各招聘单位，终致众多面试通知纷至沓来，经过理性筛选，准备开启金融销售的实习。

案例处理的效果：一是通过辅导，首先调动了学生就业积极性、主动性，经过就业日程表的制订，学生意识到了就业的紧迫性、严峻性；二是通过自我分析和相关职业素质测评，使其增强了自我认识能力，对职业的选择有一定判断，减少了选择职业的盲目性；三是通过辅导学生有了明确的职业定位，不再左顾右盼、摇摆不定、盲目跟风。目前毕业生趋赴考编、考研，两者各占半壁江山，蔚然成风，他没有为之所动。经过辅导沟通，学生听从内心，坚守定位，未来可期。

四、总结反思

深度辅导是思政工作的重要途径和方法。在本案例的辅导中，本着尊重、平等原则，平心静气倾听学生面临就业选择、定位中的困惑，沟通顺利，咨询气氛和谐融洽，达到了预期效果。

（一）深度辅导要助力学生选择人职匹配的切入点

在本案例辅导中，对于学生不喜欢所学专业的问题，辅导员本着尊重来访者人格的原则，没有干预他的职业兴趣指向，而是站在对方的立场为其选择一个最佳的人职匹配切入点。在职业指导方面，提高学生职业意识，树立职业理想。促进学生将专业意识与职业意识相联系，将对专业的认识、理解与热爱转化成对未来职业的热情，确立职业发展目标，增强对未来就业的信心。

（二）深度辅导要提高学生在就业上的自我认识能力

在本案例辅导中，辅导员前期需要做大量工作，深入了解学生的综合情况，做到换位思考，精准施策。通过咨询和职业素质测评帮助学生找到了较为客观的职业定位，加强了学生在就业选择上的自我认识能力。辅导员通过辅导帮助学生根据自身特点和社会职业的需要，选择最能发挥自己才能的职业，全面、迅速、有效地与工作岗位结合，实现其人生价值和社会价值。

（三）深度辅导要与时俱进助力学生就业

就业是最大的民生，关乎每个家庭的幸福，关乎社会的安定，要深刻认识其重要性。从本案例辅导中，进一步认识到深度辅导要全程跟踪，从学生入学就帮助其树立规划意识，客观认识就业形势的严峻性，要将职业生涯规划理念深入人心，贯穿大学生涯，使其在未来的就业中脱颖而出。要在深度辅导的实效上下功夫，与时俱进，换位思考，用心走近学生、了解学生，想学生之所想，急学生之所急，增进与学生间的信任，助力学生解决就业中的疑虑与困惑，就业工作才能达到较好效果。

2

育人篇

提升志愿服务思想政治育人功能

机器人学院 李伟华

一、案例简介

📖 案例来源：机器人学院孙茂芳志愿服务队。

基本情况：志愿服务是社会文明进步的重要标志。党的十八大以来，习近平总书记对于志愿服务工作多次发表重要讲话，多次看望志愿者，多次给志愿服务队回信，强调"志愿者事业要同'两个一百年'奋斗目标、同建设社会主义现代化国家同行"，充分表明志愿者事业已经成为两个一百年奋斗目标、建设社会主义现代化的一支重要力量，成为国家治理体系和治理能力现代化中不可忽略的一支力量，是新时代赋予志愿服务的崇高使命。2015 年，机器人学院成立孙茂芳志愿服务队，在"当代雷锋"孙茂芳的指导下开展志愿服务活动，充分发挥志愿服务的思想政治育人功能，引领大学生志愿者不断提高融入社会、做人做事的能力，强化责任担当，培养社会责任，践行社会主义核心价值观。

二、案例分析

（一）新时代高校志愿服务蕴含的育人功能

孙茂芳志愿服务队以思想政治育人为目标，经过研讨和实践探索，充分挖掘志愿服务蕴含的育人功能，主要提炼出以下四点。

1.综合素质的锤炼功能。志愿服务作为思想政治教育的实践载体，能够以人为本，促进青年学生的全面发展，提高青年学生融入社会的综合素质。工作制度和组织章程培养志愿者规矩意识，基层沟通交流提高志愿者社会交往能力，团结合作考验和锻炼青年学生团队合作能力，突发情况的处理提高志愿者临场分析问题、解决问题的能力以及应急能力，宣传报道培养志愿者的表达能力和总结能力。

2. 社会主义核心价值观的践行功能。志愿服务能够将社会主义核心价值观落细、落小、落实，高校志愿服务走进基层，不仅是参与基层治理工作，更是践行中华民族"邻里守望"传统美德的道德实践活动。一方面，促进青年学生自觉进行社会道德实践，带动周围的人共同成为道德风尚的引领者和社会主义核心价值观的传播者、践行者，推动社会主义精神文明建设；另一方面，青年学生在志愿服务中会遇到各种社会问题，需要用科学的方法认识问题、分析问题和解决问题，不断提高志愿服务的质量，提高服务价值。

3. 社会责任的强化功能。青年学生在志愿服务实践中形成对社会责任的理性认知，不仅了解了社会发展取得的巨大成就，感受社会主义制度的优越性，而且能看到社会发展进程中存在的现实问题。近年来，高校志愿服务已经融入经济、社会、文化、生态文明建设等方面，在推动改革发展、加强社会治理、维护社会和谐稳定中发挥着重要作用，大学生志愿者落细、落小、落实的服务，正是社会责任的完美诠释。

4. 理想信念的塑造功能。志愿服务体现社会主义政治觉悟，为社会主义建设提供政治保障。近年来涌现出的"当代雷锋"郭明义、庄仕华、孙茂芳和不断涌现出来的全国道德模范、感动中国人物等社会榜样人物，都传承着中国精神，是我国社会主义建设事业宝贵的精神财富，他们崇德向善的理想信念深深影响着当代大学生。例如，青年学生以"当代雷锋"孙茂芳命名的孙茂芳志愿服务队，就是志愿服务精神传承的最好例证，是对"当代雷锋"理想信念的继承。

（二）影响志愿服务育人功能发挥的主要因素

机器人学院学子自 2008 年开始，在东四街道奥林匹克社区体育文化中心的孙茂芳志愿服务岗持续开展志愿服务活动，2015 年筹备成立了孙茂芳志愿服务队，取得了一些成绩。例如，志愿服务团队被评为全国社会实践优秀团队；孙茂芳志愿服务岗被评为首都学雷锋志愿服务示范岗。但是，在分析总结工作成果的时候，发现在志愿服务实践中仍然存在一些问题，阻碍志愿服务育人功能的发挥。

1. 志愿服务制度不够健全。为鼓励和规范志愿服务、发展志愿服务事业，国家相关部门相继出台《关于推进志愿服务制度化的意见》《关于支持和发展志愿服务组织的意见》《志愿服务条例》，目的是"基本建成与经济社会发展相适应，布局合理、管理规范、服务完善、充满活力的志愿服务组织体系"。孙茂芳志愿服务队在志愿者、志愿服务管理方面的制度建设还不够健全，缺乏对志愿服务实践育人的顶层设计，造成志愿服务管理松懈，存在重形式轻教育的情况。

2. 志愿服务规范性有待加强。学校对学生志愿服务有数量考核，缺少必要的过程考核和培训，部分志愿者为了完成志愿服务时长，承接一些临时性的志愿服务活动，重数量轻质量，跟着走过场，较盲目地完成志愿服务任务，缺乏应有的团队意识、纪律意识，严重影响志愿服务的规范化，达不到志愿服务育人的初衷。

3. 志愿服务典型引领性不够突出。孙茂芳志愿服务队的初衷是实现志愿服务实践育人的长效性，发挥"典型引路"的作用，在校园形成志愿服务文化氛围。现实中部分志愿服务组织者对待志愿服务像快餐一样，功利化思想严重，一方面形不成经验，凝练不出特色，无法做典型的宣传报道，长此以往形成不了志愿服务文化；另一方面团队工作作风受到影响，导致团队涣散，选拔不出典型，发挥不了引领作用。

三、教育过程

孙茂芳志愿服务队针对存在的问题，积极探索和实践，在"四个着力点"上下功夫，切实推进高校志愿服务队育人功能。

1. 深化教育引导，突出价值引领，着力保证志愿服务对青年的价值导向。机器人学院孙茂芳志愿服务队借助"当代雷锋"孙茂芳的榜样力量，引领学生的价值方向，助力学生逐步实现志愿服务"学习""跟跑""独立"的成长过程。开设道德讲堂，邀请榜样宣讲事迹，开展时政讲座，榜样现场讲述成长历程和信仰的铸就过程，引导学生进行榜样精神的讨论，完成大学生"学习"的过程，实现思想引领；开展志愿服务培训，大学生接受榜样志愿服务经验指导，跟随榜样开展志愿服务活动，完成"跟跑"的过程，在言传身教中接受榜样的信仰和价值追求，自觉把榜样的奋斗目标转化为自己的奋斗目标，实现行动引领；成立志愿服务队伍，如孙茂芳志愿服务队，独立调研需求、设计主题、开展服务，完成"独立"的过程，实现个人价值与社会需要的结合。

2. 加强组织管理，制定明确的志愿服务工作制度，着力保证志愿服务工作的导向性和科学性。孙茂芳志愿服务队依托学院加强志愿服务的制度化建设，制定适合学院实际的制度措施：志愿者招募制度、注册登记制度、培训制度、奖励制度，明确各级组织机构的工作章程，为志愿服务工作提供规范；组织管理制度、承诺制度和监督考核制度，明确团队纪律、志愿者义务和各组成机构的职责，保证志愿服务工作的有序开展；工作咨询制度、道德讲堂制度、志愿服务基地管理制度、志愿服务项目的实施与管理制度，促进志愿服务管理的规范化、科学化，保证志愿服务实践育人的长效机制；工作总结汇报制度、典型宣传制度，推动志愿服务工作的总结提升，打造思想政治教育的特色窗口，在校园和社会产生一定的影响，形成品牌效应。

3. 有效搭建志愿服务平台，建立志愿服务实践基地，着力保证志愿服务工作的可行性和长效性。孙茂芳志愿服务队利用社区志愿服务资源，建立志愿服务实践基地。一是实现志愿者教育由理论向实践的转变，由知识课堂向能力课堂的转变，有效搭建校内校外协同育人平台，凝聚社会力量参与高校育人工程，是高校德育教育的模式创新；二是培养专业化的志愿服务团队，根据服务对象的需求分类建立，如老年人网络知识普及服务队、青少年知识讲堂服务队、乡村支教服务队、社区守望岗服务队等，提供更专业的服务，更精准地与基层需求对接，规范志愿服务工作，促成志愿服务的项目化运作；三是作为志愿者孵化基地，实现志愿者的专业化培训，培养志愿者服务梯队，传承实践基地的工作作风，实现志愿者的快速成长。

4. 打造志愿服务品牌项目，加强宣传和典型塑造，着力保证志愿服务工作的可推广性和可借鉴性。孙茂芳志愿服务队为增加校园志愿服务的影响力和公信力，在志愿服务工作实践中广泛普及志愿服务理念，弘扬"奉献、友爱、互助、进步"的志愿服务精神，形成关心、支持和参与志愿服务的良好舆论环境，充分利用新闻报道、微信公众号平台、微博等多种媒体，宣传志愿服务活动和志愿者的感人故事，潜移默化在校园形成志愿服务文化氛围；挖掘志愿服务先进团队典型和个人典型，进行媒体宣传和经验的推广，形成高校志愿服务实践育人的典型经验，以微视频、微团课、微党课的多媒体教育形式呈现，开展特色团课、特色班会、特色党课，打造志愿服务教育专题，成为可推广的校园志愿服务文化，增强志愿服务工作的吸引力，打造高校思想政治教育实践育人的特色窗口。

四、总结反思

孙茂芳志愿服务队在志愿服务开展的过程中，充分认识到只有对服务内容精心设计，坚持三个原则，才能实现志愿者和服务对象的双赢，才能实现志愿服务育人功能。

1. 内化提升原则。现在高校志愿服务的形式很多，大部分都是社会公益服务和便民服务，如果不在服务内容上进行精心设计，很容易使志愿服务流于形式。服务队为加强管理的规范化和提高志愿者工作水平，对志愿者进行主动培训，通过道德讲堂、与榜样座谈、志愿服务先进典型经验介绍等，提高志愿者的认识水平和理论水平，能够主动把志愿服务转变为情感认同和价值追求；对志愿者设定任务目标，对参与志愿活动的人群类型、服务效果、存在问题和改进措施进行分析，增强大学生提升服务水平的主动性。

2. 精准服务原则。志愿服务涉及的领域广泛，街道社区、农村是大学生志愿服务活动的常见场所。志愿服务效果依赖于志愿服务专业化与需求的对接情况：对接得当，志愿服务受到欢迎，效果显著；对接不当，志愿服务受到漠视，效果尴尬。根据需求设计服务主题，提供"订单式"服务，既实现了大学生服务社会、报效社会的爱心奉献，又满足了人民群众的现实需求，做到志愿服务与需求的精准对接，实现志愿服务的双赢。

3. 思政育人原则。新时代，社会主要矛盾转化为"人民日益增长的美好生活需要和不平衡不充分的发展之间的矛盾"。美好生活需要既有物质需要，也有精神需要，大学生志愿服务要从人民的精神需要出发，弥补社会公共服务顾不到的领域，拓展志愿服务的外延，帮助社区居民找到实现美好生活的途径。这既是社会广泛认同的价值观，也是大学生结合时代需要实现个人价值的最好途径，符合高校培育新时代大学生的思想政治教育方向。

探索"党建+N"实践育人路径
用艺术赋能助推学专融合

艺术学院 孙蓉

一、案例简介

案例来源： 艺术学院数字媒体系学生第二党支部。

基本情况：艺术学院数字媒体系学生第二党支部成立于2016年，涉及影视后期、交互设计和舞台影像三个专业方向。现共有党员15名，其中正式党员7名、预备党员8名；先后培养入党积极分子38人。支部在班级、学院、学校任职成员达35人次。

艺术学院数字媒体系学生第二党支部在校、院党委的领导和指导下，以习近平新时代中国特色社会主义思想为指导，深入学习贯彻落实党的二十大精神，在做好高质量党建引领高质量发展的同时，推动学生党员深刻把握党的百年奋斗史中蕴含的历史逻辑、理论逻辑和实践逻辑，努力在学思想、强党性、重实践、建新功中"开花结果"。支部充分发挥艺术类大学生的自身优势，以彰显时代特征的思想引领、植入艺术审美的文化形式和服务基层的平台载体，形成具有思想性、专业性、审美性、传播力的学生党建工作模式。

二、案例分析

高校学生党支部作为直接联系学生群体的基层党组织，不仅要做好学生党员的发展和教育工作，更是学生思想政治、学业教育、综合培养和管理服务的支撑力量。然而，在工作任务繁多、社会形式复杂多变等多样性环境的影响下，支部在党内组织生活中仍然存在一些问题，具体如下。

（一）存在的问题

1. 理论知识储备量较低。支部成员在学思想的过程中不能完全把握规律性、系统性，做到融会贯通、领悟思想精髓。通常在学习过程中较流于表面地通读和泛读，精读较少，缺乏"挤"劲和"钻"劲，对政治理论的实质精神理解不够深刻，学用结合不紧密。

2. 主题活动形式较为单一。目前支部开展的主题党日活动多以上级布置的知识点为主要学习内容，对支部自身的特色活动开发度较低。活动的形式也多为主题参观和理论学习，形式较为单调。

3. 交际沟通表达力较弱。支部党员不善言辞交流，语言及书面表达能力欠缺，部分党员缺少与群众的有效沟通。这样不但不能使自己得到提高和进步，也不能更好地为同学们服务，没有切实发挥支部与班级之间的桥梁作用。

（二）主要做法

1. 拓宽以"党建+"为示范引领的三种途径。

艺术学院数字媒体系学生第二党支部将"党建+"作为党建价值实现的实践载体，以《中国共产党章程》为根本遵循，以"三会一课"为制度抓手，以"主题党日活动"为平台载体，以"组织生活会和民主评议党员"为改进方向，持续推进党建工作的三个融合，即与学生工作相融合、与学科专业相融合、与文化艺术相融合。依托党员先锋工程、艺术实践调研、学术学科赛事等方式，打通"党建+"示范引领的三个途径——党建+学风引领、党建+艺术实践、党建+学科竞赛。有效扩大了党建工作的覆盖面，增强了党建工作的牵引力，增添了党建工作的生机与活力，为不断输送和培养具有"先锋范儿"的德艺双馨学生党员队伍提供"养料"。

（1）党建+学风引领。依托"党员先锋工程"实施平台，通过

"服务先锋"计划、"我为身边同学办实事"等项目，引导学生党员佩戴党徽、亮明身份、承诺践诺。通过党员先锋岗、学风督察岗、党员"1+N"帮扶、党员带班等形式树立学风班风榜样标杆，发挥党支部战斗堡垒和党员先锋模范作用。

（2）党建＋艺术实践。依托高校红色"1+1"共建活动，引领学生党员进班级、进社区、进乡村，利用 VR、AI、H5 界面交互设计等创作形式，通过红色文创、墙绘设计、平面海报等，把艺术创作带入寻常百姓家。

（3）党建＋学科竞赛。以数字媒体系承办北京赛区中国好创意全国数字艺术设计大赛为契机，让专业赛事和科技立项融入学生党员的专业学习、学术研究，不断强化党支部战斗堡垒作用，加强学科竞赛团队建设，真正培养一批参赛能力强、专业素养高的学生党员队伍，在全系范围内养成"以赛促学、以赛养技、以赛促研"的浓厚科赛氛围。以文艺创作的担当精神引领学生创作出有力量、温暖人、鼓舞人、具有高美育价值的艺术作品。

2. 打造以"1+3+X"为创新驱动的主题党日新样式。

艺术学院数字媒体系学生第二党支部以习近平新时代中国特色社会主义思想为指导，深入学习贯彻落实党的二十大精神，为进一步提升学生党支部主题党日活动的实效和活力，通过党员自学、小组促学、支部帮学、书记领学、实践悟学等形式，积极探索"1+3+X"主题党日活动模式，让主题党日活动，凝"新"聚力，走"实"又走"心"。"1"是一月一主题；"3"是 3 个固定环节，即学习理论知识、分享学习心得、汇报培养情况；"X"是指自选动作。在多样性的组织生活里，做到规定动作不走样，自选动作有特色。"自选动作"有特色中，着力打造"一专业一特色，一支部一品牌"的工作格局。

通过跟着总书记"艺"起学的主题教育，艺术学院数字媒体系学生第二党支部组建"学习搭子"，学深悟透两会精神、《习近平新时代中国特色社会主义思想专题摘编》《习近平走进百姓家》《跟着总书记学调查研究》等系列重要讲话精神及文章作品，着力推进彰显时代特征的"思想标尺"；通过创建学生党员、发展对象和入党积极分子微信小组群，实时发布支部动态，组织观看"下一站，香港""香港中文电视台讲座""成都大运会""杭州亚运会""神舟十七号载人飞船发射"等，在群组的闭环交流中传递正能量；通过搭建"学生党员＋学生骨干＋青年学生"的阶梯模式，艺术学院数字媒体系学生第二党支部走进中国国家博物馆、中国共产党历史展览馆、中国工艺美术馆、鲁迅故居、吉祥大戏院、文天祥祠等地，在党团共建和党群共筑中，传播经验和共享理念，最大限度引导、凝聚和发挥青年学子的智慧与力量。

3. 推动以"志愿服务"为基层建设的党建品牌新进展。

新时代的我们也在用青春书写着属于自己的奋斗故事。在社区、在学校、在乡村，以"我为群众办实事"为主旨，把"深度""温度""力度"送到群众身边。

（1）支部深耕实践沃土，多年来与大屯街道育慧里社区开展红色"1+1"共建活动。结合"传承雷锋精神""建设和睦邻里""同心呵护未来"等文化活动，在基层的土壤上，通过几代人交互绘制及心灵启迪，建立视觉识别性高的图形符号和打卡新地标，真正实现社区"点单"，支部"派单"，党员"接单"。

（2）支部坚守服务阵地，奔赴于大学生艺术节、党员先锋岗、学风督察岗、青年突击队、交通文明岗，用热血诠释联大学子青年生力军的效用。

（3）支部助推艺术教育，投身定安里小学、府学胡同小学、黑芝麻胡同小学等地，教授创意绘本、趣味彩泥、手工制作等课程，引导学生参与审美体验，锻炼其动手能力、观察能力和初步的审美观念。

（4）支部走入田间地头，熟悉的身影定格在山西阳泉、河北正定、广西南宁、北京延庆区永宁镇、昌平区下店村，通过实地走访进行墙体彩绘、文创设计、视频拍摄等，用脚步丈量实情，用镜头记录历史变迁，用艺术添彩社会新貌。

4.构建以"专业 + 数字化"为精"艺"求精的红色文化脉络。

支部聚焦时代话题，以"专业 + 数字化"的模式让艺术创作可知、可感、可及。运用镜头语言，先后摄制学风榜样先锋篇、红色记忆随手拍、学生资助大使宣传片、联大华音《少年》音乐短片等交互性强、信息接受度高的新语态短视频；利用 H5 界面交互设计展现皮影戏的发展历程，让非物质文化遗产通过 AI 走进寻常百姓家；根据十二时辰、二十四节气、中医药典籍的平面转化，让中国传统文化透过"视觉力"结构展现中华美学；通过沉浸式 VR 创作，让受众在"元宇宙"中进行沉浸式观演，领略京剧表演的独特魅力。

为了让党史故事"热起来""动起来""活起来"，通过读书笔记、漫绘党史、红色文创等多样艺术形式，让红色基因落地生根；在沉浸式、体验式、互动式的学习中，让静态的视觉识别符号更具传播力，艺术学院数字媒体系学生第二党支部延展"艺"心向党党建工作室 IP 形象"当当"，以及艺术学院 IP 形象"叮叮"的系列表情包，不断寻找标识时代和民族精神的红色元素，引领支部党员深扎信仰之根。

三、教育过程

艺术学院数字媒体系学生第二党支部注重个体和整体的全面发展，采取真抓实干和共同进步双管齐下的策略。为提升学业储备，艺术学院数字媒体系学生第二党支部勤学善问，获得国家奖学金、国家励志奖学金，市级三好学生、优秀学生干部等奖项共 67 人次。

为扩展专业优势，艺术学院数字媒体系学生第二党支部的足迹分布在全国大学生广告艺术大赛、中国好创意全国数字艺术设计大赛、未来设计师等赛场，并取得市级一、二等奖，校级奖项共计 47 人次的好成绩。

为推进科技立项，多维度夯实学专融合，艺术学院数字媒体系学生第二党支部获得北京联合大学"启明星"大学生科技创新等校级立项 5 项，国家级 1 项；"致用杯"创新创业大赛等校级奖项 4 个，"青创北京"挑战杯等市级奖项 5 个。

为投身社会实践，艺术学院数字媒体系学生第二党支部贴近行业，在国家大剧院、中国农业电影电视中心、北京快手、东方甄选（北京）科技有限公司承担新媒体运营、影视后期制作、舞台技术助理等职务，先后负责北京冬奥会、卡塔尔世界杯、杭州亚运会等大型赛事的后期制作和栏目统筹工作。支部成员自主创业，成立北京京壹文化传媒有限公司，先后承接央视、北京卫视等合作项目，纪录片《山河岁月》在CCTV-9 播出。

通过支部成员的共同努力，艺术学院数字媒体系学生第二党支部先后获得市级 1 项、校级 10 项的殊荣。

（1）2015—2016 学年北京联合大学十佳学生党支部。

（2）2017 年北京高校红色"1+1"示范活动评选二等奖。

（3）2017 年北京联合大学十佳党支部。

（4）2017 年北京联合大学红色"1+1"示范活动一等奖。

（5）2017—2018 学年北京联合大学十佳学生党支部。

（6）2018—2019 学年北京联合大学红色"1+1"示范活动优秀学生党支部。

（7）2018 年北京联合大学红色"1+1"示范活动优秀学生党支部三等奖。

（8）2019 年北京联合大学红色"1+1"示范活动优秀学生党支部三等奖。

（9）2020 年北京联合大学红色"1+1"示范活动二等优秀策划案。

（10）2022 年北京联合大学红色"1+1"示范活动优秀学生党支部三等奖。

（11）2023—2024学年北京联合大学十佳学生党支部。

习近平总书记在党的二十大报告中指出："当代中国青年生逢其时，施展才干的舞台无比广阔，实现梦想的前景无比光明。"只有激情奋斗和顽强拼搏，才会留下充实、温暖、持久、无悔的青春回忆。艺术学院数字媒体系学生第二党支部要用艺术之美讲好中国故事，用艺术创新谱写青春之歌，期待用专业所长和青春之光服务人民、助推发展、贡献国家。

四、总结反思

（一）经验总结

艺术学院数字媒体系学生第二党支部在多年的发展与建设中，从思想根基、志愿服务、品牌建设中取得了一定的成绩，在不断努力中，支部总结了一些经验做法，主要有以下两点。

1.支部设置规范、体制明晰。支部以党组织全覆盖和党的工作全覆盖为着力点，突出务实、管用、有效，不断健全、完善、优化学生党支部设置，确保做到应建尽建、调整及时、体制明晰。支部人数保持在15~20人，支部书记由辅导员担任，在选优配强支部书记和支部委员方面下足了功夫。另外，支部在加强政治引领、抓好思想政治工作、发挥先锋模范作用等方面，强化服务意识。引导学生党员佩戴党徽、亮明身份、承诺践诺，努力把学习习近平新时代中国特色社会主义思想的成果转化为满腔热情奋进新征程、建功新时代的生动实践。

2.发挥艺术类学生专业优势，打造一支部一品牌。支部始终围绕支部党员影视后期、交互设计和舞台影像等专业，带领学生党员进社区、进学校、进乡村，用手中的画笔为乡村增色添彩，用镜头记录城市的烟火气。将艺术的色调嵌入主题党日活动，用平凡的言语讲述不平凡的故事，通过艺术传播，让红色文化飞入寻常百姓家，不断树立支部党建品牌形象。

（二）工作成果

诚然，艺术学院数字媒体系学生第二党支部的支部建设取得了一定成果，但尚有很大的进步空间，表现如下。

1.带领支部党员走出去学习、坐下来沉淀。支部通过主题参观、红色文创、影视制作等艺术类学生喜闻乐见的方式，形成党员自学、小组促学、支部帮学、书记领学、实践悟学等多样学习形式，不断推进学生党员自觉主动学、及时跟进学、联系实际学、笃信笃行学的理论学习效能。

2.结合学院"北京味道""溯源红色""乡村振兴"三个中心工作，继续与社区开展红色"1+1"共建活动，锻炼自我、服务社会，做到理论与实际相联系，专业知识与实际生产相联系，对社会有更深入的认识，为以后投入社会主义现代化建设事业做好准备。

善用社会大课堂，促进学生全面发展

——以"走读北京"研学实践为例探索实践育人的方式和途径

应用文理学院 朱丽华

一、案例简介

案例来源：应用文理学院"走读北京"研学实践团。

基本情况：社会实践是高校加强和改进大学生思想政治教育的重要途径和形式，有组织地开展大学生社会实践是高校完成"立德树人"根本任务的内在要求。党的十八大以来，习近平总书记站在党和国家事业发展全局的高度，围绕社会大课堂建设、运用社会实践推动"大思政课"建设等，做出了一系列重要论述。习近平总书记多次强调"思政课不仅应该在课堂上讲，也应该在社会生活中来讲"，勉励大学生"既要向书本学习，也要向实践学习"。

北京联合大学应用文理学院自 2018 年起组织开展"走读北京"大学生社会实践活动，以"走读北京"研学实践的形式，组织学生走出校园，走进名胜古迹、走进胡同、走进京郊乡村，在走读中挖掘北京文化故事、开展文化宣讲活动，并通过文字和视频来记录，在社会大课堂中认识国情、了解社会，受教育、长才干。自活动开展以来，先后组织研学实践活动 80 余次，走访 50 余个地点，形成主题视频 20 余个。该项目获批 2020 年北京高校师生服务首都"四个中心"功能建设"双百行动计划"，先后受到中青在线、千龙网等多家媒体的报道。

二、案例分析

中国共产党自成立以来，始终高度重视实践育人工作，在教育方针上坚持教育与生产劳动相结合，在教育方法上强调理论学习与社会实践相统一。建党百年来，大学生社会实践伴随革命、建设与改革的历史进程持续发展。改革开放之初，为适应社会主义现代化建设的新需要和人才培养的新要求，1983 年团中央、全国学联发出了开展"社会实践活动周"的号召，得到了各地高校和学生组织的积极响应。1997 年，为进一步引导青年学生在实践中了解国情、服务社会，大力推进农村两个文明建设，中宣部、教育部、团中央等联合组织发起暑期大学生"三下乡"社会实践活动。2021 年 4 月，团中央发出开展全国大学生"返家乡"社会实践的通知，进一步丰富了大学生社会实践的内容与形式。2023 年 2 月 23 日，团中央、全国学联联合印发了《关于增强新时代大学生社会实践活动实效　深化共青团实践育人工作的意见》，对新时代大学生社会实践工作做出部署。

（一）高校社会实践育人是落实立德树人根本任务的重要环节

高校思想政治工作的根本任务是立德树人，是培养中国特色社会主义合格建设者和可靠接班人。社会实践育人是高校贯彻党的教育方针的有效途径，有助于培养大学生创新精神和实践能力，有助于加快大学生社会化进程。社会实践是思想政治教育的载体和途径，组织学生在社会大课堂中研学实践，有助于学生认识国情、了解社会，在亲身参与中增强"四个意识"，坚定"四个自信"，做到"两个维护"。

（二）充分挖掘"北京文化"社会大课堂中的育人元素

作为中华人民共和国首都，北京有 800 余年的建都史，同时更有着 3000 多年的建城史。3000 年历史积攒下来的厚重首都文化，将影响首都青年的世界观、人生观、价值观，其中蕴含的丰富文化遗产更应成为首都高校思想政治教育课程和活动的重要资源。2014 年 2 月，习近平总书记在北京考察时指出："北京是世界著名古都，丰富的历史文化遗产是一张金名片，传承保护好这份宝贵的历史文化遗产是首都的职责。"2017年8月，蔡奇同志在北京市推进全国文化中心建设领导小组第一次会议上指出："首都文化是我们这座城市的魂，主要包括源远流长的古都文化、丰富厚重的红色文化、特色鲜明的京味文化和蓬勃兴起的创新文化这四个方面。"地处北京的高校，要充分挖掘古都文化、红色文化、京味文化和创新文化中蕴含的思政元素，把弘扬首都文化作为加强大学生思想政治教育的重要目标和任务。

（三）开展"走读北京"研学实践、深入社会大课堂的重要意义

1. 实际意义。

（1）有利于落实高校立德树人的根本任务。高校思想政治工作的根本任务是立德树人，社会实践教育是落实立德树人根本任务的重要环节，是思想政治教育的载体和途径。加强社会大课堂研学实践的研究，有助于学生认识国情、了解社会，在亲身参与中坚定"四个自信"，做到"两个维护"。

（2）有助于大学生全面发展和成长成才。首都文化中蕴含了丰富厚重的中华优秀传统文化、红色革命文化，让青年大学生在"走读北京"社会大课堂中研学实践，运用自身所学的专业知识思考问题、分析问题、解决问题，亲身调研传统文化、红色文化的历史厚重，目睹火热的现代变化，亲自感受中国特色社会主义建设的伟大成就，不仅促使他们坚定"四个自信"，还会激发他们的社会责任感，打破思想局限性，激发学习积极性，进而做到全面发展，实现成长成才的目标。

2. 理论意义。

（1）有利于丰富思想政治教育的方法论研究。思想政治教育方法论是一个开放系统，随着社会不断发展、变迁，人们的思想意识、价值观念也逐渐发生变化。为了提高思想政治教育的有效性，思想政治教育方法必须跟随社会发展的步伐，在已有的思想政治教育方法的基础上，改

革旧的方法，创造新的方法。"走读北京"研学实践的开展，正是基于首都大学生的思想观念变化，以提升思想政治教育的针对性和实效性为目标，充分挖掘首都文化中的思想政治教育元素，创新研究新时代背景下与首都文化相融合的方式方法，为如何开展大学生思想政治教育提供新的视角，为思想政治教育方法论的内容增添新的内生动力。

（2）有利于丰富思想政治教育的载体论研究。思想政治教育载体是思想政治教育主客体的衔接要素，是思想政治教育的物质基础和前提。社会实践为大学生思想政治教育提供了载体和平台，深入开展"走读北京"社会大课堂研学实践，有助于充分挖掘社会大课堂的思政载体作用，掌握新时代在社会大课堂开展实践育人的规律，进而丰富思想政治教育的载体论研究。

三、教育过程

"走读北京"研学实践活动主要从以下几个方面深入推动。

（一）聚焦研学实践对象，强化制度保障

"走读北京"研学实践作为社会实践工作的一部分，首先要坚持正确的政治导向，在研学实践中，始终以提升思想政治教育的实效性为出发点，时刻遵循思想政治教育的规律，坚持以人为本的原则，深入调查研究。让学生在研学实践的过程中，学会运用马克思主义基本原理认识社会、了解社会。

在顶层设计上，"走读北京"研学实践以培养学生表达能力、提升专业社会实践和志愿服务意识、提高专业实践应用能力为出发点，通过三大模块确保研学实践的顺利进行。

1. 全面覆盖，设立"走读北京"学生社团。吸引对首都文化感兴趣的学生加入社团，通过指导老师的深入指导和学生自发的活动组织，定期开展"走读北京"社团活动。

2. 表彰激励，举办"走读北京"宣讲比赛。以赛促练，定期举办

"走读北京"大学生宣讲比赛,通过比赛激发学生深入了解首都文化的兴趣和意识。

3. 宣讲带动,成立大学生宣讲团。组织学生进入中小学、居民社区等进行文化宣讲,提升学生的社会服务意识。

(二)聚焦研学实践内容,挖掘育人元素

切实发挥实践育人实效,将教育与社会实践密切结合,在理论学习的同时,挖掘首都文化中的育人元素,引导学生在"走读北京"实践中,感受蕴含在北京文化中的古都文化、红色文化、京味文化和创新文化。重点依托古都文化开展爱国主义教育,依托红色文化开展中国近代史教育,依托京味文化开展中国传统文化教育,依托创新文化开展时代精神教育等,丰富实践育人的内涵。

(三)聚焦研学实践方法,强化过程指导

以古都文化为例,组织学生进行一次天坛的研学实践,实践的最终目标是录制一个"三分钟话北京"天坛文化主题宣讲视频。实践活动实施的前后,要指导宣讲团的学生开展材料搜集、实地考察、讲稿整理、视频制作等一系列操作,要让学生把自身所学的专业知识转化为青年人喜欢听的语言,从服务社会和弘扬文化的角度出发,走出校园进行宣讲。一场活动下来,势必会提升他们对专业知识的理解,由天坛文化增强他们的爱国情感,进而增强他们对社会主义文化的认同。

截至目前,"走读北京"研学实践已经取得了阶段性进展。

2020年,通过哔哩哔哩等网站,"走读北京"研学实践团推出"云游北京"线上主题宣讲,发布视频20余个。

2020年7月,"走读北京"研学实践团以"沿着总书记的足迹"为主题进行研学,组织学生沿着习近平总书记的足迹依次走访了首都博物馆、雨儿胡同、北京市规划展览馆、安贞街道安华里社区等地点,结合传统文化和时事热点,以人物采访、走读讲解等多种形式录制了宣讲视频。

2020 年 12 月，为响应落实中央脱贫攻坚的要求，"走读北京"研学实践团远赴湖北省巴东县开展"脱贫攻坚，智力帮扶"活动，为当地留守儿童带来志愿宣讲。前期组织学生前往北京故宫、天坛等 10 余个地点录制了实景宣讲视频，通过认识北京、了解北京，提升留守儿童的文化认同和爱国情怀。

2021 年 4 月，为庆祝中国共产党成立 100 周年，学院开展了以"传承红色基因、厚植红色情怀"为主题的研学实践，组织学生前往 18 个北京红色教育基地，录制了主题宣讲视频。

2022 年和 2023 年，"走读北京"研学实践团以"三分钟话北京"为主题进行研学实践，重点走读北京文化村落，目前已走进 5 个村落录制主题视频并发布到网络。

四、总结反思

（一）提高政治站位，强化协同育人

要深刻认识大思政课的战略意义，切实把思想和行动统一到党中央决策部署上来，把大思政课建设作为一项重大政治任务抓紧抓好。在社会实践的过程中，要构建学校、家庭、社会协同育人机制。学校要发挥主导作用，构建育人体系；家庭要发挥基础作用，培育良好家风；社会要发挥保障作用，营造良好环境。形成全方位、多层次、立体化的育人格局。

（二）坚持以学生为中心，促进全面发展

社会实践是学生直接接触社会的手段，研学实践更应聚焦学生成长和发展的需求，这是高校社会实践育人必须遵循的规律。相较以往，青年学生对于自身成长成才和生涯发展需求的关注更为显著，需求的种类更为多元化，层次也有所提升，要在研学实践中因材施教，注重挖掘和发挥学生身上的各项潜能，促进学生全面发展。

（三）优化实践课程体系，提高育人成效

社会大课堂中蕴含着丰富的育人元素，泛泛地开展研学实践容易

形成走马观花、形式大于内容的局面。要进行统筹规划和系统设计，更好发挥社会实践的育人作用。要注重课程化设计，在实操中，部分高校学工系统将社会实践变为寒暑期的一项学生事务性工作，脱离了教学意义和课程定位。要注重过程性指导，引导学生学会运用不同载体、利用多种方法开展社会实践活动，还要学会善用学校的各类平台和资源。

家校共育，从冲突到和解
——家长介入的校园冲突处理

师范学院 刘冰洁

一、案例简介

📠 **案例来源：小薛和小卢，大三男生。**

基本情况：2024年6月26日周三晚6点，男生宿舍发生一起打架事件，辅导员收到学生信息后第一时间来到宿舍了解情况。被打者是小卢，平日遵纪守法，与舍友关系良好，性格随和、乐于助人，是一名综合表现较为优秀的男生。打人者是小薛，有较大的心理问题，与宿舍其他几人不属于同一个专业，关系较为冷淡，平日上课时敌对老师、仇视权威、喜欢发表过激言论、情绪极不稳定。两位学生属同一宿舍、不同专业、不同班级，分别由两位辅导员负责。

辅导员到达宿舍后，对被打者小卢的伤口进行了消毒处理，初步判定伤势不重，多为抓伤挠伤。经过当事人小卢的描述和舍友佐证，辅导员了解到冲突起因是二人在宿舍内因整理物品出现口角，小薛对小卢进行了殴打。对小卢进行安抚之后，辅导员再找到打人者小薛，考虑到小薛情绪暴躁，有心理问题，为防止小薛对其他学生造成二次伤害，将小薛带回办公室进一步了解情况。小薛承认自己打人的事实，但谈及为何打人，小薛的表达又陷入思维混乱、答非所问的情况，同时情绪激动，话语中透露出激进想法。因此，首要任务是稳定学生情绪，同时联系双方家长，让双方第一时间手写情况说明并签字确认。

6月27日早晨，为了让小卢家长对孩子被打后的身体健康情况放心，辅导员带着小卢来到安贞医院挂急诊，注射了破伤风疫苗，同时针对磕碰部位进行了 X 光检查。经过医生诊断，除了软组织轻度擦伤，并无大碍。下午学生结束期末最后一科考试后，双方家长分别来到学校对打人事件进行洽谈，随后小薛妈妈赔付小卢医药费 870 元和精神损失费 1000 元，双方愿意和解。

学院依照《学生手册》中的违法处分条例给予小薛严重警告处分，并取消其住宿资格，予以警示教育。同时，建议小薛母亲利用暑假期间带他进行心理治疗。

二、案例分析

（一）问题分析

1. 整个打架事件的责任方清楚明了，小卢被打没有任何前期挑衅或不当行为，小薛打人完全是个人精神状态问题，因此在判定责任方时没有可商讨的空间。由于两位当事人属不同辅导员负责，所以处理此次问题最大的困难之一是多方协商（见图 1）辅导员既要尊重和保护学生，也要倾听家长意见，在安抚家长情绪的同时将双方家长的意见想法准确及时地进行交换。事件前期在双方学生情绪都不稳定、双方家长都不冷

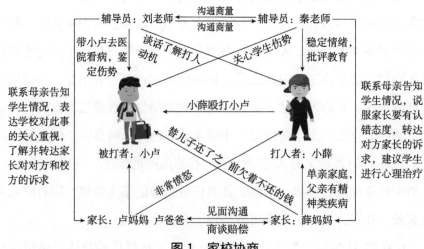

图 1　家校协商

静的情况下，不宜让双方家长直接联系，而是要经过有效调解，双方家长本着同一目标且有着较高一致性之后再相互联系。

2. 在整个事件中最不可控制的就是打人方小薛。小薛在本学期已经多次在课堂中顶撞专业老师，对社会问题有非常偏激的看法，辅导员对其进行深度辅导时便能够感受出他的思维涣散，语言表达看似有逻辑，实际上"形而上、假大空"。结合小薛家庭环境，了解到小薛父亲有精神类疾病，从而导致母亲与父亲离婚。所以在突发事件前期关键的不是批评教育，而是要安抚小薛的情绪，让家长接回家观察，避免小薛情绪失控，对他人做出二次伤害或自伤行为。

3. 事件发生的时间正值大三年级期末的结课考试期间，学生们的学业压力较大从而引发心理焦虑，心理异常学生的情绪状态尤为突出。通过询问事情经过了解到，小卢和小薛之间的矛盾爆发非常突然，甚至意想不到，由此可见对于有心理问题的学生来说任何的小事都有可能是"引爆点"。冲突本身的起因已经不再重要，而是有心理问题的小薛在焦虑的期末无法正常调适内心紧张状态，为了寻找一个发泄口，于是听话懂事的小卢成为受害者。

（二）对策分析

在事发的第一时间，最重要的是保护学生的人身安全，无论是被打者小卢不再受到二次伤害，还是打人者小薛因心理问题不出现极端行为。因此双方辅导员第一时间要关心学生的身体和心理状态，充分倾听学生的一切表达，同时让学生手写情况说明，进行签字确认。

为了最大限度保护被打学生小卢的身体健康，同时让小卢的家长放心，辅导员第二天亲自带着小卢去安贞医院挂急诊看病。在挂号时向医院明确有责任方，挂号时不能走医保而是学生自费，保留所有就诊单据，才能有利于后续的医药费由对方承担。针对挠伤和推撞，分别注射破伤风疫苗和拍 X 光片，在医生诊断后确保学生身体无大碍。

在这起矛盾中，无论是打人者小薛的家长出于对孩子的着急和偏祖，还是被打者小卢的家长对孩子无辜被打的气愤和心疼，双方家长都比较情绪化，在事件前期都不适合直接当面联系，不然反而会火上浇油，令事态无法控制。因此事件的前三分之二处理都是辅导员作为中间桥梁，对学生进行疏导、关爱；对家长进行告知、沟通。双方辅导员务必随时沟通，信息对称，保证准确又委婉地转达双方家长的诉求。在逐步调解之后，双方家长的情绪稳定，本着同一目标且达成一致后，在事发第二天下午（学生考完试）之后，再相约到学校进行面对面交涉。

三、教育过程

1. 由于打人者小薛有心理问题（不排除精神疾病），所以他并不能表现出对方家长所期待的"诚挚道歉"。相反，他会不断陷入"自证"的说辞，辅导员和小薛母亲每一次尝试跟他沟通，都会被他转移话题，或是用极端的话语结束沟通。比如，他会说："那我干票大的！"在这种情况下，既要明确地告知他所犯下的错误会受到学校相应处分，取消他的住宿资格，更要注意语气态度，绝不能过于严厉责怪，加重他的反抗和紧张情绪。应以安抚情绪为主，并建议小薛母亲带他回家后去精神科进行咨询治疗。

2. 要客观地向打人者小薛的母亲反馈小薛平日的在校表现。比如，小薛存在向舍友借钱后不还、顶撞专业老师、课堂发表过激言论等问题。要让家长意识到孩子的问题不仅仅涉及暴力倾向，还需要带孩子进一步进行专业的心理辅导和精神科检查。

四、总结反思

在这个案例中，有两个关键：一是打人者小薛有心理问题，其母亲又较为溺爱，保护欲较强；二是在家校联动的过程中要把握好尺度、进度和态度。

1. 学生的人身安全是第一位的。无论是心理问题还是精神问题，后续的治疗都是长久的过程，但打架的突发事件出现，首先要保证学生在学校不再出现二次伤害，不再应激做出更出格的举动。因此要第一时间联系家长，让学生当晚回家，不再有机会接触到宿舍同学。

2. 确保信息的准确性和双方责任的明确性至关重要。在事件发生的当晚或尽可能短的时间内，分别手写详细的情况说明。这样做的目的是减少记忆模糊或外界干扰的可能性，使描述更接近事实真相。说明中包含事件发生的时间、地点、参与人员、冲突的起因（即双方为何发生争执）、冲突升级的过程（包括双方都说了什么话、做了哪些动作）、动手的具体细节（如谁先动手、打了哪里、使用的工具、动作方式等）。双方当事人完成手写说明后，需亲自签字并注明日期，以示对内容的认可与负责。这一步是确保说明内容真实性的重要环节。除了解双方当事人的陈述外，辅导员还应积极收集现场舍友的证言，详细记录他们所见的冲突过程，并签字确认。

3. 处理应急事件时的家校联动，辅导员的角色至关重要，要把握好尺度、保证好进度、传递出态度。辅导员在与学生、家长及学院领导沟通时，要注意言辞的恰当性，既不过于乐观，也不过于悲观，避免给学生或家长造成不必要的误解或压力。同时，还要在保护学生隐私和权益的前提下，适当分享信息，确保家校双方都能获得必要的、准确的信息。辅导员要充分关爱学生，在医院检查过程中随时向家长告知情况，避免家长过度担心，更要转达学院领导对此事的关心和重视。另外，还需要与学院领导保持密切沟通，及时汇报事件进展和需要协调的问题，以便学院能够给予必要的支持和帮助。面对双方家长可能出现的情绪化或不妥帖的表达，辅导员作为桥梁角色，要展现出高度的智慧和敏感性，有选择性地转述，筛选有效信息，旨在促进双方的理解与沟通，以大事化小、解决事情为原则。

4. 针对有心理问题的学生，辅导员在向家长传达这一敏感信息时，需要采取一种既尊重家长感受，又能够明确传达问题严重性的方式。前期沟通要积极建立信任和理解的基础，表达学生过错时使用非指责性语言，在给双方家长协调时强调合作和配合的重要性，同时理解每个家长都是偏爱自己孩子的本质，充分倾听家长的意见和反馈，以本着学生健康发展的角度建议家长带着学生去医院进行治疗。

5. 学校严格按照《学生手册》条例，依法依规给予学生处分，处分轻重不以双方家长的意志为转移。在处分过程中，学校必须保持客观、公正的态度，不受任何外部因素的干扰。因为家长虽然关心自己的孩子，但他们的立场和观点带有主观性和片面性，不一定能够全面、客观地反映学生的行为性质和后果。如果学校在处理学生违规行为时受到家长意志的影响，就可能导致处分不公、偏袒一方等问题的出现，从而损害学校的公信力和权威性。

6. 双方家长到校见面后，辅导员代表的是学校，要注意语言表达和中立态度。在涉及医药费、精神损失费等赔偿问题时，辅导员的角色应当侧重于促进双方家长之间的有效沟通和协商，而不是直接介入具体的赔偿金额或方式的讨论。赔偿问题往往涉及复杂的法律、经济和个人情感因素，需要由相关方在平等、自愿的基础上进行协商。

7. 期末考试阶段是学生集中爆发矛盾、宿舍问题的高发时期。环境压力往往加重重点关注人群的心理问题，辅导员不能放松警惕，要及时地给予学生关注和疏导，及时地发现宿舍内、班级内的潜在矛盾。

综上，家长介入校园矛盾是一个复杂而敏感的问题，需要谨慎处理以确保问题得到妥善解决，同时避免矛盾升级或对学生造成不必要的伤害，从冲突到和解的过程更是家校联动的作用和体现。双方家长介入事件的时机很重要，介入过早爆发矛盾，介入过晚夜长梦多，家长们也在观察辅导员的处理方法是否合情合理。高效及时、公平公正、有法可依、情绪稳定、共情不滥情，是辅导员在处理突发事件时与家长相处的原则。

公寓小天地　育人大舞台

——辅导员公寓育人实践探索

师范学院　孙君镕

一、案例简介

案例来源：师范学院校外学生公寓住宿学生。

基本情况：随着学校师范生招生规模的不断扩大，北京联合大学师范学院受校园空间及人数所限，选择租赁校外社区公寓来增加住宿床位。然而，因居住量大、设施老化以及周边环境复杂等因素，学生面临诸多问题，诸如生病、争吵、摔伤以及宿舍跑水等情况频繁出现。

二、案例分析

作为一名驻楼辅导员，我守护校外女生宿舍已有 4 年。关心学生生活起居，保障住宿安全舒适；及时给予关怀支持，引导学生养成良好学习习惯，提供学业帮扶与就业指导；关注宿舍安全，定期检查，确保人身财产安全；紧急情况迅速反应；倾听学生心声，排忧解难，如大家长般让远离家乡的学生不再孤单。

（一）暗夜守护，用爱温暖学生心

小 W 是我院的一名大二学生，自小患有癫痫病，由于家长叮嘱该学生隐瞒病情以及稍不注意就会发病的身体，小 W 逐渐萌生了非常大的心理问题，对突发事件频繁爆发不恰当的愤怒，不顺心时过度哭喊、咒骂等。长此以往，小 W 的学业表现不佳，无法按时完成作业、沉迷于娱乐休闲活动而耽搁学业。有次深夜 3 点，小 W 舍友打来电话，称小 W 在睡梦中突然身体强力抽搐、翻白眼、口吐白沫，叫她无回应，同学们不知如何处理也不敢干预。

辅导员接到电话后第一时间赶到，将毛巾塞到小 W 嘴里防止其咬伤舌头，并拨打 120。等待医生过程中，辅导员高度关注小 W 状态并尝试唤醒她，小 W 抽搐减弱后恢复意识，却不知发生何事。医生到达后，众人将小 W 扶下楼。辅导员发现她身上有抽搐时的碰伤，无其他外伤。在去医院路上，得知她的发病原因是睡前打游戏、情绪波动大、熬夜未休息好。医生确定小 W 无生命危险，处理擦伤。抵达医院后，辅导员陪同她做多项检查，其间与家长沟通。因小 W 是外地生源，家长当晚无法赶到，辅导员告知小 W 情况并安抚家长情绪，保持沟通。小 W 做完检查后与家长视频通话，家长放心并致歉。

事件发生后，辅导员第一时间确保学生安全，处理好应急事件后及时向学院报备说明情况。此举表明，遇到突发事件，仅靠辅导员力量可能无法及时全面解决，报备学院领导有助于高效处理。同时，将这个案例记录在册，便于保存学生资料。

突发事件对小 W 心理影响极大。后期观察发现，辅导员的关心照顾让小 W 感受到自己的重要性，逐渐敞开心扉与他人交流。在辅导员和其直属辅导员的共同帮助下，小 W 从暴躁、不爱与人交流转变为温柔、热爱生活、喜欢社交，学习成绩也稳步提高。可见，辅导员队伍是公寓育人的关键力量。我们应进一步加强辅导员队伍建设和管理，提高其专业素养和育人能力，为公寓育人工作提供有力保障。

（二）和谐之约，以规铸就温馨寝室

师范学院因住宿条件紧张，大间每间有 8 人，分里外屋各 4 人。10 楼的小 Z 和小 L 上周就因宿舍问题闹到派出所。小 Z 易受灯光和声音影响难以入眠，小 L 则习惯晚睡且动作大大咧咧。长期以来，两人互不沟通，小 Z 每晚要等小 L 睡下、宿舍安静关灯后才能入睡，严重影响睡眠质量。此外，小 L 有时放在浴室的东西掉到地上，就认为是小 Z

故意扔的，小 Z 也会在小 L 休息时故意发出声响影响小 L。一天夜晚，因关灯事件矛盾彻底爆发，两人动起手，惊动警察被带去派出所。

得知此事后，辅导员第一时间赶到派出所。经多方了解情况，分别与两个学生谈话沟通，进行调解、录口供等。离开派出所时天已亮，虽疲惫，但看到和好如初的两人携手回校，心里被初升太阳照得暖暖的。返校后，辅导员向分管领导汇报详细经过。根据实际情况及事情严重程度，给予严肃处理决定，对两位学生通报批评并做出清宿处理。

辅导员赏罚分明的做法有助于培养学生的规则意识和责任感。明确的宿舍制度让学生清楚哪些行为被鼓励、哪些被禁止，树立正确的价值观和行为准则，培养规则意识和自我约束能力。在承担责任和后果过程中，学生学会对自己的行为负责，形成强烈的责任感。辅导员公正处理事务，能赢得学生信任和支持，增强班级和宿舍凝聚力，促进同学友好相处和互相帮助。在赏罚分明的环境下，学生更自觉遵守规章制度，减少违规违纪行为，维护良好秩序。

（三）集体之光，以行引领学生成长

大一新生小 E，在系里犹如一抹淡影，对班级集体活动和学校公益项目皆持超然态度，以自我为中心，鲜少为集体荣光贡献力量，令人感到疏离与遗憾。毕竟集体的温暖与成就需众人努力。2023 年冬天的某个周末晚上，校外宿舍暖气管因年久失修爆裂。仅 20 分钟，污水涌进各宿舍，漫延 3 个楼层且涨过脚踝，溅染新粉刷的墙壁，一片狼藉。

得知情况后，辅导员迅速从办公室赶到校外宿舍，不顾污水寒凉，卷起裤腿，手持工具，与宿管老师一同投入紧急排水与清理工作。院领导们也相继赶到，淋着室内"雨"爬到顶楼与大家接力扫水。清扫到 8 楼一间宿舍时，敲门无回应，开门后发现小 E 躺在床上。面对水面上的拖鞋、脸盆，泡在水里的书和行李箱，她冷眼旁观。辅导员温和地询问是否可以进来，是否打扰她休息，她冷冷看一眼后说没事，让大家干，接着翻身继续休息。辅导员与学院副书记接力扫水，怕打扰她尽量动作轻些。

5~6分钟后，小E突然翻身下床，简单整理衣物后拿起扫把，加入扫水大军。起初虽动作生疏，但每一下都真诚有力。辅导员与在场老师满心欢喜，继续劳动。扫完她的屋子，她又默默跟着老师与其他在校学生打扫其他房间及公共区域。经过近4小时全力以赴，宿舍恢复清洁。汗水浸湿衣衫，却保障了学生住宿和财产安全，大家内心充实满足。

这一刻，小E深刻体会到团结协作的重要性，消除等、靠、要的思想，与老师、同学共渡难关。宿舍水患被克服，这段经历成为她人生的宝贵财富，激励她未来勇于担当、积极向前。被老师们的无私奉献触动后，她脱胎换骨，心灵被温暖光芒照亮。从此，她不再置身事外，积极投身学院志愿服务活动，在校园文化节、社区公益项目中都能看到她忙碌热情的身影。这份转变让她找到归属感，也让更多人见证她对集体的热爱与贡献。

确实，老师在学生生活中至关重要。他们不仅是知识传授者，更是学生品德形成的引导者和示范者。老师必须时刻注意言行举止，以身作则，为学生树立良好榜样。在紧急情况如宿舍水患事件中，老师的带头作用不可或缺。需迅速反应、冷静应对，积极采取措施保护学生安全，引导学生正确应对紧急情况。这种积极的行动和态度对学生有强烈的感染力和示范作用，让他们学会在困难面前保持冷静勇敢。同时，老师的言行反映价值观和道德标准。老师必须时刻保持高度责任感和使命感，以身作则，为学生树立良好榜样，通过积极行动和正确言行引导学生形成正确的价值观和行为习惯，为他们成长发展奠定坚实基础。

三、教育过程

驻楼辅导员在公寓这一特定空间，以精心设计的活动与策略，实现对学生的全方位、多层次教育引导。一方面，注重环境营造与文化浸润。推进公寓文化建设，设立文化墙、展示区及生活规范宣传栏等，让文化气息弥漫公寓。另一方面，加强情感沟通与心灵关怀。日常关怀结合谈心交流，定期走访宿舍，了解学生生活状态与身心健康。通过一对一谈心，掌握学生思想动态与心理变化，给予及时指导帮助，引发情感共鸣，增进师生信任理解。同时，强化价值观引导与思想教育。在公寓内定期召开主题班会，围绕社会主义核心价值观等开展讨论交流，结合时事热点组织学生探讨，培养社会责任感与公民意识，引领学生树立正确的价值观与人生观。此外，树立榜样引领与激励。挖掘宣传公寓内优秀学生典型，以其先进事迹激励学生向榜样学习，追求更高人生目标，并对表现突出的学生表彰奖励，增强荣誉感与成就感。

四、总结反思

在高等教育日益注重全方位育人的背景下，公寓作为学生日常生活与学习的重要空间，逐渐成为辅导员施展教育才华的"大舞台"。公寓虽小，却能在细微之处见真章，成为促进学生全面发展的重要阵地。在未来的工作中，我们将进一步深化公寓育人理念，将公寓作为思想政治教育、行为规范教育、心理健康教育等多元化育人的重要载体，充分挖掘公寓的育人潜力。

1.深入公寓，贴近学生。辅导员积极深入学生公寓，与学生同吃同住，日常交流中洞察学生思想动态、生活需求与成长困惑，实现无缝对接，拉近师生距离，创造更多教育工作的契机。

2.构建公寓文化，营造良好氛围。注重公寓文化建设，举办公寓文化节、宿舍美化大赛等活动，激发学生的创造力与团队协作能力，引导学生树立正确的价值观与生活观。同时，创新运用新媒体、新技术加强互动交流，提高工作针对性与实效性，在美化环境中潜移默化提升学生综合素质。

3.强化安全教育，确保学生安全。鉴于公寓周边环境可能存在的安全隐患，加大安全教育力度，举办安全知识讲座、消防演练等活动，增强学生安全意识与自我保护能力。与公寓管理方紧密合作，共同维护公寓的安全稳定。

4.关注心理健康，提供心理支持。心理健康是学生成长成才的重要保障，驻楼辅导员积极关注学生的心理变化，及时为有需要的学生提供心理咨询和疏导服务。建立心理健康档案、开展心理健康教育，努力构建积极向上的心理支持系统。

5.促进自我管理，培养良好习惯。鼓励学生参与公寓的自我管理，通过设立楼长、层长等职务，让学生在参与中学会管理、学会服务。同时，通过制定公寓规章制度、开展文明宿舍评选等活动，引导学生养成良好的生活习惯和自律意识。

6.加强队伍建设，完善评估机制。辅导员队伍是公寓育人的关键力量，要加强辅导员队伍的建设和管理，提高专业素养和育人能力，为公寓育人工作提供有力的人才保障，建立科学合理的评估机制，定期检查和评估，及时发现问题并加以改进，确保公寓育人工作的持续性和有效性。

总之，"公寓小天地，育人大舞台"。通过不断探索和实践，我们坚信公寓育人工作将在促进学生全面发展方面发挥更加重要的作用。

坚定理想信念　做好党员教育

——毕业生党员党组织关系转接工作实践

应用文理学院　石小川

一、案例简介

> 🔖 **案例来源：小王，男，毕业生党员，毕业后与学长共同创业。**

基本情况：小王是一名历史学专业学生，北京生源，在校期间政治表现突出，于大三下学期被党组织吸收成为中共预备党员，一年后按期转为中共正式党员。他专注于历史专业学习，学习成绩优异，利用寒暑假积极参加"走读北京"大学生文化宣讲团等社会实践活动。受学长和校友影响，他毕业后立志于在研学旅游和文化传承方面开展创业，讲述北京故事，把中华优秀传统文化传播到五湖四海。

临近毕业，我作为辅导员，询问小王毕业后党员组织关系的去向。小王吞吞吐吐，回答暂时没有着落。正是因为忙于创业，他并没有关注学院对于毕业生党员开展的系列教育和宣讲，疏忽了与党支部书记的联系，毕业后党组织关系的去向也成为问题。

二、案例分析

（一）问题原因分析

党员组织关系，是指党员对党的基层组织的隶属关系。《中国共产党章程》中规定每个党员，不论职务高低，都必须编入党的一个支部、小组或其他特定组织，参加党的组织生活，接受党内外群众的监督。小王在毕业后，无法及时转接党组织关系，主要有两个原因。一是因为小王没有及时接受毕业生党员教育，对于党组织关系的重要性和转接程序认识不到位。党员及时转接组织关系是党员管理的重要内容之一，是加强对党员教育、管理和监督的重要措施，对于增强党员纪律意识、党性修养和组织观念具有重要意义。不按照规定时间办理党员组织关系转接，是组织观念淡薄、组织纪律性不强的一种表现。二是因为当前很多民营企业还未建立党组织，暂时无法接收毕业生党员，而居住地的社区以毕业生党员有工作单位，应转接至工作单位党组织为由不接收党组织关系。部分毕业生在此过程中产生了畏难情绪，没有继续寻找能够接收党员关系的党组织。

小王遇到的问题有一定代表性：学生毕业后学校让学生把党组织关系转出，但工作单位无党支部，居住地社区党组织又不接收。我在小王工作之余多次与其谈话，了解其工作现状，再次讲解了党组织关系转接的政策。

我了解到，小王毕业前后这段时间正是其工作的旺季，所以没能参加毕业生党员教育，自己对党员组织关系也是一知半解，询问过居住地街道负责党务的工作人员，答复转入的高校毕业生党员，需要同时满足暂无工作、户口在本街道等条件。小王的户口地跟随其母亲在郊区，因各种原因并没有迁入城镇，所以在碰壁之后，就没有再继续寻找能够接收的党组织。

我和小王沟通之后，了解到这些情况，也询问了小王家长关于居住地街道党组织的情况，双方一致认为还是应保持沟通合作，尽快解决党组织关系转接的问题。

（二）对策分析

大学毕业生党员对于毕业后党组织关系转接问题不够重视的原因是多方面的。部分毕业生党员入党时间不长，缺乏对党的理论知识和党史的系统性学习，组织观念和党员意识较为淡薄，导致他们不了解党组织关系转接的具体内容，转接程序也不明确。此外，党员档案的管理方面也存在矛盾。例如，目前通常的做法是党员档案随人事档案存放于地区的人力资源服务中心，而部分接收党组织关系的单位以未收到党员档案为由拒绝接收党员的党组织关系，给初入社会的大学生带来了一定困难。

对于这些现实情况和问题，应从毕业生党员教育、程序讲解、组织保障等多个方面齐抓共管，解决这一问题。

三、教育过程

我作为小王的辅导员，多次与他谈话，为他讲解了相关政策。《中国共产党党员教育管理工作条例》第 34 条规定："高校党组织对组织关系保留在学校的高校毕业生流动党员，应当继续履行管理职责。"辅导员要求小王在未转出党员组织关系之前，应当按时参加党支部的组织生活，参与各项学习和活动，按期缴纳党费。小王自己承认近期因为工作繁忙，未能按时参加一些党支部的活动，也意识到不及时转移党员组织关系，是组织观念淡薄、组织纪律性不强的一种表现。

我还为小王详细讲解了党员组织关系的重要性及转接程序，强调按时转接党组织关系是理想信念、党性修养和党员意识的体现。《中国共产党党员教育管理工作条例》第 25 条规定："党员工作单位、经常居住地发生变动的，或者外出学习、工作、生活 6 个月以上并且地点相对固定的，应当转移组织关系。"我还结合当前从严治党的要求，进行政策解读，提醒小王党组织不得无故拒绝接收党员组织关系，在党组织接收党员的组织关系时，可以采取适当方式核查党员档案与现实表现，作为党员要配合核查工作，将材料原件或者复印件送至接收党员关系的组织，不要因为工作忙、距离远等原因拖延。高校毕业生党员的党员组织关系在不同情况下去向也不相同。例如，有固定工作单位的毕业生党员，应将党员组织关系转到单位的党组织；工作单位尚未建立党组织的，可将党员的组织关系转到单位所在地的街道、乡镇党组织；一时不能落实工作单位的,可将党员组织关系转到本人居住地的街道、乡镇党组织。

根据小王在毕业后与同学共同创业这一情况,我还向他建议:党员所在工作单位未建立党组织的,可以转入工作地人才服务机构、园区、楼宇等新型党组织,并协助小王寻求工作地党群服务中心、楼宇党支部的帮助。小王尝试寻找其公司所在地的党组织,但是当地党组织要求小王提供公司营业执照等材料,小王将这一情况告知我,也提出由于创业公司注册地与实际办公地点不一致,很可能依然无法转入办公地的党组织。

了解到这一情况后,我实地走访了小王公司所在地的楼宇党支部,并与负责人员探讨了小王转入该党组织的条件。楼宇党支部是近些年探索成立的新型党组织,这里的党员来自四面八方,到楼宇中创业。负责人指出如果将党组织关系转至楼宇党支部,应符合公司营业执照上的注册地在本楼宇的要求。得知这一要求后,我与小王商议,适当时间到工商管理部门办理公司注册地变更,之后按照要求转入公司所在地的楼宇党支部。

在小王为公司办理变更注册地期间,小王能够按时回到原党支部参加组织生活,履行党员义务,发挥了先锋模范作用。最终,在小王的公司变更注册地之后,小王顺利转入了其公司所在的楼宇党支部。

四、总结反思

全面从严治党是党中央做出的重大战略部署,是"四个全面"战略布局的重要组成部分。高校党支部应不断加强基层组织建设,以提升组织力为重点,突出政治功能,做好教育党员、管理党员等工作。党组织关系转接涉及毕业生党员就业入职与今后的政治生命,每位毕业生党员都应高度重视,而高校党支部应在学生毕业季这一重要时间节点,做好宣传、教育和服务工作。

1. 做好毕业生党员教育，提升党员意识。

《中国共产党章程》明确规定："党员如果没有正当理由，连续六个月不参加党的组织生活，或不交纳党费，或不做党所分配的工作，就被认为是自行脱党。支部大会应当决定把这样的党员除名，并报上级党组织批准。"党支部书记或辅导员在开展毕业生党员教育中，要将制度和规定向毕业生党员讲解到位；强调毕业生党员离校后，做好党组织关系转接的重要性，宣讲注意事项、办理流程等，帮助毕业生党员提高思想认识，积极主动、及时高效地落实好党员组织关系，健全党员流动台账，加强跟踪管理，杜绝"口袋党员""滞留党员""隐性党员"等现象的发生。

2. 创新宣传形式，做好党组织关系转接的政策宣讲。

考虑到毕业季学生忙于求职、实习等实际情况，学院或党支部应创新宣传形式，让全体毕业生党员了解党组织关系转接的政策。例如，由负责党员组织关系转接工作的老师通过线上形式对毕业生党员开展培训，极大地提高了党组织转接的办事效率，为广大党员节省了时间，实习或上班的党员也不需要请假。发布了《致毕业生党员的一封信》，对转接原则、基本流程等政策进行详细解答，为高校毕业生党员办理组织关系转接提供便利。还邀请有专业特长的学生制作了"党员组织关系转接指南"教学视频，将政策规定和转接流程以动画的方式呈现，对党员组织关系转往何处、出国出境学习的高校毕业生应如何办理等具体问题进行详细解答，并制作了微信公众号推送进行发布，"党员组织关系转接指南"通俗易懂，一目了然，还可以通过手机观看，收到了良好的效果，获得了毕业生的一致好评。

3. 提升服务水平，搭建党员和党组织之间的"连心桥"。

党员组织关系转接是基层党组织加强党员管理的一项基础性工作。这就要求在毕业生转出党组织关系前，要对党员档案审核到位，建立党支部核查、党员互查制度，重点审查发展党员程序是否规范、党员档案材料是否齐全等，确保清晰规范，防止出现误差。对于材料缺失、材料错误等问题及时更正，把握好党员档案的出口关。对于在党组织关系转接中遇到困难的毕业生党员，要明确专人负责，做好解答转接手续、流程和注意事项等问题，同时做好与目标党支部的沟通工作，以爱心、关心、耐心服务毕业生党员。

解决宿舍矛盾　稳固新生关系　创建和谐班集体

商务学院　马雨晴

一、案例简介

📖　**案例来源：国贸专业某女生宿舍。**

　　基本情况： 大一女生小赵有一天找到我，表示自己因不明原因被宿舍的室友排挤，产生了矛盾，班里的其他同学得知此事后觉得自己人品有问题，小组合作时不愿意和自己组成一个小组。她觉得很困扰，希望辅导员帮助解决。在多角度多层次调查后发现，这不是一起简单的宿舍矛盾，还涉及该宿舍隔壁宿舍其他专业学生和班里其他同学，错综复杂。

　　通过调查了解到，小赵所在宿舍均是大一新生。在开学初相处得非常融洽，她们经常会在课余时间及周末结伴出游。但经过一段时间的相处，室友对小赵的一些行为感到不满，比如卫生习惯差、衣服有味道、吃过的外卖不及时扔掉等。由于沟通无效，彼此之间产生了矛盾，并在小赵加入篮球社团后直接爆发。由于隔壁宿舍女生同样也是社团成员，因此小赵与隔壁宿舍的女生交往密切，几乎不参与宿舍的集体活动。在一次篮球比赛后，小赵受伤，隔壁宿舍的女生与小赵关系好，便到宿舍来探望，但是并未敲门，且说话声音极大，引起了宿舍其他同学的不满。于是宿舍的女生就小赵的行为召开了宿舍座谈会，希望日后和谐相处。但小赵误解了座谈会的目的，感到十分委屈，便在与隔壁宿舍女生聊天时向她们倾诉。事情经过一段时间和一些琐事的发酵，矛盾经过传播，使班里其他同学和隔壁宿舍的同学以为这次宿舍的座谈会是"批斗大会"。两个宿舍之间的关系迅速激化，陷入了不和谐的气氛中。双方都觉得此事影响到了她们日常的学习和生活，迫切希望事情得到解决。

宿舍是大学生生活、学习的重要场所，是学生在校园中的家，也是建立和发展人际关系的起点。良好的宿舍关系需要彼此包容，和谐的宿舍氛围需要共同维护，处理宿舍矛盾是辅导员重要的工作之一。而且，宿舍的矛盾和班级人际关系往往是环环相扣的，宿舍矛盾不处理好，也会影响班级中学生的友谊。这个案例是一个比较综合、典型的案例，不仅涉及宿舍内部的矛盾，还波及班级乃至其他宿舍的关系。因此，如何妥善地处理本次宿舍矛盾对于班级建设、学风建设都有重要的影响。

二、案例分析

（一）案例产生的原因

通过初步的了解，这个案例中的宿舍矛盾产生的原因主要有以下三点。

1. 生活习惯、性格差异导致的彼此之间的不理解、不适应。小赵在宿舍生活中存在一些习惯上的不同，主要体现在卫生习惯和与室友相处的方式上。

2. 小赵对自己自我认知不足，当室友指出她的问题时，她没有认识到自己的错误，反而认为自己有一些委屈，向隔壁宿舍女生倾诉了自己的不解，从而引发了两个宿舍之间的误解和矛盾。

3. 沟通方面存在问题。在多角度了解后，我发现所有学生都有积极解决矛盾的意愿，但是在沟通中出现了问题和误解。比如，小赵的室友开了座谈会，但是座谈会后不仅没有得到预期的结果，反而产生了误会，更加激化了矛盾。这表明尽管学生有积极解决问题的意愿，但是解决问题和沟通交流的能力有待加强。

（二）解决思路和方法

小赵找到我倾诉她的困惑，在意识到这是一起宿舍矛盾案例后，我认为要及时介入，尽快帮助她们解决矛盾，恢复友好的宿舍情谊，避免事态的进一步发展。

首先要全面调查，深入了解学生情况。我查阅了所有学生的档案，并与隔壁宿舍同学的辅导员取得联系，获取了相关信息。我还通过与班主任、班委和部分知情同学谈话，走访宿舍等形式，了解了这些学生的情况，包括她们的家庭背景、学习情况、日常表现情况等，也了解了事情的经过。

其次，在有一定了解后，我分别与小赵、小赵的室友、隔壁宿舍的同学进行了 4 次深度谈话，全面了解各方观点和情况。了解她们的真情实感，走进她们的内心世界，拨开表象找到宿舍的主要矛盾，确定并指出她们各自存在的问题并对症下药。

在了解事情的全貌后，我有了较为全面、客观的认识，对事件进行了总体分析和把控，寻求解决问题的关键点。在接收到了不同的角度对事件的看法后，我认为无论是小赵还是其室友或隔壁宿舍的同学，出发点都是好的，并且都希望能够解决这个矛盾。为了消除彼此之间的误解，需要组织一场座谈会，由小赵宿舍的全体同学及隔壁宿舍部分同学参与，以沟通、寻求调解、化解矛盾、改善宿舍关系为目的。

在化解宿舍矛盾后，也要共同消除此次宿舍矛盾在班级中的影响，后期要持续关注并随时解决新的矛盾，关注小赵的心理状态，并在日常教育中潜移默化加强小赵的自我认知并提高她们的沟通技巧。

三、教育过程

（一）个别谈话与教育引导

我分别与小赵、小赵的室友、隔壁宿舍部分同学进行了个别谈话。在谈话中，我耐心倾听她们不同角度的想法和感受，引导她们分别认识到自己行为的不当之处，并站在对方的角度相互理解，相互包容。

对于小赵来说，她的性格的确比较直率，说话、做事时不注意，比较大大咧咧，但是做事情的出发点是好的。她并不是向隔壁宿舍的女生倾诉自己的困扰，而是为了让她们能够和睦相处，但是方式方法不好。我针对小赵的问题进行了个别辅导。她意识到了自己在卫生习惯和交往方式上的不妥之处，引导她在未来的生活中能够注意公共空间的整洁，注意自己的言辞。

小赵的室友觉得小赵的一些行为确实影响到了她们，召开座谈会是想以一种轻松、愉快的氛围来解决这个问题，但是也认识到在座谈会中，她们的言行、表达确实不妥，才引发了后续与隔壁宿舍女生的矛盾。且她们与班里其他同学讲述这件事时，在无意中也带了一些主观色彩，从而导致事件的进一步传播。她们意识到了人言可畏，"一传十、十传百"，自己的无心之举可能会影响到小赵的声誉。通过教育引导，她们也意识到了理解和包容的重要性，希望能够与小赵一起解决这次矛盾，并表示会主动澄清事情的真相，弥补对小赵造成的伤害。

隔壁宿舍的女生对此事产生强烈情感是因为她们在与小赵的接触中觉得她是一个很好的女生，认为她的室友召开座谈会批评她的行为有些过分，且其中一个女生在高中时曾被同宿舍同学霸凌，因此在听说此事后很害怕小赵受到霸凌。针对她们的看法，我在表扬了她们有正义感的同时，也与小赵共同澄清了事件和误会的真相。她们意识到了自己的冲动，也表示希望能够坐在一起聊聊天，解开误会。

（二）宿舍内部调解会议

在个别谈话的基础上，我组织了一场宿舍内部的调解会议。会议中，小赵和其室友都坦诚地表达自己的观点和感受，意识到了自己的错误，共同探讨了解决问题的方法。比如，小赵的室友上课前会给小赵留位置，但小赵没来坐，她们感到心寒；而从小赵的出发点，觉得其室友不喜欢、排挤了自己，就不应该再和她们坐在一起了；进而，小赵的室友便认为小赵不想和她们一起完成小组作业。通过讨论，发现了由于时间差造成的误会，小赵与室友决定今后一起上课并完成小组作业。通过座谈会，大家增进了对彼此的了解，也认识到了自身存在的问题。经过激烈的讨论，大家最终达成共识：宿舍是一个大家庭，每个人都有责任和义务维护宿舍的整洁与和谐。

（三）制定宿舍规章制度

为了防止类似问题的再次发生，我指导宿舍女生们共同制定了宿舍规章制度。这些制度明确规定了宿舍的卫生标准、作息时间、活动安排、公共空间使用以及奖惩措施等，为宿舍的管理提供了有力的保障。这些规则旨在平衡每个人的需求和习惯，确保宿舍的和谐与整洁。

（四）跨宿舍沟通与交流

为了化解跨宿舍的纠纷，在宿舍内部矛盾化解后，趁热打铁，组织了一场跨宿舍的沟通交流会。会上，两个宿舍的女生们就各自的问题进行了深入的交流和讨论。在引导下，她们逐渐理解了彼此的立场和感受，达成了和解。同时，双方也建立了友好的交流机制，约定见面打招呼，并共同消除此事的舆论影响。

（五）跟进与反馈

在解决方案实施后，我并没有放松对宿舍情况的跟进。我定期走访宿舍，了解学生的思想动态和生活状况，确保解决方案得到有效执行。同时，也鼓励两个宿舍之间保持密切的沟通与合作，共同营造一个温馨、和谐的宿舍环境。鼓励她们多进行面对面的沟通和交流，以增进彼此的了解和信任。同时，建议她们定期组织宿舍活动，共同参与，增强团队凝聚力。如果宿舍内部无法解决问题，也要及时向我或其他老师寻求帮助，老师们会提供中立的观点和解决方案，协助大家化解矛盾。

经过一段时间的努力，宿舍内部的矛盾和跨宿舍的纠纷得到了圆满的解决。小赵和室友都开始积极实施上述解决方案。她们逐渐适应并遵守宿舍规则，加强了对彼此的理解和尊重。同时，她们也更加积极地参与到宿舍活动中，共同营造了一个温馨、和谐的宿舍环境。两个宿舍之间的友谊也加深了，她们意识到了珍惜彼此之间友谊和缘分的重要性，共同努力维护宿舍的整洁与和谐。同时，她们也在提高与他人有效沟通和合作的水平，提升了自己的综合素质和能力。

四、总结反思

这是一起由于误会、缺少沟通等原因引起的宿舍矛盾，经过一段时间的教育和干预，宿舍矛盾得到了有效化解，宿舍氛围也逐渐融洽的工作案例。小赵和她的室友与隔壁宿舍的同学现在已和谐相处，共同努力维护宿舍的整洁与和谐。通过处理这个案例，我有以下几点总结与反思。

1. 日常的关注非常重要。在日常工作中应密切关注学生的思想和生活状况，及时发现并解决潜在的问题；宿舍矛盾的产生往往源于一些琐事和误解，如果不及时干预，可能会导致矛盾升级。

2. 当发现问题时要及时介入，多措并举解决问题。这个案例在多方调研、全面了解后开展了深入的谈心谈话和教育引导，采取了个别谈话、集体教育与教育引导相结合的方法。此外，沟通是解决宿舍矛盾的关键，辅导员应鼓励学生多进行面对面的沟通和交流，以增进彼此的了解和信任。每个学生都有自己的特点和需求，辅导员应根据学生的实际情况进行个别辅导和因材施教。通过个别辅导和集体教育相结合的形式，帮助学生更好地认识自己、改进自己，从而更好地融入集体、融入社会。

3. 在化解矛盾后要持续跟进与反馈，以确保解决方案的长期有效性。在这个案例中，学生共同制定了明确的宿舍规章制度并确保其得到有效执行，不仅可以增强宿舍成员的团队意识和合作精神，促进宿舍内部的团结与协作，也培养了学生的自我管理和团队协作能力，为他们长期建立良好的宿舍关系奠定了基础。

通过这个案例，我看到了辅导员在解决宿舍矛盾中的重要作用。在今后的工作中将更加注重预防为主、及时发现并解决问题；同时加强自身的专业素养和调解能力，以便更好地应对类似挑战。在日常生活中注重宿舍团结教育，定期召开主题班会，强调宿舍的卫生要求、探讨住宿期间和谐相处的重要性和秘诀，加强沟通。同时也将积极开展各类主题教育活动，引导学生树立正确的世界观、人生观和价值观，培养他们的社会责任感和集体荣誉感。

浅议心理异常学生如何做好家校互动

特殊教育学院　傅子健

一、案例简介

案例来源：特殊教育系本科生。

基本情况：进入大学以后，大学与家庭之间的互动通常是指学生、家长和教师之间的沟通与合作，目的是促进学生的全面发展和教育质量的提升。有效的家校互动有助于建立学校老师和学生家庭之间的信任，提高教育的透明度和参与度，同时也能够为学生创造一个更加富有支持和鼓励的学习环境。有效的家校互动能够帮助我们更好地了解学生的家庭情况、成长背景和日常生活情况，能够帮助我们更好、更深入地了解学生，从而为我们有针对性、高质量地开展深度辅导和谈心谈话提供必要支持。

从 2022 年起，我担任特殊教育系某年级学生辅导员，学生 L 是我所负责的一名学生，在入校之初的心理普查中被确定为心理异常学生。在了解了相关情况后，我第一时间与 L 取得联系，并与她开展谈心谈话。在谈话过程中，我发现她与人沟通的互动反馈情况较差，要询问三句话以上才会有一次回应，谈话内容缺乏逻辑性，经常是前言不搭后语，谈话期间也基本不与我发生眼神交流。在谈话结束后，我意识到她的情况较为严重，在第一时间与她的家长取得了联系，通报了她的情况，建议家长加强对她的关注。起初家长并不以为意，认为她的情况并不严重，并将我与家长联系的情况告知了 L 本人。L 在得知情况后，立刻对我未经她同意，联系她家人的行为表示了不满。我告知 L，与每一位学生家长保持联系是辅导员工作的重要组成部分，并没有太多其他的内涵，并告知 L，如果在今后的学习生活中遇到任何问题，都可以随时联系我，我将尽可能为她提供帮助。在后期与 L 家长的沟通中，我每次在告知家长 L 近期的情况后，都会叮嘱家长，我们与家长的沟通仅仅是同步 L 的情况，希望能使家校之间有更加密切的联系，形成合力，最终助力 L 顺利完成学业，成功走向社会。家长也在我一遍遍的提醒当中认识到 L 现在所面临情况的重要性和紧迫性，表示以后会更多地关心 L，并积极配合学校老师的工作。经过家校长时间的共同努力，L 的问题虽然没有得到彻底解决，但是她从一开始的抗拒心理咨询，到后期能够主动寻求帮助，已经产生了巨大的进步。在未来的工作中，我将结合 L 的实际情况，及时与 L 的家长取得沟通和联系，与家长共同处理 L 所面对的各种突发情况。

二、案例分析

大学生的家校互动与基础教育阶段的家校互动有着明显的不同，有其明显的独特性。从上面的个案不难看出，学生的健康成长，特别是针对心理异常学生开展工作，需要家校之间相互配合，在家庭和学校老师的共同努力下找到解决问题的方案。

大学生的家校互动的独特性，主要体现在以下几个方面。

1. 学生自身自主性与依赖性的矛盾。进入大学之后，学生普遍拥有了更强的自主意识和独立意识，他们往往会更倾向于自己与学校、老师进行沟通，而不是依赖家长。大部分学生虽然已经达到了法律意义上的成年，但是在心理和社会经验方面还较为单纯，加之现有法律规范和大多数学校管理规定的限制，大学生在较多的情况下仍旧被认为不能单独对自己的行为负责，需要家长和学校的监督管理。因此老师在与家长沟通学生情况时，要特别注意对学生自主性和独立性的尊重，在向学生家长告知学生近况的同时，避免产生对学生自由的过度干预。

2. 沟通内容包含了学业导向和职业发展。基础教育阶段学校老师与学生家长的互动，往往集中在学生学业成绩的讨论，对于学生其他方面情况的关注较少。而进入大学阶段，学习虽然也是学生生活中的主要内容，但并不拥有唯一的地位。与初高中阶段不同，大学教育更加注重培养学生的自主成长和全面发展能力，考试成绩虽然是一个重要的参考指标，但并不能全面反映大学生在高校的学习状况和综合素质。除此之外，学生在校期间发生的各种紧急情况，也是家校之间进行沟通的重要组成部分。因此，老师与学生家长的沟通内容也随之有了较多的改变。

3. 沟通方式从面对面线下沟通为主到以线上沟通为主。基础教育阶段，由于学生大多数情况下按照分片就近入学的原则进行分配，学校与学生家庭住址之间的空间距离相隔不会太远，因此学生家长能够较为便利地前往学生所在学校，与老师进行面对面沟通。而大学的招生一般面向全国开展，学校与学生家庭的距离一般较远，学校老师与学生家长的互动方式变为以打电话、发信息等线上途径为主。

三、教育过程

家校沟通是教育过程中非常重要的一环，它有助于家长和教师之间建立良好的合作关系，共同促进孩子的全面发展。目前，我在与心理异常学生家长进行沟通时主要从以下几个方面开展。

1. 建立顺畅、长期的沟通渠道。沟通渠道是信息传递的基础。我始终认为建立顺畅、稳定的沟通渠道是确保家校之间高效沟通的前提条件。家长和教师可以通过这些渠道及时分享学生的学习进展、学校活动、重要通知等信息。因此，在学期初，我会主动将我的办公电话和个人电话公布给学生，鼓励他们将我的联系方式转发给各自的家长。同时，在与学生家长沟通时，我更倾向于通过打电话的方式进行，在开始谈话之前主动表明自己的身份，以获取学生家长的信任，为今后的沟通打下良好的基础。

2. 注重沟通内容。家校沟通的内容应该是全面和多维度的，旨在促进学生的整体发展，同时也加强家长与学校之间的联系和理解。我在与心理异常学生家长进行沟通时，主要从以下几个方面内容开展。首先，明确告知家长，我与他们的沟通，并不代表学生在校期间发生了任何错误，只是希望能够通过沟通向家长同步学生的近期情况，并希望通过这种形式的沟通进一步加深对学生的了解。其次，也是最主要的部分，就是向家长分享学生近期在校的学业表现、行为表现、情感与社交表现以及是否有特殊异常情况的发生。再次，是向家长了解一下学生的家庭情况、近期在家的具体表现。最后，也是最重要的部分，是站在教师的角度为学生家长提供一些家庭教育建议，如更多地关心关怀学生、尊重学生个性化发展，而不是更多地约束和强加。学生的成长成才需要学校、家庭、社会等多方面的共同努力，而不是单纯某一方的责任。

3. 收集学生家长对于学校工作的意见和建议。尽管在大学四年当中，教师与学生相处的时间可能会多于家人，但是学生往往在家庭环境中才是最放松的，也是最真实的。因此，我们需要从学生家长那里了解到学生的真实情况和真实想法是什么。同时，家长作为相对独立的一方，对于学校的育人方式和教学方式有着独到的认识和见解，我们也需要获得家长的支持和配合以共同做好学生工作。

4. 注意与心理异常学生家长的沟通方式。根据经验，心理异常学生家长在得知学生的相关情况后，大致会有两种极端的表现：一是拒绝承认或者接受这一情况；二是表现出极度担心和忧虑。因此，在沟通相关情况时，我们要再三提醒学生家长，要正确认识相关情况，并采取合理的应对措施，想方设法帮助学生调适个人情绪，逐渐回归到正常状态。

四、总结反思

习近平总书记强调，办好教育事业，家庭、学校、政府、社会都有责任。良好的家风校风和社会支持，能够为学生营造良好的外部环境，润物无声地进行品格完善、价值引领、人生启迪，给予学生精神力量和发展导航。2023年1月，教育部等十三部门联合出台的《教育部等十三部门关于健全学校家庭社会协同育人机制的意见》指出，"健全学校家庭社会协同育人机制是党中央、国务院作出的重要决策部署，事关学生全面发展健康成长，事关国家发展和民族未来"，"到2035年，形成定位清晰、机制健全、联动紧密、科学高效的学校家庭社会协同育人机制"。落实立德树人根本任务、实现全员全过程全方位育人，需要学校、家庭、社会等多方面的密切合作。当前，我国高等教育中家校沟通存在家长和教师在教育中的角色和责任可能不明确、家校之间缺乏真正的信任关系、家校之间可能缺乏有效的沟通渠道、教育观念差异、家长参与度不足、缺乏政策法规指导和规范家校合作等问题。我认为，在当前情况下，可以从以下几个方面做出努力，改善家校沟通、强化家校协同育人。

1. 转变观念、凝聚共识，形成家校育人合力。家校双方都需要进一步更新教育观念，从单一的学业成绩导向转变为关注学生的全面发展，包括道德、智力、体育、美育等各个方面。从认为教育学生是某一方的主要责任转变为意识到教育引导学生成长成才是各方共同的责任和使命。在这一过程中，家长和学校要共同参与教育活动的策划和决策，形成真正的合作伙伴关系，鼓励家长积极参与孩子的教育过程，任何一方都不能缺位，也不能越位。

2. 建立有效的家校沟通渠道，实现线上线下共同发力。既要搭建好线上家校沟通平台，鼓励学生家长积极关注学校各种线上平台，充分利用线上公众平台定期更新学校、专业、学生等的相关信息和工作安排，也要利用好家访、家长会、校园开放日等线下活动方式。确保家校沟通渠道的畅通和有效性，促进家校之间的理解和合作，共同为学生的教育和发展做出贡献。

3. 进一步优化家校共育的整体社会环境。2022年《中华人民共和国家庭教育促进法》正式实施，各地方各部门陆续启动相关工作。政府可以通过制定更为具体的落实政策、加强宣传引导、整合社区资源、探索创新家校合作新模式等方式，持续优化家校共育的社会环境，形成全社会支持和参与的良好氛围，共同促进学生的全面发展。

思想政治教育在大学生宿舍管理工作中的重要作用

智慧城市学院 马思维

一、案例简介

案例来源：智慧城市学院某女生宿舍。

基本情况：据 0612 宿舍的小玲反映，之前一直觉得和这个宿舍的同学相处得很好，日常生活中都很热情地跟她打招呼，直到几天前她发现经常和她一起上课、吃饭的小花和小雨突然疏远了她。听了小玲的一番述说，我才了解到，她与室友关系恶化，尤其是与小花关系不和。起初，小花和小雨基本都在跟她"冷战"，偶尔还会说一些故意气她的话，这让家庭比较困难且原本性格比较内向的小玲郁闷不已，觉得宿舍一天也待不下去了，坚决要求调寝。

小花和小雨都来自云南，小玲是另外一个省的。无论是穿衣打扮还是言谈举止，她们都有很明显的差异。从那时起，我在走访宿舍的过程中都特意关注她们寝室，后来发现，小玲用遮光布将自己的上床下桌与宿舍其他成员隔离开来，互不相看，自我封闭。初步调解后没过几天，该宿舍小花和小雨又急匆匆找我告状，抱怨道：宿舍有同学熄灯后在床上翻书的声音吵到了小玲，小玲因此爆发了，坚决要求换寝，觉得宿舍一天都待不下去了。此时，我深刻地意识到该宿舍的人际关系已经亮起了"红灯"。

二、案例分析

从上述情况可以看出，这是一个典型的宿舍矛盾以及学生心理问题的案例。由于宿舍成员南北方生活习惯不同，作息规律不同，家庭背景不一，学习经历不同，家庭教育背景、性格等差异导致宿舍内部小团体的出现，进而引发宿舍成员之间的矛盾。经调查发现，该宿舍的矛盾主要源于小玲与室友小花和小雨在日常闲聊中经常出现观点不同，小花和小雨经常觉得小玲很"奇葩"，再加上小玲喜欢独来独往，日积月累，宿舍矛盾愈演愈烈，进而导致小玲出现失眠，没法正常学习，小花和小雨天天怨声载道。仔细分析之后，发现导致该宿舍矛盾的主要原因如下。

1. 学生自利倾向强，自尊心强，但凡遇到一点点不开心就难以排解。自我调节能力差，与宿舍同学之间生活方式、文化等存在的差异使小玲更加孤独，缺乏安全感，心理与身体健康受到了很大的影响。

2. 大学生活和高中生活有很多不一样的地方，进入大学以后，有很多事情需要单独解决，很多人际关系都复杂而有变化。如果适应能力弱，特别是初到异地他乡，很多学生常常会感到孤独，被排挤，融入不到宿舍的集体当中。

3. 性格差异大，观念不合。我通过与班上的其他同学接触，发现小玲有些孤僻，而且又有些较真，性格内向，心思细腻、敏感，不轻易表露自己的想法，略有些自卑。小花和小雨性格要强，心思细腻，说话直接。

三、教育过程

1. 学会倾听。在同学诉说宿舍矛盾的过程中，我认真倾听，同时做好记录，并且注意安抚情绪，在她们互相指责的过程中，少反问，不质疑，让她们说出内心的真实想法，尽量让不好的情绪全部发泄出来。之后，她们的情绪逐渐趋于平和，同时，我承诺会尽快帮忙处理此事，非常重视此事。

2. 及时深入班级与宿舍，了解核实情况。辅导员面对学生矛盾问题，首先要秉持公平的原则，让学生感受到辅导员是在实实在在、真心实意地帮助他们解决实际问题，并保持积极配合的态度。首先，我第一时间与小玲的班主任、女生楼长和宿舍其他成员取得了联系。通过与班主任沟通发现：小玲平常在班上经常独来独往，对于班级集体活动也很少参与。通过与楼长沟通发现：小玲之前与小花经常一起上课、一起出行，现在关系也变僵了。同时，我主动约了小玲谈话，给她做思想工作，强调目前大家最重要的任务是考研和找工作，如果因为这些琐事心烦，耽误到自己的前途，岂不是得不偿失。小玲也若有所思，但仍然有调寝的念头。我随即帮她查看哪些宿舍还有空床位，确定是否调寝，以及调寝的目标宿舍是否合适。

3. 密切跟踪、有效预防。在该宿舍所在班级布置好"明线"和"暗线"，通过"眼线"的反馈，及时了解宿舍成员之间的关系，消除隔阂。一周过后，再次通过与小玲在学校操场聊天以及畅想未来解开她的心结。之后我又轮流约了该宿舍的其他同学逐一出来畅谈，发现该宿舍的同学比之前相处融洽多了，也没有再"冷战"过，学习抓得更紧了。我想，正是这次与学生及时而有效的沟通化解了该宿舍积蓄已久的矛盾。

四、总结反思

宿舍矛盾看似经常是鸡毛蒜皮的"小事"，但是不及时解决就会成为激发矛盾的关键点。宿舍关系在大学生活中是最重要的人际关系之一，宿舍成员相处的好坏直接影响学生心理、学习生活等各个方面。营造良好的宿舍文化是思想政治教育的重要组成部分。大学生宿舍的矛盾往往发生在人数较多的本省与为数不多的外省学生之间，这跟不同区域生活习惯、经济文化背景以及性格差异密切相关。大学生在集体环境中生活，常由于成长背景、性格等多方面的差异而出现各种问题，加上女生细腻敏感的天性，经常会因为一些鸡毛蒜皮的琐事想不通。这时就需要老师们的辅导与开解。因此，处理宿舍问题，既要做到面面俱到，同时也要细致入微。

通过这件事，我再次认识到处理学生宿舍矛盾的复杂性。辅导员只有做到职业化、专业化，储备足够的知识和经验才能对症下药，及时帮助学生战胜困惑，走出心灵的沼泽。另外，辅导员在面对问题的时候要有全局意识，利用多重资源做好学生的思想教育引导。

对于大部分大学生来说，奔赴他乡求学，辅导员是他们很亲近的人。在学生无助的时候，作为辅导员，我们要用满满的爱和百分百的关心来帮助他们，也许是一句安慰的话语，也许是一个肯定的眼神，就可以激发学生前进的动力。作为专职辅导员，我们要加强走访，主动地发现隐藏于学生思想深处的问题，及时发现，及时解决。引导学生主动与他人多交流，培养学生人际交往的能力，为学生架起沟通交流的桥梁。

宿舍作为大学生学习的后方保障，我们要努力营造"家"的氛围，构建温馨和谐的宿舍文化。面对学生之间的矛盾，辅导员要引导学生增强自律能力，培养良好的学习和生活习惯，相互包容和理解，引导学生通过自我管理和自我反思的方式学习处理矛盾的技巧。

和谐宿舍从你我做起

城市轨道交通与物流学院 蔺梦雄

一、案例简介

案例来源：城市轨道交通与物流学院本科生。

基本情况：我是城市轨道交通与物流学院的一名学生辅导员，A同学是一位成绩优异且担任班长的女生，B同学则是一位比较内向的女生。两位女生自入学以来感情一直很好，平时也会一起上课、一起吃饭、一起逛街，大多数时候都形影不离。日常生活中，由于宿舍矛盾，两人与另外两个舍友产生了矛盾。B同学非常依赖A同学，无论是学习还是生活甚至是在宿舍，都会和A同学非常亲近。但一次宿舍矛盾使得A同学与B同学也产生了矛盾，导致两人不再有交流。因承受不住宿舍低气压氛围，B同学向我提出调换宿舍。通过个别谈话，我深入了解情况，并帮助学生认识到沟通的重要性，在我的引导下，双方决定尝试和解，继续同住。这一过程中，我通过深入沟通、安抚情绪、引导学生积极面对问题以及倾听学生的诉求等方式，成功帮助学生解决了矛盾，并改善了宿舍氛围。最终，A同学和B同学的交流有所恢复，宿舍气氛也得到了缓和。

二、案例分析

（一）问题成因分析

案例中的宿舍矛盾主要源自学生间生活习惯的不同和性格差异。我发现，B 同学的生活习惯与其他舍友存在差异，她习惯晚睡，这可能与她的生物钟有关。由于来自不同地区，每个人的生活习惯都有所不同，这需要大家相互理解和接纳。但 B 同学还有心理问题，她比较内向，不善于与他人沟通，这使得她的一些困扰和问题得不到及时解决，进而可能影响到宿舍的整体氛围。同时，宿舍中存在一些较为强势的同学，她们的行为可能让 B 同学感到更加孤立和压力。这种紧张的宿舍环境对 B 同学的心理健康和日常生活都造成了不小的影响。A 同学与 B 同学关系较好，B 同学愿意向 A 同学倾诉自己的问题。然而，A 同学的生活非常单一，她有考研的打算，因此她的生活重心主要集中在学习上。起初，A 同学还能耐心倾听 B 同学的问题，但随着时间的推移，A 同学开始觉得这样做非常浪费时间，逐渐减少了与 B 同学的交流。

（二）解决问题的关键点

我通过细致的观察和深入的交流，帮助学生认识到宿舍矛盾的根源，并鼓励学生从对方的角度思考问题，理解对方的难处和需求，减少误解和偏见。通过创建开放、安全的交流环境，学生能够坦诚地表达自己的想法和感受，共同寻找解决方案，学会倾听和尊重对方的意见，及时沟通和解决矛盾。我还通过深入沟通了解每一位学生的具体情况，特别是生活习惯差异及其背后的心理因素，为后续的调解工作奠定基础。

三、教育过程

（一）安抚情绪，降低伤害

通过耐心倾听和细致观察，我帮助学生认识到矛盾产生的原因并非个人性格缺陷，而是人与人之间的差异，通过积极的支持和指导来安抚学生情绪。当宿舍矛盾发生时，宿舍成员之间的交流往往会减少，甚至整个宿舍会陷入一种沉默的低气压状态。这种紧张的氛围不仅令人感到压抑，还可能导致学生情绪低落，变得敏感自卑，缺乏自信，甚至频繁落泪。长期处于这样的环境中，学生的身心健康都可能受到严重影响。因此，辅导员在处理宿舍矛盾时，首先要做的是安抚学生的情绪。我要让她们知道，宿舍矛盾的产生并不是因为她们个人性格的缺陷，而是因为每个人的看法和观念存在差异。人与人之间的不和谐，很多时候仅仅是因为性格不同，"磁场"不合。在与B同学的谈话中，我明显感受到了她情绪的低落。她的眼神中透露出无助和迷茫，言语中也充满了不安和焦虑。这让我意识到，作为辅导员，在处理宿舍矛盾时，必须时刻关注学生的情绪动态，及时给予安抚和支持，以降低矛盾给学生带来的伤害。我会鼓励学生表达自己的感受和想法，让她们知道她们的感受是被重视和理解的。同时，我也会引导她们学会换位思考，理解其他宿舍成员的立场和感受，从而促进彼此之间的理解和包容。

（二）敞开心扉，积极面对

我创造一个开放、安全的环境，鼓励学生表达自己的感受和需求，并学会倾听和尊重对方的意见，共同寻找解决问题的方法。我首先需要通过细致的观察和深入的交流，全面了解A同学和B同学两位学生的性格特点、生活习惯以及她们之间的矛盾所在。通过这样的了解，我可以更准确地分析问题，找出矛盾的根源。接着，我要对双方进行思想引导，帮助她们认识到宿舍矛盾的严重性以及解决矛盾的重要性。我可以鼓励学生从对方的角度思考问题，理解对方的难处和需求，从而减少误解和偏见。在此基础上，我要为A同学和B同学创造一个开放、安全的环境，让她们能够坦诚地表达自己的想法和感受。在这次深入的交流中，双方都可以把自己对对方的不满和期望说出来，把问题摆在桌面上，共同寻找解决方案。我要引导学生学会倾听和尊重对方的意见，鼓励她们以积极的态度面对问题，及时沟通和解决。要让学生明白，问题不会因为回避而消失，只有通过真诚的交流和沟通，才能找到解决问题的方法，避免矛盾的扩大化，维护宿舍的和谐氛围。通过这样的方式，我不但能够帮助学生解决当前的矛盾，还能教会她们如何在未来遇到类似问题时，能够更加成熟和理智地处理，培养她们的沟通能力和解决问题的能力。这对于学生的个人成长和人际关系的建立都是非常有益的。

（三）倾听心声，满足诉求

尊重学生合理的诉求，如宿舍调整等，确保其身心健康，并继续关注宿舍关系的发展，提供必要支持。在 A 同学和 B 同学的案例中，经过调解，双方表示愿意再给彼此一段时间，尝试消除隔阂，继续相处。但同时，她们也表达了如果矛盾仍然无法解决，希望能够调换到一个新的宿舍的愿望。这表明学生在寻求解决问题的同时，也在为自己的心理健康和情绪状态考虑。我充分理解学生的这种考虑，将她们的情况和诉求上报反馈给学校相关部门。在确保学生身心健康的前提下，我应当尽量满足学生的合理诉求，为她们提供一个更加舒适和谐的生活环境。同时，我也会继续关注学生的情绪变化和宿舍关系的发展，及时提供必要的支持和帮助。通过这样的方式，我不仅能够帮助学生解决当前的问题，还能够为她们创造一个阳光、快乐的大学生活，促进她们的全面发展。

四、总结反思

1. 积极引导，加强沟通。新生入学时应积极召开主题班会，引导学生在与舍友相处时，要互相包容、互相理解，舍友之间存在问题时，要及时解决和沟通，不要让问题越滚越大。

2. 发挥学生干部作用。要及时了解学生的最新状况，在学生宿舍日常事务管理中，发挥宿舍长以及班干部在宿舍管理中的作用，落实学生干部责任，让学生干部真正成为辅导员与学生之间的桥梁。对于宿舍中存在的问题以及动态由学生干部及时上报辅导员，做到早预防、早发现、早干预，将宿舍矛盾扼杀在萌芽之中。

3. 定期走访，持续关注。在日常学生管理中应多走访学生宿舍，及时发现宿舍矛盾问题，尽早预防干预。在解决完宿舍矛盾问题后，也要进行走访，看看调解的效果，对学生问题做到了然于心。

通过这次事件的处理，我认识到建立和谐宿舍的重要性，同时也明白了辅导员在其中所扮演的关键角色。辅导员不仅是学生学习上的指导者，更是生活上的引路人。只有通过积极的沟通与交流，才能构建一个温馨和谐的宿舍环境，促进学生健康成长。

习近平文化思想视域下大学生党支部引领校园文化建设探索

机器人学院 卢丹蕾

一、案例简介

案例来源：机器人学院第四学生党支部。

基本情况：机器人学院第四学生党支部成立于 2017 年，现有学生党员 16 人，其中正式党员 15 人、预备党员 1 人，由机器人学院机械工程专业本科生和专升本学生构成，50% 为退役大学生士兵。

高校校园文化是新时代中国特色社会主义文化的重要组成部分，关系到高校立德树人根本任务的完成。高校校园文化建设的主体是学生，大学生党支部作为党在青年学生中的最基层组织，是党直接联系学生群体的桥梁和纽带，在高校校园文化建设中具有独特优势，应发挥引领新时代高校校园文化建设的作用，这是坚持马克思主义在高校意识形态中指导地位的要求，是高校完成立德树人根本任务的召唤，是大学生党员发挥先锋模范作用、党支部发挥战斗堡垒作用的体现。

近年来校园的硬件条件、学习生活娱乐等基础设施得到极大改善，这为大学生党支部引领新时代高校校园文化建设提供了物质保障，但在实际工作中仍存在一些问题。支部以习近平文化思想为指引，针对问题和不足积极进行改进和加强。

二、案例分析

支部在引领校园文化建设中存在的问题主要集中在以下三个方面。

（一）认识不足、主动作为不够，没有形成支部特色

对校园先进文化育人作用的重要性认识不足，以及对大学生党支部如何在广大学生中引领校园文化建设思考不够，缺乏主动作为，仅限于完成上级布置的任务要求、被动工作，因此造成各支部开展的校园文化活动趋于一致化，与其他支部开展的活动大同小异，个性不鲜明，创新性不够。这不利于校园文化建设的发展，也不利于发挥大学生党支部的优势和作用。大学生党支部引领校园文化既应有共性的一面，也应因各支部具体情况不同，形成各自风格和特色差异。支部要根据自身实际情况，突出支部特色，努力打造具有自身鲜明特点的校园文化活动品牌。

（二）活动形式单一，存在形式主义、脱离群众的现象

支部开展的校园文化活动形式较为单一，特别是支部组织的学习党的理论活动，开展方式和展现形式不够丰富，不能激发学生的参与热情和情感共鸣；同时还普遍存在着形式主义的弊端，活动上流于形式，开展方式往往体现为自上而下地通知，参与范围往往局限在党员和入党积极分子之内，吸引力不强、普通学生参与度不够，这就导致普通学生从内心无法认同。最终支部开展的校园文化活动就会成为无源之水、无本之木，达不到育人的效果。

（三）受非主流文化冲击，文化活动教育引导性不够，存在功利思想

在当今信息化、网络化的时代，自媒体盛行，各种思潮相互激荡，强大的非主流文化负面影响刺激着支部这一校园文化的创造主体。有的校园文化活动处在单纯反映大学生个人感受、自娱自乐的低层次状态；有的活动品位较低，价值取向具有较强的商业化、低俗化、功利化特点。一些学生党员注重眼前的、近期的利益回报和功利性目的，希望在校园文化活动中能获得看得见、用得上的成果，以便今后在就业升学等方面派上用场，对于较为长远的信仰、精神追求的热情不足。校园文化的庸俗化、功利性、实用性弱化了其本身教育功能的发挥。

三、教育过程

习近平文化思想为大学生党支部如何引领校园文化建设提供了科学的行动指南。

（一）引领校园文化建设的首要任务——用党的创新理论武装教育大学生

用马克思主义理论体系特别是党的创新理论打牢大学生思想政治意识的理论支撑，是大学生党支部引领校园文化建设的首要政治任务。大学生党支部应带领学生党员、入党积极分子、广大团员青年，深入学习党的创新理论，通过党建带团建、团建带班建，党团班一体化建设，教育引导青年学生形成对科学理论的理性和情感认同，帮助学生深入认识中国共产党为什么"能"、马克思主义为什么"行"、中国特色社会主义为什么"好"，牢固树立跟党走的信念。

机器人学院第四学生党支部的党员带领学生通过"追寻总书记的足迹"专题学习、"沿着总书记的足迹成长"社会实践、"同读一本书《习近平与大学生朋友们》"等主题学习实践活动，学习习近平总书记的系列重要讲话，深入开展党的创新理论学习。党的二十大胜利召开，大学生党支部组织全体学生党员深入学习会议精神后，以十佳学生党员为骨干建立了学习贯彻党的二十大精神学生宣讲团，打造了一批具有"青年味儿"的宣讲品牌，深入各团支部和班级进行巡回宣讲，在学生中掀起深入学习贯彻党的二十大精神的热潮，让党的理论及时走进基层团组织和广大青年学生。

（二）引领校园文化建设的重要环节——激发大学生追求崇高精神价值的内在动力

在校园文化建设中，要让学生对新时代中国特色社会主义的伟大实践产生高度的情感共鸣和价值认同，这是大学生党支部通过引领先进校园文化建设浸润影响大学生的重要环节。

1.促进学生将外在动机转化为内在动力。当学生对所追求的共产主义远大理想、中国特色社会主义共同理想、中国特色社会主义现代化建设,有高度的价值认同和情感认同,认为追求这些理想和价值目标让生命富有意义,认识到这既是国家和民族发展的需要,也是个人生存和发展的依托,是实现自我价值、体现人生意义的重要方式,他们的主体意识、责任意识、使命意识就会增强,就能够自觉按照要求规范、约束自己的言行,就能够自觉以主人翁的姿态积极、有创造性地学习、工作和生活。

2.尊重学生实现个人理想和自我价值的需要。正确认识和对待学生自我价值实现的需要。新时代为大学生个性发展和自我价值实现提供了良好环境和广阔舞台,大学生党支部要为大学生更多地创造有利于实现个人理想的条件和平台,尊重学生的意志和权利,尽力为学生创造施展才能的空间。同时要引导学生正确认识和对待社会理想和个人理想、国家民族发展与个人价值实现、共性和个性之间的关系。让学生感悟到个人只有融入国家和民族发展的伟大事业中去,其存在才有社会价值,个人价值才能得到充分的发挥和完善。

机器人学院第四学生党支部在校园创办"红色讲坛",邀请全国优秀共产党员、全国五星级志愿者叶如陵,最美大学生、中国人民大学退役大学生士兵周晓辉,十九大党代表、全国劳动模范、环卫工人李国栋等登上"红色讲坛",他们讲述的自己的故事深深打动了学生。以学生党员为骨干成立了叶如陵"爱心小屋"志愿服务队,号召广大学生在校园内外广泛开展志愿服务、传承雷锋精神。在志愿服务队中成长起来一大批优秀学生,在毕业时自愿选择报名前往新疆、西藏等边疆地区工作,参加西部计划或者参军入伍,到祖国最需要的地方建功立业。毕业生所在的新疆和田县巴克墩村小学西部计划志愿者接力支教服务队荣获2022年第26届"中国青年五四奖章集体"称号;根据学生成长历程创作的微视频《永志不忘的初心代代传》获得北京市委组织部举办的"不忘初心、牢记使命"主题微视频评选二等奖；支部退役学生董一凡获得我校首届青年五四奖章。

（三）引领校园文化建设的着力点——引导学生弘扬和践行社会主义核心价值观

大学生党支部通过将社会主义核心价值观在大学生中落细落小落实，使公民个人层面的价值准则在日常的学习、工作和生活中得以生动实践、牢固树立，这是大学生党支部引领校园文化建设的着力点。

1. 弘扬和践行爱国奉献精神。支部结合大学生的特点，贴近生活，以学生熟悉、喜爱的形式，借鉴网络话语体系，注重采用"接地气"和"青言青语"的形式与语言，增强爱国主义宣传的引导力和感染力，并辅以学生常用的媒介扩大教育影响，使爱国主义教育更易得到大学生群体的接受和认同。充分利用中华民族优秀传统文化这一宝贵资源，通过组织庆祝、纪念活动增强学生对中华民族的归属感、认同感、尊严感和荣誉感。

第四学生党支部利用支部退役大学生党员多的特点，积极开展国防教育，进一步深化爱国主义教育。引导学生在强烈爱国情感的驱动下，关心时政、积极参与、自觉行动，通过开展了解国情的实践活动来深化学生对于爱国主义教育的认知，厚植爱国主义情怀，培养他们强烈的社会责任感、使命感，一大批学生在支部党员的影响带动下踊跃报名应征入伍。

2. 弘扬和践行敬业创新精神。敬业是社会主义核心价值观个人层面的重要内容，是个体实现自我发展和价值实现的要求，也是实现民族复兴的必然途径。而勤奋学习是大学生发展敬业创新精神的基本实践活动，大学生在努力学习的过程中不断深化对知识价值的认识、培养对专业的热爱、强化社会责任感和使命感。同时，大学生还能在刻苦钻研、不畏挫折的学习过程中巩固和发展百折不挠的坚韧意志与信念。大学生党支部通过党员的行为示范以及"1+N"行动，学生党员带动同学积极参与学科竞赛、帮扶学业困难同学，主动给予学生日常学习生活上的帮助，在校园营造勤奋向学、勇于创新的良好氛围。

3. 弘扬和践行诚实守信精神。当前大学生的诚信状况总体上是好的，但部分学生在学业学术上、校园交往以及校外行为上暴露出一些诚信缺失的问题。大学生党支部引领大学生树立诚信考试意识，带领学生积极弘扬和践行诚实守信精神，通过帮助学生明确自律自省的标准、坚决落实诚信制度、营造诚信教育氛围，引导学生自觉将诚信要求融入日常言行之中，将外在的要求内化为自己的品质，使之真正成为学生自觉自愿的选择。

4. 弘扬和践行人文法治精神。人文精神是一种人类对自身的自我关怀，对生命尊严、价值、权利的追求和关切。法治精神是对时代精神的有力诠释，关系到社会的进步与发展。大学生党支部组织学生通过听取专题报告、读书、欣赏高雅艺术等多种方式，从人文知识、历史积淀中提炼人文精神，继承和发扬中华民族先贤的美德，引导学生形成高尚的人格和修养，追求真、善、美的人生境界。开展形式多样的法治宣传和实践活动，让大学生形成对法治精神内涵的主观认同，敬畏、尊崇法律，维护法律的神圣地位，建立积极的法治情感，促进大学生法治精神的实践。

四、总结反思

习近平文化思想为大学生党支部如何引领新时代高校校园文化建设提供了科学的行动指南，深刻回答了大学生党支部引领校园文化"为什么""是什么""怎么办"的问题。

1. 高校大学生党支部作为党在大学生中的基层组织，代表着校园先进文化的前进方向，是党密切联系青年学生的桥梁和纽带。大学生党支部一定要发挥好引领校园文化建设的主体作用，这是大学生党支部责无旁贷的职责和使命。

2.大学生党支部引领校园文化建设的首要任务是用党的创新理论成果武装大学生、教育大学生，筑牢高校校园文化建设意识形态的根基。

3.用中国特色社会主义在新时代的伟大实践激发广大学生高度的情感认同，唤起学生追求崇高精神价值的内在动力，这是大学生党支部引领校园文化建设的重要环节。把弘扬和践行社会主义核心价值观渗入校园文化的每个角落，将之与大学生日常的学习、工作、生活情况密切结合，不断带领广大学生做社会主义核心价值观的坚定信仰者、积极传播者和模范践行者，这是大学生党支部引领高校校园文化建设的着力点。

建设无声胜有声的听障学生优秀班集体

特殊教育学院　王昕

一、案例分析

案例来源： 特殊教育学院听障生特教视传 A 班。

基本情况：特殊教育学院听障生特教视传 A 班由艺术系视觉传达设计专业 20 名学生组成，每名学生都存在听力障碍，有不同程度的听力损失。除家长和学校老师外，他们较少有机会与健听人进行沟通交流。他们主要通过手语进行交流，用手的变化和面部表情来传达意义，通过眼睛看来接收信息。他们身上有着非同寻常的精神——身残志坚、乐观自信、执着努力。

班级是高校的基本组织单位，高校的教育教学、管理服务活动都要通过这一基本组织单位进行。班集体是班级的高级发展形式，体现为凝聚力强、影响力深、组织力高的自我教育共同体。如何更深入地探索班级"自功能性"，与时俱进地发挥其教育功能，以有助于集体中每一个人的成长，更好地增进残疾学生社会融合，是当下残疾学生班级建设应当关注的问题。

听障学生班级学习观念相对落后，在日常学习中将主要精力放在书本知识学习中，忽视时代发展对综合能力的要求，加上受到听觉的限制，影响语言表达能力，进而导致他们会遇到许多挫折，存在诸多心理问题，难以对自身的能力进行准确定位，在对待事物方面也存在比较片面的思想，导致在班集体中出现一些不确定因素。针对听障学生和班级建设存在的问题，我们以"接纳、超越、担当、奉献"为导向，积极践行"学以致用"的校训，用行动展示新时代听障学生的风采。

二、案例分析

大学班集体建设是大学生活中至关重要的一部分，它不仅关乎学生的学术成长，还深刻影响着学生的社交能力、团队协作能力、领导力发展以及心理健康等多个方面。然而，听障学生因其特殊的身体状况，以及社会对其认识不足，导致听障学生班集体建设仍然存在一些问题。具体来说，这主要包括以下几个方面。

（一）缺乏主动性和参与性

听力损失导致听障学生感到隔阂和孤立，从而降低社交活动的参与度，进而降低参与班级活动的意愿。他们往往担心自己的表现会被误解或嘲笑，从而选择退缩，习惯于被动地接受服从，较少主动地考虑班级建设，缺乏参与制定班级目标的意识，较难制定出行之有效的班级特色目标，缺乏自下而上的主动性班级建设。这种情况导致班级活动缺乏活力和创新性，难以满足听障学生的实际需求。

（二）交流沟通的障碍

由于听力障碍，听障学生在日常交流中面临一定的困难。他们在日常交流中主要依赖手语、文字或其他辅助沟通方式，在一定程度上也限制了他们在班级中的即时互动和深入交流。这导致信息传递不准确，影响班级决策和活动的顺利开展，学生在班级活动中参与度不高，难以充分表达自己的意见和想法。同时，这也影响到他们与其他学生之间的情感交流和相互理解，从而削弱了班级凝聚力。

（三）自我认知和社会融入感不足

听障学生由于自身残疾而产生自卑、孤独等负面情绪，尤其是在社交活动中感到困难或受到排斥时，进而影响到他们的自我认知和社会融入感。在班级建设中，他们缺乏自信，不敢主动承担责任和参与活动，从而限制了自身的发展潜力。

三、教育过程

以思想建设为龙头，以学风建设为根本，以文化建设和实践服务为抓手，朝着创建一个有正气、有才气、有朝气的班集体共同前行。

（一）理论为旗，引领思想

思想政治建设是各项工作开展的核心，是树立学生正确的世界观、人生观、价值观的有效途径，它的重要性是其他工作所无法替代的。结合听障学生特点，通过丰富多彩的图文和视频内容，定期召开"无声"班团会，深入学习习近平新时代中国特色社会主义思想，持续深化爱国主义、集体主义、社会主义教育，积极培育践行社会主义核心价值观。紧紧围绕党史学习教育、时政方针等内容积极开展团日活动，并以团日活动为载体，带领学生走出校园，通过走一走、看一看的方式开展爱国主义教育，坚定不移跟党走，并积极向党组织靠拢。团课参与率达100%，"青年大学习"学习率达100%。其中以"勿忘国殇，吾辈自强"为主题的团日活动从全市200多个团日活动中脱颖而出，获评月度十佳主题团日活动，并在"北京青年"（北京团市委官方微信）的京小团走基层——北京共青团十佳团日月度展示中加以展示。

班中现已有正式党员2人，预备党员2人，因思想先进、踏实肯干、有良好的先锋模范作用，经过选拔成为党支部学生骨干，主动承担支部工作，开展红色"1+1"活动，参与共建攻坚，集体编撰习近平金句手语手册，并在学校申请国家语言文字推广基地实地考察过程中进行展示，为打通听力障碍学生学习理论知识的"最后一公里"，推进无障碍学习社会环境建设而努力。

（二）学风为本，武装头脑

班级的学风建设体现在培养学生良好的学习习惯，激发学生学习动力。充分利用早晚自习引导学生共同探讨学习，激发求知欲，形成合理的竞争态度。学期末定时检查学生学习情况，增加紧迫感，推动学生及时复习，查缺补漏，提高自己的复习效率。开展"一帮一"结对帮扶，发挥党员的先锋模范带头作用，并积极宣传学风建设好经验、好典型，举办多样的学风建设活动。

全班学生学习目标明确、态度认真，考试考核通过率达 100%，多名学生获得国家励志奖学金，校长特别奖，校级一、二、三等奖学金，以及校级三好学生和优秀学生干部等荣誉。学生的作品更是受到了很多专业老师的好评。在专业老师的指导下，学生也逐渐在专业比赛中获得荣誉奖项。

除此之外，鼓励和动员学生积极参与各类课外科技学术实践活动，硕果累累。学生所建团队在"首届北京大学生创新创业大赛"中获评乡村振兴赛道"百强创业团队"，在第八届中国国际"互联网+"大学生创新创业大赛中荣获北京市第六名。

（三）文化指引，团结奋进

一个优秀的班级文化可以营造出和谐向上的学习氛围，激发学生的学习兴趣和潜能，促进学生的个性发展和集体荣誉感的形成。

1.确定了班级导向和班级理念。我们以"接纳、超越、担当、奉献"为导向，并与学校"学以致用"的校训结合，鼓励学生尝试设计班服、班级标志，展示自己的学习成果和才能，激发学生的学习兴趣和自信心。

2.注重班级内部的文化建设和氛围营造。组织学生开展各种文化活动，如参观博物馆、举办元旦联欢会等，使学生在潜移默化中受到熏陶与感染，加强学生之间的交流。

3.注重班级互动。组织学生集体踏青，为彼此举办生日会、分享会等，让学生更好地体验生活，增强班级凝聚力和荣誉感，帮助学生更好地融入集体，培养责任感和团队精神。

（四）实践为灯，指引务实

尽管学生听力有障碍，但这并不影响学生参与志愿服务。我们鼓励所有学生积极投身校内外的志愿服务活动。在新冠疫情最困难的日子里，有多名学生加入学院防疫青年突击队，担任核酸检测志愿者；还有学生发挥自身优势和特长，主动投身家乡疫情防控志愿服务中，助力家乡抗疫，贡献青春力量。

为了让学生多与健全人交流沟通，更好地融入社会，鼓励学生积极加入手语推广志愿服务项目，由学生负责的志愿服务项目在2022年第六届中国青年志愿服务项目大赛中斩获金奖。他们秉承着友爱互助的精神，助力无障碍社会建设，每年走进在京高校数十次，授课100余课时，团队微信公众号每年发布公益手语教学视频100多个，将手语推广到更广阔的天地中去，让更多的人认识手语，认识我们，主动关注公益事业。

2022年班级有3名学生作为演职人员参与了2022年北京冬残奥会开幕式，光荣地站在国旗下用双手"唱"响国歌，并荣获北京2022年冬残奥会开闭幕式筹备工作突出贡献纪念证书。

学生秉承着"奉献、友爱、互助、进步"的志愿服务精神和身为听障人士但"助人亦助己"的理念，感受到了志愿服务的快乐和意义。通过这些活动，他们更加深入地了解了社会，也更加清晰地认识了自己，整体上体现班内学生高度的社会责任感。通过多项活动，学生深刻感受到听障群体也能为社会贡献更多的力量，为自己注入更多的动力和能量。

经过努力，特殊教育学院听障生特教视传A班收获满满，共获得各级各类奖励百余人次，班级被评为北京市优秀班集体。这些奖励不仅是对学生能力的认可，更是激励学生继续前进的动力。

四、总结反思

特殊教育学院听障生特教视传A班在思想学习建设、实践服务建设方面都取得了成就。在听障学生班集体建设中，我们深刻认识到以下几个方面。

（一）沟通与理解的重要性

有效沟通是打破隔阂、促进理解的关键。听障学生面临的首要挑战是沟通障碍。良好的沟通是建立和谐班级关系、促进学习与进步的基础。在听障学生班级中，建立多渠道的沟通机制至关重要。我们需要不断学习和提升沟通技巧，包括手语、书面沟通以及利用科技辅助工具等，确保每名学生都能顺畅地表达自己的想法和需求，都能被充分理解和尊重。同时，加强班级内部的协作，形成互帮互助的良好氛围，也是促进班级团结和发展的重要因素。

（二）个性化需求的关注

听障学生作为班级中独特而宝贵的成员，他们的存在本身就要求我们对多样性有更深的理解和尊重。构建一个包容性的班级环境，让每位学生都能感受到被接纳和尊重，是班级建设成功的基石。这种尊重不仅体现在日常交流中，更体现在对听障学生特殊需求的关注和支持上。班级建设必须充分考虑这些个性化需求，为他们量身定制适合的支持方案。只有这样，才能真正激发他们的潜能，帮助他们实现自我价值。

（三）社会融入的紧迫性

听障学生作为社会的一员，他们的社会参与和融入感对于其全面发展至关重要。听障学生在班级和社会中的融入感直接影响到他们的心理健康和全面发展。搭建与外界交流的桥梁，让听障学生有机会与健全人群互动，感受到自己是社会大家庭中不可或缺的一员，增进相互了解和尊重，从而提升他们的社会融入感和自信心。

（四）持续反思与改进的必要性

班级建设是一个动态的过程，需要不断地进行反思与改进。听障学生班级建设更是一个复杂而长期的过程，需要我们不断学习和成长。只有及时总结经验教训，不断调整和完善班级建设策略，才能确保班级始终保持在健康发展的轨道上。同时，作为教育者，我们需要保持开放的心态，积极吸收新知识、新技能和新理念，为班级建设注入源源不断的活力。

通过不断实践，我们积极主动消除听障学生与健听人的隔阂，让更多的健听人看到听障学生的身影，听到他们的"声音"，一起共同展望未来，共同努力，携手合作，创造出更加美好的世界、更加美好的明天。

班级建设搭平台　凝聚引领共成长
——基于"我的班级我的家"实践活动的思考与实践

师范学院　董赫逸霏

一、案例简介

📖 **案例来源**：师范学院参与北京联合大学"我的班级我的家"实践活动的所有学生。

基本情况：班级是大学生日常学习、生活的重要载体，也是学校的最基层组织，良好的班级氛围对于营造优良学风和助力学生成长成才起到至关重要的作用。然而，基于大学教育体系与方式的转变，相较于中学，班级管理面临着学生归属感不强、集体活动开展困难、同学间情感交流缺失、师生互动影响弱化等问题。作为高校辅导员，我积极探索通过班级建设凝聚青春力量，鼓励学生在活动中展现青春风采。在班级创建实践过程中，3年来组织近80个班超2500名学生参与实践活动，涌现出一批爱校荣班、学风优良、温暖互助、富有特色的先进班集体典型，充分展示了学生班级建设成果和学风建设实效，有效发挥了班级建设在促进学生思想政治教育、服务学生全面发展中的积极作用。

二、案例分析

（一）高校班级建设存在的问题

班集体作为高校开展日常管理和教育教学工作的最小单元，是落实学校立德树人工作的"最后一公里"，肩负着团结、凝聚、引导、服务广大青年的重要作用。然而，现阶段大学班级普遍存在组织制度较为松散、功能作用逐渐弱化、凝聚向心力有所下降的现象，存在此类问题的原因可能有以下几点。

1.班级意识薄弱，"小团体"取代班集体。在学分制的大背景下，班级只是学生的一种组织划分，不再像高中一样拥有固定的上课教室和任课老师。学生选课更加自由，有时候不受院系、专业的限制，更多可根据自身兴趣和时间考虑。同时，根据排课需求，也会出现"拆班"的现象，同班同学分开上课的现象普遍。这也导致以班为单位活动的时间减少，同学间的沟通联系减弱，相互之间不熟悉的情况时有发生。这些现象在一定程度上都影响并进一步割裂了班级的整体性，致使班级意识更加薄弱。

2.班级管理方法单一，学生参与班级事务的热情不高。大多数班级遵循传统的管理模式，形成"班主任、辅导员—班团干部—班级成员"的信息传达模式。班级工作的开展主要依赖学校的文件要求和老师们的组织安排，班级发展目标模糊，文化制度建设缺失，班团干部作用发挥不明显。个性鲜明的"00后"在日常学习生活中更加注重个性化和多元化的发展，追求平等，喜欢表达个人观点。因此，传统单一的班级建设和管理模式，在新时代大学生中较难得到认同和喜爱，被动参与会更加限制学生参与班级事务和活动的积极性与创造性，也会导致学生归属感和参与感下降，影响班级建设实效的发挥。

3.班级建设成效不足，学生在集体中的成长收获与价值实现缺失。班级既是开展学生思想政治教育的阵地，也是促进学生全面发展的平台。在班级建设中如果一味地追求最基本的平稳运行，忽视学生个性化的发展追求和实践需求，就不能形成个人成长和班级育人的教育合力。同时，班级走出校园，引领学生参与社会实践的活动较少，不能很好地帮助学生发现和了解社会，有效进行学社过渡。

（二）高校班级建设对策建议

为更好地教育引导学生争做有理想、敢担当、能吃苦、肯奋斗的新时代好青年，能够以昂扬向上的姿态奋进新征程、建功新时代，更需要不断深挖高校班级在思想、学风、班风、文化等方面建设的方法，充分发挥班集体的凝聚、引领和服务作用，助力学生成长成才。大致可以从以下几个方面展开。

1. 加强支持班级建设，鼓励创新丰富班级管理模式。高校要高度重视班级建设工作，充分认识到班级建设实践活动在大学生思想政治教育、校风学风建设、校园文化建设等方面可以联动组合发力的重要性。坚持"以生为本"的工作理念，广泛组织动员班级和学生参与创建实践，鼓励教师指导、学生高参与度的自我管理形式，发挥学生主体参与的"主人翁"意识，激发班级和学生的活力。

2. 精心策划班级活动，助力班级凝聚力持续增强。活动是加速学生之间了解、沟通、融合的桥梁和纽带，针对不同年级和不同群体，通过前期调查，以成果导向为切入点，策划适合的活动，精心设计活动的各个环节，确保能够取得预期效果。一次有意义的活动应在深化活动目的和意义的同时，有助于增强集体意识，有利于培育集体荣誉感。

3. 充分发挥班级作用，促进班级成员全面发展。班级建设要注重为学生搭建展示舞台，帮助每一个成员通过集体更好地参与学校和社会的各项活动，从中提升专业能力和综合素养。要善于发现和挖掘每个学生的闪光点，调动和发挥学生的长处和优势，让越来越多的学生乐于参与到班级活动和事务中。

三、教育过程

近年来，在校、院党委领导和校党委学工部的指导下，师范学院学工办坚持以习近平新时代中国特色社会主义思想为指引，认真贯彻落实党的二十大精神和北京联合大学第六次党代会精神，围绕立德树人根本任务，高度重视学生基层组织建设，精心组织、积极动员各系各班开展"我的班级我的家"实践活动。通过前期策划文案辅导、创建评选展示、优秀集体表彰等多种形式全方位地推动工作，师范学院涌现出一批先进班集体典型，充分展示了学生班级建设成果和学风建设实效，有效发挥了班级建设在促进学生思想政治教育、服务学生全面发展中的积极作用。总结此项工作的主要做法有以下几点。

（一）高度重视，全面推进班级建设走深走实

围绕立德树人根本任务，高度重视学生基层组织建设，将深入推进"我的班级我的家"实践活动纳入全年学生工作重点任务。辅导员、班主任主动提高站位，加深对班级建设重要性的认识，能够以此活动作为思想政治教育、优良学风建设、班级文化建设的抓手，注重班级创建与主题教育活动的有机结合，在活动中激发学生爱国主义情怀，点燃学习兴趣，营造良好班风。

（二）完善机制，全程跟进创建过程持续指导

班级建设存在持续时间长、过程监督少的现实情况，学生在寒暑假期间离校分散，也导致班级建设易出现断档或者停滞的现象。因此，要坚持"全程跟进、持续指导"的工作模式。在活动初期广泛开展班级创建策划培训，通过评选展示促进交流融合，激发创新灵感，持续对班级创建提供指导，不断完善策划方案。活动中期设置检查环节，对班级创建过程中存在的问题及时进行答疑解惑，指导各班不断调整优化工作方法，更好地达到预期目标。活动后期开展优秀班集体经验交流活动，通过选树先进典型，助力大家相互学习，共同进步。

（三）打造品牌，全员参与实践活动凝练特色

坚持"一系一特色、一生一特长"的育人理念，鼓励各班结合专业特色，举办形式丰富的多种活动，凝练班级亮点品牌活动，促进学生全面发展。例如，引领师范生走进红色教育基地，开展寻访"微"课活动，沉浸式、参与式、全景式打造生动小课堂，展现青春作为；为艺术生搭建午间音乐会，通过实践提升专业素养，邀请学生站上舞台，唱出青年心声、彰显青春风采；积极探索"馆校社"合作，搭建人才培养新

平台，鼓励学生在青少年科技馆科普讲解志愿服务活动中贡献青春力量。

（四）携手共进，班级建设硕果累累亮点纷呈

通过一段时间的摸索与创新，师范学院学工办能够提前布局、主动谋划、有序开展院级"我的班级我的家"实践活动，3 年来近 80 个班超 2500 名学生参与实践创建活动，取得了一定成果。

2022 年，师范学院获评北京联合大学"我的班级我的家"实践活动优秀策划案一等奖 2 个，二等奖 3 个，三等奖 3 个；获评 2022 年"我的班级我的家"实践活动"十佳示范班集体"荣誉称号 1 个，"优秀示范班集体"荣誉称号 2 个。

2023 年，师范学院获评北京联合大学"我的班级我的家"实践活动优秀策划案一等奖 2 个，二等奖 2 个，三等奖 3 个；推荐师范英语 2101B1 班、师范科教 2001B 班、师范汉语 2101B1 班参与校级评选，3 个集体全部荣获北京联合大学"十佳示范班集体"荣誉称号，喜报频传。

2024 年，师范学院再接再厉，不断突破，培育研究生班级积极参与到班级创建策划评选，积极通过活动探索研究生班级建设路径，获评北京联合大学"我的班级我的家"实践活动优秀策划案一等奖 2 个，二等奖 2 个，三等奖 4 个。

四、总结反思

总结师范学院开展"我的班级我的家"实践活动进行的探索与实践的经验，有以下几点普遍规律可供参考。

1. 班级建设在策划设计中要关注学生需求。班级建设要紧密围绕学生发展目标，以学生在不同阶段思想、学业、工作、实践等方面的实际需求为导向，有所侧重地开展。例如，在大一阶段适宜以"新生建家"为核心，主要帮助学生树立学习目标，适应大学生活，增强班级的认同感与归属感。

2.班级建设在活动内容上要融合主题教育。班级建设要紧跟时代步伐，注重与国家发展、社会进步和学校工作的有机结合。可以结合庆祝中华人民共和国成立75周年、依托校园文化周等重点工作，打造精品活动，形成具有特色亮点的典型工作。

3.班级建设在育人成果里要体现个人成长。班级建设的最终目标是助力学生成才，因此班级建设的服务作用应发挥在学业帮扶、专业提升、能力锻炼等方面，促进学生全面发展。而班级建设的引领作用也应体现在筑牢学生理想信念，教育学生能够将个人理想融入国家发展、民族复兴的伟业，成为为中国式现代化挺膺担当的强国一代。

退伍不褪色　续写新荣光

——充分发挥退役士兵大学生主观能动性，聚焦学生成长成才

生物化学工程学院　魏靖涛

一、案例简介

案例来源：生物化学工程学院资源管理系人力资源管理专业（高职升本科）学生。

基本情况：生物化学工程学院资源管理系人力资源管理专业（高职升本科）共有学生 165 人，其中 2022 级 49 人，退役士兵大学生 22 人；2023 级 66 人，退役士兵大学生 33 人。退役士兵的学生年龄普遍较其他同学稍大，集中在 23~27 岁。

自 2021 年来，随着国家政策的调整，退役士兵大学生免试攻读本科不再要求在部队服役期间荣获"四有士兵"，这就导致专升本招生数呈倍增趋势，给学生管理工作造成了一定的困难。但退役士兵大学生经过军营的淬炼，成为理想信念坚定、政治素养高、组织纪律强、身心素质过硬、综合能力突出的特殊群体，是高校学生管理中的关键少数。自担任资源管理系人力资源管理专业（高职升本科）的辅导员以来，我立足实际，注重做好退役士兵大学生群体的教育培养工作。重点将爱国主义教育熔铸学生日常管理，以加强思想政治引导为重点，筑牢爱国强军的精神高地；以推动发挥朋辈效应为抓手，做好个人学业帮扶；以组织社会实践活动为关键，搭建展示才华的校园舞台；由点到面、由线及面地传递退役军人的优良传统，凸显退役军人良好风貌。选优配强班委和支委班子，发挥退役士兵大学生的体育特长优势，组织开展了国防教育

暨优秀退役士兵大学生故事分享会、征兵政策解读会，由退役士兵大学生担任大学生心理素质教育课外辅导员、学生军训教官等多种活动，让退役士兵大学生的身影遍布校园活动的方方面面。

二、案例分析

经过调研分析，目前针对退役士兵大学生管理存在以下一些问题。

1. 退役士兵大学生退出现役，融入校园的心理适应和短期的身份转换存在一定的困难。

2. 部分退役士兵大学生年龄偏大，在自我提升和就业择业方面会陷入矛盾。

3. 服役期间缺乏对于专业课和理论知识的学习，返校之后退役士兵大学生的专业学习较为困难。

4. 退役士兵大学生在校园生活期间不太会处理与老师、同学之间的人际关系，交友圈子较小。

5. 退役士兵大学生不积极主动参与校园活动，且对部分学生活动有些抵触情绪。

6. 返校之后退役士兵大学生对自己有较高的要求和期待，但对自身认识不足，导致达不到预期计划，故承受着较大的心理压力。

基于对退役士兵大学生管理中存在的问题和如何发挥这一群体的积极作用的深入思考和研究，我决定将退役士兵大学生的思想政治引领作为切入点，以发挥他们的主观能动性为目标，依托学院导师制建设和多元化的学生活动，让他们能够真正在校园成长成才，成为兼具家国情怀和综合能力的国之栋梁。

三、教育过程

（一）加强思想政治引领，以军旅文化增强退役士兵大学生的凝聚力和向心力

对于退役士兵大学生这一特殊群体，首先是要做到统一思想，让他

们能够从思想上尽快适应校园生活，所以自从我担任辅导员以来，从新生入学时选拔班委，就坚持班委里必须要有退役士兵大学生，并且每月要开展一次退役士兵大学生座谈会，尤其是对于在学习生活中碰到的难题要及时提出来，并邀请专业导师解决。在退役士兵大学生团队中设置班长一职，选拔兵龄较长或者服役期间取得优秀成绩的学生担任，从平时学习到日常生活都实行半军事化管理，让他们时刻保持一种良好的精神状态，带动学生形成比学赶超、互帮互助的良好风气；每学期举办一次优秀学生评比活动，在评比中会设置退役士兵大学生之星等荣誉称号，用来表彰退役复学后在各方面表现良好的学生；以寝室内务整理为抓手，选出内务小能手，推出"退役士兵教你整理内务"寝室内务整理合集视频，通过微信公众号短视频等进行宣传。

支部党员中也有部分退役士兵大学生，对于这一部分党员同志，首先在入学时进行一对一谈心谈话，要求尽快转变思想，接受角色变化，充分发挥党员的先锋模范作用，帮助班级其他同学尽快适应校园生活，努力学好专业课知识。而且在日常的支部学习和活动中，也要求他们积极参与并且发挥自身特长，以身作则，融入校园文化活动中。

上述方式方法取得了一定的工作成绩，自 2021 年开始，每年退役士兵大学生毕业率均能达到 100%，其中 85% 能够顺利就业，无一人因违规违纪被处理。而且退役士兵党员和学生干部能在求职就业中起到带头作用，班级同学互帮互助，90% 的退役士兵党员补充到全国各地机关和企事业单位中，2024 年专升本同学也获评北京联合大学优秀退役士兵大学生，近三年几十人获评三好学生和优秀学生干部、优秀团干部等各级各类奖励。

（二）以理论知识学习为抓手，指导学生夯实专业知识，努力成长成才

众所周知，退役士兵大学生返校之后的一大难题就是专业知识的学习，因为他们在部队更多的是练习军事技能，对于专业知识的学习匮乏，所以在返回学校之后，学习压力骤增，这就会导致他们不适应课堂

教学，产生畏难情绪等。通过前期的调研和与学生的一对一谈话，我们发现了退役士兵大学生学习困难的症结，经过与系里导师的讨论，我们初步摸索出一套针对退役士兵大学生的学业指导方案。

首先，退役士兵大学生学习较为困难的科目大多为理工科和英语。在新生入学之后我们就会将退役士兵大学生和通过统一招考进来的学生划为一个学习小组，原则上每个月定期举办一次辅导会，针对本月上课的重难点进行专题辅导，并进行小测。其次，采取了由专业导师担任学业指导教师的方法，对于薄弱环节由导师亲自指导，并给予相应的意见和帮助。再次，在学期末会委托学习委员将每科学习笔记整理之后发到群里，供学生翻阅复习，查漏补缺。最后，辅导员和班主任也会经常跟任课教师进行沟通，将上课内容重点部分放在基础知识的学习上，务必要求学生掌握基础性知识。

通过指导学生学习，大部分退役士兵大学生还是能够及时完成课程的学习和考试的，并且能够在专业知识学习中提出自己的想法和适合自己的学习方式。我们以此为契机进行梳理，在每年新一批专升本学生入学之时，邀请上一级学习成绩优异的学生进行经验分享，做好学习上难点重点的答疑解惑。帮助退役士兵大学生运用正确的方法进行学习，不断提高学习研究能力，树立终身学习的学习意识，促进他们不断增强自主学习能力和主观能动性。

通过同学们持之以恒的努力和导师们不辞辛苦的指导帮助，2023级人力资源管理专业（高职升本科）脱颖而出，2024年获得北京联合大学优秀团支部、优良学风班等多项集体荣誉称号，班级内多人获得各级奖学金，并且近几年在北京市和学校举办的多项学科竞赛中获得多项竞赛奖励和科技项目立项。

（三）丰富第二课堂活动，发挥出退役士兵大学生优势，促进全面发展

由于经过部队的淬炼，退役士兵大学生拥有丰富的实践能力和动手能

力，吃苦耐劳精神强，敢打敢拼。根据他们的实际情况和个人优势，为他们搭建展示自己的舞台，充分发挥优势和特长。在每学期组织举办的校运会中，主动邀请退役士兵大学生担任运动员和教练员，用部队先进的体能训练方式带领参赛学生摘金夺银，勇创佳绩；在运动会团队项目中，积极号召退役士兵大学生，发挥团队协作的优势。通过动员参与并组织实施的方式，加快他们融入校园，找准角色定位，激发他们的主观能动性。

组建退役士兵大学生宣讲小分队，进行国防知识和征兵政策宣讲活动，定期举办国防教育暨优秀退役士兵大学生故事分享会，向同学讲述国防知识和军事理论的实践过程，也是有效的自我教育。在国防教育、校规校纪教育、寝室整理教育过程中，充分发挥退役士兵大学生的积极主动性，不断增强退役士兵大学生的责任感、使命感、荣誉感。

在学院每年的新生军训工作中，充分利用退役士兵大学生的优势，积极号召他们参与到新生军训工作中，充当学生教官，训"新兵"，把在部队所学的军事技能和良好的品质传授给新生，既增强了他们的自豪感，也对新生起到了激励作用，不仅有助于征兵工作的开展，也有助于新生团队形成良好的氛围。

四、总结反思

生物化学工程学院资源管理系人力资源管理专业（高职升本科）的退役士兵大学生通过学院关心、教师指导、同学互助，在学业、生活、工作上都取得了一定的成绩。结合前期工作经验，要进一步促进退役士兵大学生全面成长成才，还需要注意以下几个方面。

（一）关注心理健康，制订科学的成长方案

从"营门"返回"校门"，退役士兵大学生从单一的接受军事教育到面临多元化的学科教育，容易产生思想迷茫、心理落差大、理想信念动摇等问题，长此以往，学生就会陷入自暴自弃、自我矛盾等心理问题。必须高度重视，在新生入学之时及时进行多种形式的心理筛查，尽早发现那些不太适应校园生活的退役士兵大学生，一人一策，提前介入，通过谈心谈话减少他们的焦虑感和迷茫感，帮助他们树立起自信心，也通过了解他们的学习基础，为他们制订适合自己的学习成长方案，并动态调整、及时更新。

（二）以目标为导向，加强就业指导和职业规划

退役士兵大学生有着务实的职业规划和人生目标，但是往往因为学习方式和学习能力达不到要求，普遍完不成自己的目标和人生理想。所以我们其实更应该以目标为导向，指导学生不断提高自己的能力。例如，大部分退役士兵大学生都趋向于参加公务员考试，进入机关单位工作，但是部分学生往往只会在考试前突击学习笔试科目，而忽略了对于自身综合能力的提升。这就会导致很多学生通过笔试，但是因为个人综合能力不足在面试时被淘汰。所以老师就应该以此为契机，从个人发展角度引导他们认真规划自己的职业生涯，做好切实可行的计划，明白积极参与校园活动、保持良好的学习习惯和参与学生管理工作，是他们提升个人能力、实现人生目标的重要基础。

（三）树立优秀榜样，充分发挥退役士兵大学生示范引领作用

大学生投笔从戎、报效祖国，在军营中奉献青春年华，是一个值得肯定的时代主旋律，在他们退伍返校之后也要积极引导他们将优良的品德发挥和传承下去。在校就读期间，要针对退役士兵大学生中的典型树榜样、立模范。要把表现优异的学生通过微信公众号、官网、展板等多种形式进行宣传，在校园里面形成积极向上、比学赶超的氛围。同时也通过宣传优秀退役士兵大学生的事迹，吸引更多优秀青年投身军营；充分利用退役士兵大学生组织纪律性较强等特点，发挥榜样作用，带动学院同学增强时间观念、优化宿舍环境、规范行为标准等。通过设立平台展示特长、树立榜样等方式，使他们能够继续展现军人风采，成为大学生自我教育的标杆，有利于他们增强自信、提升自我。